日本のジャーナリズムはどう生きているか

「石橋湛山記念　早稲田ジャーナリズム大賞」
記念講座 2016

八巻和彦 編著

成文堂

目　次

はじめに　Homo Communicans としての人間

　　　　　　　　　　　　　　　早稲田大学商学学術院教授　八巻和彦
　Ⅰ　言語・理性・会話 ……………………………………………………… *1*
　Ⅱ　ヴォルテールと「啓蒙主義」再考 …………………………………… *4*
　Ⅲ　連動する＜コミュニケーション＞と＜批判＞ ……………………… *11*

第1部　報道の「危機」とは何だろうか

1　ジャーナリズムの危機！
　　　　　　　　　毎日新聞社特別編集委員・TBSスペシャルコメンテーター　岸井成格
　Ⅰ　石橋湛山と報道の自由 ………………………………………………… *21*
　Ⅱ　危機に立つ日本の報道の自由 ………………………………………… *22*
　Ⅲ　安保法制の持つ危険性 ………………………………………………… *25*
　Ⅳ　暴走する権力と萎縮するメディア …………………………………… *29*
　Ⅴ　ジャーナリズムの危機に立ち向かうために ………………………… *33*
　コラム　文明の岐路に立つ世界と日本 …………………………………… *36*

2　「報道の自由」が消えてなくなる日
　　　　　　　　　　　　　　　日刊現代編集局ニュース編集部長　小塚かおる
　Ⅰ　はじめに ………………………………………………………………… *37*
　Ⅱ　夕刊紙の魅力 …………………………………………………………… *38*
　Ⅲ　ジャーナリズムの「客観中立」 ……………………………………… *40*
　Ⅳ　危機にある日本の表現の自由 ………………………………………… *42*
　Ⅴ　権力のメディア支配の舞台裏 ………………………………………… *48*
　Ⅵ　真実と事実は違う ……………………………………………………… *51*
　コラム　天の邪鬼になれ …………………………………………………… *52*

③ 日本の言論はなぜ歪むのか

雑誌編集者　間宮　淳

- Ⅰ　情報は必ず歪む……………………………………………………*53*
- Ⅱ　従軍慰安婦論争に見る「論」の歪み……………………………*54*
- Ⅲ　日本の「論」が抱える歪みの構造………………………………*60*
- Ⅳ　いま，メディアの基層でなにが変化しているのか……………*63*
- コラム　蛇足として……………………………………………………*68*

第2部　いま，何が起きているのか

④ 沖縄の自己決定権を問う

琉球新報社東京報道部長　新垣　毅

- Ⅰ　はじめに………………………………………………………………*71*
- Ⅱ　ジャーナリズムの方法と概念………………………………………*72*
- Ⅲ　沖縄でいま，何が起きているのか…………………………………*74*
- Ⅳ　「自己決定権」の報道キャンペーン………………………………*78*
- Ⅴ　おわりに………………………………………………………………*85*
- コラム　尊厳の闘い……………………………………………………*86*

⑤ 神戸が担った日米同盟

毎日放送報道局ディレクター　坪井兵輔

- Ⅰ　"ローカル"にこだわり，"グローバル"に問う…………………*87*
- Ⅱ　テレビドキュメンタリーとは何か…………………………………*88*
- Ⅲ　社会の襞(ひだ)に光をあてる………………………………………*89*
- Ⅳ　知られざる最前線と隠された民間人の犠牲………………………*91*
- Ⅴ　いま，自衛隊と私たちの暮らしに何が起きているのか…………*98*
- Ⅵ　究極のワンカットを目指して………………………………………*100*
- コラム　蘇る最前線……………………………………………………*102*

6　中国報道から日本社会を考える

　　　　　　　　　　　　　　　　朝日新聞社編集委員　吉岡桂子
　Ⅰ　大きな組織の小さな個人 …………………………………… 103
　Ⅱ　反日デモの記憶 ……………………………………………… 105
　Ⅲ　中国の言論弾圧とリテラシー ……………………………… 110
　Ⅳ　ジャパン・バイアスの罠 …………………………………… 114
　コラム　空気に水をさす ………………………………………… 118

第3部　身近なテーマから考える

7　「エロス」と「セックス」と「表現の自由」

　　　　　　　　　　　　　講談社週刊現代編集部編集次長　花房麗子
　Ⅰ　はじめに ……………………………………………………… 121
　Ⅱ　週刊誌とは何か ……………………………………………… 122
　Ⅲ　「エロス」と表現の自由 …………………………………… 124
　Ⅳ　女性が幸せになれるヌードグラビア ……………………… 128
　Ⅴ　セックス特集と雑なるものを伝える週刊誌の使命 ……… 131
　コラム　グラビア記事にも編集者の人格が表れる …………… 136

8　劇映画はどのように社会と向き合っているのか

　　　　　　　映画監督・株式会社松竹映像センター代表取締役副社長　阿部　勉
　Ⅰ　はじめに ……………………………………………………… 137
　Ⅱ　映画を観るとその国が見えてくる ………………………… 139
　Ⅲ　マイナスの情報が想像力をかきたてる …………………… 141
　Ⅳ　『京都太秦物語』のフィールドワーク …………………… 147
　Ⅴ　地域から映画をつくる ……………………………………… 149
　Ⅵ　「100万人に観せること」 …………………………………… 151
　コラム　講義の感想文から ……………………………………… 152

⑨ 地域雑誌「谷根千」から「新国立競技場」まで
　　　　　　　　　作家・谷根千記憶の蔵主宰・東京大学客員教授　森　まゆみ
　Ⅰ　男女雇用機会均等法以前の女子大生の就職の実態 ……………… *153*
　Ⅱ　パブリック・リレーションとは何か ……………………………… *156*
　Ⅲ　サイマル出版会で編集を学ぶ ……………………………………… *157*
　Ⅳ　地域雑誌「谷中・根津・千駄木」を立ち上げる ………………… *161*
　Ⅴ　水平のコミュニケーションをつくり出す ………………………… *164*
　コラム　新国立競技場問題でジャーナリズムが取り上げるべき10の問題 … *168*

第4部　ジャーナリズムにできること

⑩ ジャーナリズムの「責任」とドキュメンタリー映画の可能性
　　　　　　　　　　　　　　　　　　　映画監督　ジャン・ユンカーマン
　Ⅰ　知識人の責任 ………………………………………………………… *171*
　Ⅱ　チョムスキーと9.11 ………………………………………………… *173*
　Ⅲ　憲法改正論と『映画 日本国憲法』………………………………… *177*
　Ⅳ　沖縄戦・米軍基地と『沖縄 うりずんの雨』……………………… *181*
　Ⅴ　観客を尊重する ……………………………………………………… *185*
　コラム　ドキュメンタリー映画の客観性と主観性 …………………… *186*

⑪ ひきこもりを考える
　　　　　　　　　　　　　　山梨日日新聞編集局企画報道グループ　前島文彦
　Ⅰ　はじめに ……………………………………………………………… *187*
　Ⅱ　ひきこもりとはなにか ……………………………………………… *188*
　Ⅲ　孤立する当事者 ……………………………………………………… *189*
　Ⅳ　家族の苦悩 …………………………………………………………… *193*
　Ⅴ　当事者不在の施策 …………………………………………………… *197*
　Ⅵ　連載は地域社会を変えたか ………………………………………… *199*
　コラム　他者の痛みへの想像力を ……………………………………… *202*

目　次　v

12　広島から「原爆」を伝える
NHK広島放送局　報道番組チーフ・プロデューサー　高倉基也

- I　原爆ドームの横で考える ……………………………………… *203*
- II　オバマ大統領の広島訪問を取材して ………………………… *204*
- III　歴史の闇に葬られた被ばく者たち …………………………… *207*
- IV　きのこ雲の下の事実を伝える ………………………………… *212*
- V　伝えたいことはありますか …………………………………… *216*
- コラム　現場で見つけた伝えたいこと …………………………… *218*

13　新国立競技場問題を追って
東京新聞（中日新聞東京本社）文化部記者　森本智之

- I　報道は社会を変えられるか …………………………………… *219*
- II　取材は6ページのエッセイからはじまった ………………… *220*
- III　問題の深層 ……………………………………………………… *222*
- IV　さらなる問題点 ………………………………………………… *225*
- V　取材の反省点 …………………………………………………… *229*
- VI　私の考える調査報道 …………………………………………… *230*
- コラム　あるお母さんと女の子のこと …………………………… *234*

14　テレビドキュメンタリーはどこに向かうのか
NHK大型企画開発センター長　角　英夫

- I　はじめに ………………………………………………………… *235*
- II　変容するテレビドキュメンタリーの位置 …………………… *236*
- III　技術革新はテレビジャーナリズムを覚醒させるか ………… *238*
- IV　グローバル時代のジャーナリズム …………………………… *243*
- V　ジャーナリズムの精神をどう守る …………………………… *245*
- VI　おわりに ── ドキュメンタリーはどこに向かうのか …… *248*
- コラム　石橋湛山から学んだこと ………………………………… *250*

あとがき …………………………………………………………251

関連年表 …………………………………………………………254
「石橋湛山記念 早稲田ジャーナリズム大賞」受賞者 ……………258
執筆者紹介 ………………………………………………………267

はじめに　Homo Communicans としての人間

早稲田大学商学学術院教授
八 巻 和 彦

I　言語・理性・会話
II　ヴォルテールと「啓蒙主義」再考
III　連動する＜コミュニケーション＞と＜批判＞

　「なぜ，言論の自由が必要なのか」という問いに対する答えは，或る意味で明々白々かもしれない。誰もが，まずは「それは，『もの言わぬは腹ふくるるわざなり』（徒然草）だからでしょう」と答えるだろう。この答えが，単に個人の「腹ふくる」を防ぐために言論の自由が保障されるべきであるという意味だというのであれば，それは誤りである。少し遠回りをしながら，言論の自由のもつ意義を考えてみよう。

I　言語・理性・会話

　人間を他の動物から区別する重要な能力に，道具の使用，火の使用と並んで，言葉の使用が挙げられることは，定説であろう。しかし，ここで「言葉の使用」とか「話す」ということが，肉体的な器官としての口を使用して声を出して「話す」ことだけを意味しているのではないことは言うまでもない。「言語を使っての思考」という能力のことである。
　早くも17世紀前半にフランスの哲学者デカルトはこの点について以下のように言っている。人間であれば誰でも，たとえ肉体的な器官の障害のゆえに声を出して話すことができない人でも，手話という形で自分の意見を伝えることができるし，脳に障害がある人でも，その人がとらえたことをその人なりに言語に組み立てて表現できるが，こういうことのできる動物は人間以外

にはいない*。その理由は，人間だけが理性をもっているからである，と（ルネ・デカルト『方法序説』第5部）。

> * 確かに幼子が言葉を覚え始めるときは，その子の周りにいる大人は応対に大変である。次々と話しかけてきては応答を求める。もう少し大きくなると，「なぜ，なぜ」攻撃にさらされることになる。これらの幼子の行動が示していることは，人の話す能力とものごとをとらえたり考えたりする能力とが密接にかかわっているということである。だから，子どもにとって沈黙していることは，なにも考えたり感じないでいることと同じことになるので，元気な子どもにとって沈黙は苦痛以外のなにものでもないことになる。小学校の低学年の教室がにぎやかであるのも，むべなるかなであろう。

さらに，人が話すということは，単に一方的に言葉を発するということではない。自分の話に耳を傾けてくれる相手が存在していることを前提にして話すのである。つまり，コミュニケーションのために話すのである。その対話は，目的によって二種に分かれる。一つには，何か課題について対話をし合うことで，お互いの考えを深め合って一定の解決策に到達するための対話がある。もう一つには，単に言葉を交わし合うことが互いに喜びや慰めになるので，会話をするという，いわゆる「おしゃべり」という対話もある。

上の両方ともが，言語を本質とするという意味でのロゴス的動物としての人間にとって必要不可欠のことであるから，「話す」ことが禁止されたり制限されることは，人間にとって深刻なストレスになる。

それゆえに人間は，言語を用いるコミュニケーションの方法を今日までたゆみなく改良し続けてきた。コミュニケーションの相手との空間的な距離とそれに要する時間との短縮に工夫を重ねてきた。まずは書簡という形で，次には電話という形で，さらにはウェブを介するEメールやスカイプなどの形で。ついにいまでは，ほぼ同時的にコミュニケーションを成立させることができるようになってきたのである。

この視点から見るときに，LINEのようなさまざまなSNSが，現在，爆発的に世界中に普及していることの理由がわかるだろう。私自身がこう名づけているホモ・コミュニカーンス（Homo Communicans＝コミュニケーションをとる人）としての人間にとっては，このような，いつでもどこでも，誰かとコ

ミュニケーションが取れるシステムはきわめて魅力的なものであるからである。

しかし，ホモ・コムニカーンスとしての人間にとってのコミュニケーションとは，実は言語を介しての情報のやりとりだけを意味するわけではない。そもそも語源としての communicare とは，ラテン語で「共に分け合う」ことを意味しているからである。つまり，場と時間，そして何か大事なものを，互いに分け合うことなのである。*

> * この点を一般化すると，社会人同士の理解を深める最終的手段が，一堂に会して同じ料理を食べる会食であることの理由もわかるだろう。古来，宗教の儀式の場での神官と信徒との共食や，王と臣下との共食も同じ理由からなされている。この相互理解を深める最終的手段としての共食は，現代の国際政治の場でも重要な役割を果たしている。今日，種々のサミットが流行しているが，その最後にはかならず集まった首脳たちの参加する晩餐会が催される。これは，お互いに労をねぎらい合うためだけではなく，到達した政治的な結論を互いに遵守しやすくするための心理的基盤を養い共有するためである。
>
> さらに，贈り物をすることもコミュニケーションの一種であることは，文化人類学などで指摘されているとおりである。一般的にコミュニケーションと言えば「伝える」という意味と解されるであろうが，この「伝」という漢字の本来の字体は「傳」であり，人が何かを袋に詰めて他の人に届ける姿を表わしているのだという（白川静『字通』（平凡社）の「伝」の項）。つまり，贈り物をすることが意味されているのである。実際にわれわれも，何かおいしい物や美しい物などに出会えば，それを一人で楽しむだけではなく，他の人にも分けてあげたくなるものである。

つまり人間は本性的に，他の人と大事なものを分け合うことに大きな喜びをみいだすものである。実は，このような立体的なコミュニケーション（これを＜コミュニケーション＞と表記する）にこそ，人間が，いま，他の動物とは異なるものとしてのホモ・コムニカーンスであることの根本が現れているとも言えるのである。だから，＜コミュニケーション＞のいざないを無視されることは，無視する側からみればさし出されたものやことを単に受け取らないだけのことであっても，無視される側にとっては自分の本質が否定されるとてもつらい仕打ちと感じられ，イジメともとらえられるのである。

II　ヴォルテールと「啓蒙主義」再考

協働

　和辻哲郎の指摘にもあるように，われわれは「人間」（じんかん）として生きている。個人としてだけではなく，他の人と共に生きることで，はじめて人間となれているのである。これは洋の東西を問わずに，太古の昔からそうであった。他の人と共に生きて協働しない限りは，ライオンやクマなどの大型動物に比して圧倒的にひ弱な肉体しかもたない人間という種が現代まで生き延びることは不可能であったと，現代の生物学は指摘している。

　その協働において＜コミュニケーション＞が重要な役割を果たしたのである。マンモスなどの巨大な獣を，予め設置したワナに追い込むためには，集団としての人間の＜コミュニケーション＞が不可欠であった。さらに，生きるための手段や方法の改善にも，同じ地域に生きる人間集団の間での＜コミュニケーション＞のみならず，他の地域に生きる集団との＜コミュニケーション＞も重要な役割を果たしたであろう。そうすることで，生きるための技術のイノヴェーションが容易になるからである。

　文字が開発されて言葉の情報が記録されることが可能となった歴史の段階に到ると，知的集積は加速度的に進んで，イノベーションはいっそう迅速になったことであろう。言語化されている情報が，一つの人間集団内での記憶から記録となり，その記録は容易に他の人間集団にも伝達されることになるからである。そればかりか，記憶が文字によって記録されると，同時代の人たちとの間だけではなく，過去の人とも協働できることになるからである。

　このような協働の結果として，現在，われわれが地球上で享受している文明が成立しているのである。

自己超越

　＜コミュニケーション＞のもたらしたもう一つのことは，人間が，個人としても社会としても，自らを超越的な視点から眺めることができるようになったことである。＜コミュニケーション＞が成立することで，社会同士にせ

よ，個人同士にせよ，お互いの違いをより深く認識できるようになるからである。

違いに気づくことは，ともすれば対立につながりやすいということもあるが，いっそう深い＜コミュニケーション＞が成立すれば，その問題は解消される。お互いの根底に共通性があることを認識できるようになり，その根底における共通性の上に目につきやすい違いがあるにすぎないのだから，対立する必要のある違いではない，と認識できるようになるからである。

さらに，＜コミュニケーション＞の成立に基づく違いの認識は，双方において，違いの原因を探求しつつ，同時に互いに違っているもののいずれがより良いことであり，より便利なものであるのかという比較を成立させることになる。このような思考の展開は，一方において自己を超越的な視点から俯瞰することになるが，他方において比較の対象である他者・他社会に対して生産的な意味での批判をすることが可能となる。以下では，この生産的な意味での批判を，＜批判＞と表現する。

この視点を得ることに成功した社会および個人は，外部から受ける刺激のみならず内部からおのずと湧き上がる向上への力によって，長足の進歩・改善をとげることになる。以下でその具体例を見ることにしよう。

ヨーロッパ中世の大学における＜批判＞

12世紀の末から西ヨーロッパには，現代まで続く高等教育のシステムとしての大学（universitas）が成立し始めた。これは，従来からあった修道院学校ならびに大聖堂付属学校とは異なる教育方法をとった。古典的な著作をテキストにして，それを教師が読解して注釈を付すことは，従来の教育とそれほど変わらないが，大きな違いは定期討論会が催されるということにあった。それは，読解と注釈という教師の施す教育内容に対して，学生が質問を提出して，教師と学生が徹底的に討論するというものである。つまり，学生は教師の説く教えをそのままありがたく受け取って覚え込むことで学んだとするのではなく，自分にとって納得のいかない点を見つけては，それを教師に問いただすことが許されるのである。

だから，定期討論会にそなえて学生同士が討論することもあり，定期討論

会の後にも討論が続くこともあった。その様子を少々揶揄的に表現した文章が伝わっている。「彼らは，夕食の前に討論し，夕食の間に討論し，夕食の後に討論する。公開で，一対一で，いつでも，どこでも討論する」（アラン・ド・リベラ著（阿部／永野訳）『中世知識人の肖像』（新評論）170頁より）。そればかりか，退職する教授の後継者には，公開の討論会でその教授の学説をもっとも鋭く反駁できた人が選ばれるという慣行さえもあった。これは，＜コミュニケーション＞が生み出すことになる＜批判＞の意義の大きさを認めた教育・研究システムである。

では，なぜ大学というシステムがこの時期の西ヨーロッパに成立したのであろうか。その理由の第一として次の指摘がある。西ヨーロッパの政治的安定に伴って経済が発展し，人口も増えたので，各地に大きな都市が成立した。その結果として生じた様々な問題に対応するために，従来よりも多くの知識人が必要とされるようになったのである。

第二の理由としては，イスラム世界から取り入れた文化の水準の高さに西ヨーロッパの人々，とりわけ知識人が大いに驚かされたということがある。実は，上に言及した西ヨーロッパの政治的安定と経済的発展の主たる原因は，西ヨーロッパとイスラム世界との関係が，11世紀末になってようやく西ヨーロッパ側から見て対等な状況に持ち込めたことにある。この対等関係のもとで，イベリア半島のほぼ中央に位置する都市トレドを中心にして，イスラム世界の諸文化をラテン語に翻訳して西ヨーロッパへ移入することが可能となったのである。現代人の多くには想像しにくいであろうが，西欧とイスラム世界を当時の文化水準で比較すると，圧倒的に後者の方が優越していたのである。それゆえに，実践的な分野ではイスラム世界に，キリスト教世界に伝来のものよりも優れたものがあったことになり，修道院学校や大聖堂付属学校の伝授する知識の限界が明らかになったわけである。この視点からみると大学とは，イスラム世界との間に成立した＜コミュニケーション＞が西ヨーロッパに生み出した制度であると言えるだろう。

第三の理由としては以下のことがある。上で言及した，この時期の西欧における都市の発達とは，土地に縛り付けられていた人々が経済的に発展しつつある都市へと各地から流入したことでもあるが，それは出身階層や出身地

から解き放たれた人々が都市に集まったということを意味する。その人びとの暮らし方は，当然のことであるが，自由な雰囲気を生みだす。「都市の空気は人を自由にする」という法諺のとおりである。その自由に憧れて，さらに多くの人々が流入してきて都市がいっそう繁栄する，というサイクルが成立した。このような状況が，人々の間に＜批判＞の意義を認識させたにちがいない。

大学における＜批判＞が近代ヨーロッパを生み出した

「ルネサンスの三大発明」と呼ばれる火薬，羅針盤，活版印刷は，いずれも本来の意味ではヨーロッパで発明されたものではなく，この時期よりも早く中国で発明されていた。これらが「ルネサンス時代のヨーロッパ人による発明」とヨーロッパ人自身によって認識された理由は，彼らがこの三つの技術を大幅に改良して，社会に広く応用できるようにしたという点であろう。確かに，火薬を応用して兵器としての火器を開発したり，羅針盤を船にとりつけて大洋を航海して東洋まで到着したり，活版印刷によって大量の印刷物を迅速につくり出して，宗教改革を進めたり一般庶民の知的水準を向上させたりした。そして，この画期的なイノヴェーションを西ヨーロッパに成立させたのが，大学で育まれ磨きをかけられた＜批判＞という方法に他ならない。

しかし皮肉なことに，大学という制度は西ヨーロッパにおいて数世紀の時を経るなかで権威的存在となっていたので，自らの学問のあり方において＜批判＞の本来の意味を見失うことになっていた。従って，ルネサンスを成立させた人びとの多くは，大学人ではなくて，レオナルド・ダ・ヴィンチのような大学外で活動した知識人や職人であった。むしろ，この時代以降，西ヨーロッパの大学はそれ自体が＜批判＞の対象となった。上で言及したデカルトも，大学で学んだ人物であるが，大学の在り方を批判しながら自分の活動の場をあえて大学には見出さずに，自らの財産で自由な知識人として生きたのである。

デカルトの時代からほどなくして西ヨーロッパは，神聖ローマ帝国が弱体化するなかで民族ごとに国家をつくる民族国家の時代となる。それらの国家

は各々独自の王が君臨する絶対王政の体制をとりつつ，同時に，長足の進歩を遂げた自然科学とそれを応用した技術とを利用して，内では互いに覇権を争う大小の戦争を，外には植民地獲得競争を展開した。

啓蒙思想が確立させた「言論の自由」という権利

こうしてわれわれはついに，「言論の自由 (liberté d'opinion, freedom of speech)」の意義が強く訴えられる啓蒙主義の時代に到達する。「啓蒙主義」とは，キリスト教の教会の教えを批判して世俗的価値の容認を訴え，中世以来の大学で確立されていたキリスト教神学を批判して理性主義的な学問探求を称揚し，ひいては人間という存在のそれ自体での存在意義を強調する思想運動である。これは，＜批判＞という人間の進歩にとって不可欠な方法を，大学から一般社会へと持ち出して，社会のなかでそれを徹底的に活用しようとした運動であるととらえることができる（実際に，ヴォルテール，ディドロ，ライプニッツら代表的な啓蒙思想家は大学で学んだが，大学の教員として活動したわけではなかった）。

この思想運動において，西ヨーロッパ中世の大学において生まれた＜批判＞が，ついにキリスト教という西ヨーロッパ文明の母体に対して，さらにはキリスト教と密接に関係しつつ成立していた王政に対して，正面から行使されることとなったのである。これまでも民衆による一揆的な反対運動はヨーロッパにもしばしば発生していた。しかし，一流の知識人が鋭い舌鋒をもって，教会の高位聖職者や彼らを理論的に支える大学の神学者および哲学者に対して，さらにこれらの専門家に支えられている王侯貴族に対して＜批判＞を行使することは，この時代に初めて起きたことであった。先に言及した印刷術の進歩がこれら啓蒙思想家の＜批判＞を，新聞やパンフレット，そして書物の形で刊行することを可能とし，手軽にわかりやすい形で一般社会に浸透させることになった。

啓蒙思想家たちは，人間の誰もが理性をもっているという，デカルト以来のヨーロッパ哲学における基本認識を継承していたので，言論による＜批判＞はまさに人間にふさわしいものであり，それをいかなる人間も受け止めることができるはずだと信じていた。同時に彼らは，＜批判＞こそが人間お

よびそれが形成する社会を進歩させるのにきわめて有効であると考えていた。

　しかしながら，彼らが繰り出す＜批判＞の対象とされた側はそれを受け止めることができずに，社会における彼らの言論活動を封じる行動に出るばかりか，しばしば身柄を投獄して黙らせようとさえもした。そのような啓蒙思想家の典型例としてヴォルテール（1694−1778）をあげることができるだろう。

　ヴォルテールはイエズス会修道会が運営するルイ・ル・グラン学院での7年間で深い教養を授けられると同時に，その文才で高い評価を受けた。学院を卒業した後は，法律家になることを望む父の願いにそむいて文筆家として生きることを選択した。1717年に彼は，絶対王政下で幼少のルイ15世を補佐していた摂政オルレアン公を風刺する詩を発表して，バスティーユ監獄に11か月間，投獄された。獄中で執筆した悲劇『オイディプス王』が国立劇場で大成功を博して，一躍，パリの社交界で寵児となった彼であったが，1725年には，友人である名門貴族との論争で相手を＜批判＞したところ，その貴族の一族が当局をそそのかしたので，再びバスティーユ監獄に入れられた。1726年5月に獄中からイギリスへの亡命願いを出してイギリスに渡り，そこで3年を過ごすなかで，イギリスの繁栄の源が，フランスにはない政治，信仰，思想における自由であることを痛感した。そこで彼は，帰国後，滞英中の見聞をまとめて『哲学書簡　別名イギリス便り』として1734年に匿名で発表した。フランス社会の遅れを指摘すると共に，その社会を精神的に取り仕切っているカトリック教会を批判したこの作品は，政府ならびに教会に大きな衝撃を与えたので，この作品は焼かれその出版人は逮捕された。危うく逮捕から逃れることができた彼は，以降，獄に入れられることなく済んだが，各地を転々としたあと，1755年にスイスのジュネーヴに住まいを求めた。しかし彼の教会批判がジュネーヴ政府との関係を悪くし，最終的にはスイスに接するフランス国境地方の寒村フェルネーに定住した。そこで，文筆活動をしつつ産業を興して村人の生活を豊かにすると同時に，当時のフランスにおける裁判の不正を批判する活動にも積極的にかかわった。もっとも有名な事件は「カラス事件[*]」である。このようなヴォルテールの言動はヨーロッパの知識人から敬服の念をもって受けとめられ，彼は「フェルネーの長老」と呼

ばれるようになった。彼に会うためにヨーロッパ中の文学者，思想家，王侯貴族が続々とフェルネー村詣をしたという。

> * 1761年にトゥルーズで発生したプロテスタント一家に対するカトリック教会ならびに市当局による迫害事件。無実を主張する父親を死刑に処し，残る家族は修道院に監禁された。

ヴォルテールに好意をもっていなかったルイ15世が1774年に死去してルイ16世の時代となると，彼がパリに戻るための条件が整った。1778年2月に28年ぶりに故郷に帰った彼は，市民から熱狂的な歓迎を受けたことはもちろんだが，イギリス大使や独立間もないアメリカの外交部代表であるフランクリンなどの訪問もうけた。しかし，この84歳になっていた老人は，パリ帰還に伴う過労のなかで，5月30日，永遠に帰らぬ人になったのである。それは，フランス革命が始まる1年前のことであった。

> * 以上のヴォルテールの伝記的紹介は，ヴォルテール著（中川信訳）『寛容論』（現代思潮社）の巻末に収載されている中川信氏による詳細な解説に主として依拠している。

そして彼の思想は，翌89年から始まったフランス革命の国民議会で同年8月26日に発せられた「フランス人権宣言」のなかに結実した。その第11条には「思想および主義主張の自由な伝達は，人間のもっとも貴重な権利の一つである」として「言論の自由」の保障が明記されている。

以上でわれわれは，人間の相互信頼を基盤として成立する＜コミュニケーション＞が，肯定的な意味での＜批判＞を生み出すものであり，その＜批判＞が社会や文化の進歩を成立させるという歴史を見てきた。このような＜コミュニケーション＞と＜批判＞の本質的な連結についての認識こそが，「言論の自由」という権利を成立させているものである。

> * ちなみに，この点から，なぜヘイト・スピーチが否定されなければならないかも，明白となるであろう。ヘイト・スピーチの話者は，スピーチを向けている相手との間に＜コミュニケーション＞を成立させるつもりは毛頭なく，多くの場合に少数派，あるいは弱者である相手に対して，たんに一方的に罵詈雑言を投げかけて，相手に心理的なダメージをあたえることを目的とするものである。その意

味でこれは＜批判＞の衣をまとったイジメにすぎないのである。それゆえに，これは「言論の自由」という権利で保障されるべきものではないと，私は考えている。

III　連動する＜コミュニケーション＞と＜批判＞

強者＜批判＞のヨーロッパにおける伝統

　「言論の自由」の思想は，この後に続く民主主義政治体制をとるあらゆる国家の憲法において，これを保障するという条文が盛り込まれるのが当然となっている＊。さらに1976年に発効した国連の「市民的及び政治的権利に関する国際規約」でも，これの必要性が指摘されて，その第19条に盛り込まれている。

　　＊　これが保障されない例外的条件については国ごとに違いがあり，この条件がどのように設定されているかは，大問題である。例外が広く設定されていればいるほど，「言論の自由」が制限される範囲が広がることになるからである。

　さて，この何人も有するとされる「言論の自由」という権利は，ヴォルテール自身の言論活動における＜批判＞の矛先が常に王政およびキリスト教界に向けられていたことからも明らかなように，不利益をこうむる危険をおかしてもその矛先を時の強者に向けることが暗黙の前提となっているからこそ，「権利」として保障されるのである。

　もしも，ただ「しゃべる」だけであったら，この文章の最初にも記したように，人間は本性的に「しゃべる」ものであるから，誰でもどこでもそれは可能である。「人の口に戸は立てられない」ということわざも示しているとおりである。そして，おしゃべりをしたり人のうわさ話をすることが，ストレスの解消になることも確かであって，それゆえに個人のストレス解消という意味での「もの言わぬは腹ふくるるわざなり」ということが「言論の自由」という表現で言われることもある。

　しかし，それだけの意味であるとすれば，ことさらに「言論の自由」が権利とされなくてもよいはずだ。権利として保障されなければならない理由は，時の強者に向けたもの言い，とりわけ＜批判＞を実行することは，通

常，極めて困難だからである。それは，ヴォルテールの世紀のフランスでそうであったというだけではなく，古今東西においてそうなのである。アンデルセンの童話の「裸の王様」やイソップ童話の「王様の耳はロバの耳」などを通しても，われわれがよく知っているとおりである。

実は，王という強者に対する民衆の＜批判＞が制度的に保障されることになったヨーロッパのシステムが，議会なのである。ヴォルテールがフランスと比較して進んでいるとしたイギリスには，周知のように14世紀半ばより議会下院があり，議員たちの議事堂内での議論は議会外で責任を問われることがないという免責特権が早くから認められていた。これは議会内で言論の自由が保障されていることに他ならない。さらに，上院と下院に分かれていることの由来は，庶民の代表が国王と貴族の前では発言しにくかったことにあるという。庶民の議員だけの和やかな雰囲気の中で自由に討議できる場所を別に設定することになり，それが下院（庶民院）となった。そして，その下院に集まった議員たちは議論の結果を，代表として選んだ1人（議長）に上院に届けさせたという（K. R. マッケンジー著（福田三郎監訳）『イギリス議会－その歴史的考察』（敬文堂）。ここには，強者への＜批判＞がいかに困難なものであるかが，また，その＜批判＞を活かすためにはいかに綿密な工夫が必要であるかが，明瞭に表れている。そしてこの事情は，基本的には現在でも同様だろう。

ところで，議会外の社会一般における強者への＜批判＞を担うことが託されたのは，ヴォルテールを先駆者とする，言論活動を得意とする知識人，言論人である。彼らは，貴族，聖職者，ブルジョワ（市民）という三つの階級で構成されていた当時のフランス議会の外で活動する階級という意味で，「第四の階級」と称された。それほどに＜批判＞の役割が重要なものとして認知されていたわけである。その認識は現代に到るまで続いており，現代では，司法，立法，行政の三権に対する監視役を果たすものとして，しばしば「第四の権力」とさえ称されるほどとなっている。

＜批判＞の伝統が弱い日本

ここで再びヨーロッパ中世の大学における言論による＜批判＞を考慮に入

れつつ，われわれの足もとの伝統に目を向けてみよう。日本では，「三歩下がって師の影を踏まず」という言葉が示しているように，師弟関係ではあくまでも師の教えを金科玉条として守ることがよしとされてきている。「目上の人を立てるべし」ということも，いまだに強調されている。この日本の伝統的風潮は，本来，言論による＜批判＞こそがその本質であるはずの大学という場でさえも，存続している。いや，それどころか，近年の学生たちの勉学の姿勢には，教員が板書することをノートにとって，それをひたすら覚え込むという傾向が強まっている。高校までの生徒としての勉強が，大学の学生となっても維持されているのである。ゼミであっても，教師の意見に対する＜批判＞はもとより，仲間の意見への＜批判＞もことさらに避けるので，ゼミとしての議論が成立しなくなりがちである。学生たちに言わせると，＜批判＞はその対象となる人物との関係を気まずくさせるので，これを避けることが賢明な学生のするべきことで，「空気が読めない学生は最悪だ」とのことである。

　このような学生の姿勢は，彼らだけのことではなくて，現代の日本社会の風潮でもあるはずだ。総じて言えば，日本には＜批判＞という文化伝統が弱いということである。それゆえにこそ，我が国では根本的に革新的なアイディアや技術が開発されないのではないだろうか。そしてこれが「失われた20年」の最たる原因であるに違いない，と私は考えている。なぜなら，権威とされている人物，定番とみなされている事柄を，果敢に疑って＜批判＞の視点から吟味して，これとは異なる視点や方法が何かないのか，と真剣に探すという風潮がきわめて弱いのである。人々がひたすら努めているのは，たかだかマイナー・チェンジという「改善」にすぎないとするのは，言い過ぎであろうか。それゆえに，いまの日本にもっとも必要なのは＜批判＞であると言えるだろう。互いに重心の低い＜批判＞を行使し合うことで，創造的な知見や技術が見出されるからである。

　日本社会にあるこのような傾向のゆえに，この国では，「言論の自由」の意義が軽視されやすいのであり，ジャーナリズムの委縮も進みやすいのであろう。

日本の組織ジャーナリズムの課題

　まず初めに確認しておこう。「言論の自由」(表現の自由)は日本国憲法第21条の保障のもとにある。そして，その中には「報道の自由」も，それを遂行するための「取材の自由」と共に含まれることを，最高裁判所が判示している。

　しかしながら，権利一般について言われるように，行使しない権利は錆びついてしまうものである。いま日本のジャーナリズム，とりわけ会社組織のもとにあるジャーナリズムのこの権利行使に対して，広汎な国民から強い疑念が投げかけられているのである。

　政府から国民への通知の手段ならば，「官報」というものがある。これは，法令，告示，予算，人事などを国民に伝える，いわば政府の機関紙であって毎日発行されており，所定の官報販売所で購入できる。現在ではウエッブ上でも読むことができる。もし，日本の組織ジャーナリズムが，記者クラブで政府が発表した内容をそのまま記事として流すだけであるのならば，それはジャーナリズムとは言えない。官報の二番煎じをやっているに過ぎないことになる。

　これまでにみてきたような，強者への＜批判＞の一翼を担うものとして「第四階級」あるいは「第四の権力」として認知されてきたジャーナリズムの社会的地位をわきまえれば，とりわけ組織ジャーナリズムの果たすべき仕事は，単に発表原稿をそのまま流すことでもなく，起きた事象をそのまま伝えるだけのことでもないはずである。その発表の内容がもたらす国民や社会に対する影響を，また生じた事象の原因ならびにそれが社会に及ぼす影響を，独自にしっかりと調査し分析した上で，その結果もあわせて一般国民に伝えることである。

　そして，その調査や分析の内容は，組織ジャーナリズムの間で違っていっこうに差し支えないのである。むしろ多様な見解が社会に示されることで，それらの間の違いが社会のなかに新たな＜批判＞を生み出し，それが社会の改善・改革について，より深い検討のための素材をもたらすことになるからである。逆に，もし現代の巨大な力を有する組織ジャーナリズムのすべてが全く同じ方向のニュースや記事を流すとすると，むしろそれの弊害もま

た巨大となってしまうのである。*

> * その一例として指摘しておきたいことがこの夏にあった。2016年7月の参議院議員選挙の公示日から2日後の6月24日に，新聞各紙は一斉に序盤の情勢調査を報じた。その際に，二つの大新聞が「本社世論調査」と銘打ちながら，実は同一の世論調査の結果を使用しているのではないかと思わせる記述があったのだ。両紙の調査方法に関する数字について，「全国の有権者5万943人を対象に2万7640人の有効回答を得た」という，こまかい数字がまったく一致していたのである。もし，二つの大新聞がそれと明示せずに同一の世論調査の結果を利用したということがあり，この方式がさらに拡大して行くとすると，各新聞社にとっては経費節約にはなるものの，容易にいわば「大本営発表」式の世論調査になってしまう危険があるだろう。なぜならば，質問の仕方で回答を誘導することが可能であることは世論調査での常識であるから，全国で一つの世論調査しかされないとなると，そしてその世論調査を政府系の調査機関が実施するとか，政府系の機関から経費が出費されるかたちで実施されるということになると，新聞の顔は違えど，話すことは皆同じ，ということになりかねないからである。この私の危惧が単なる「うがち過ぎ」であることを望む（地方紙は一般に共同通信社の世論調査結果を利用しているが，これはこの事実を明示しているので，今回のケースとはもつ意味が異なる）。

　官報であれば，情報の受け手は政府の機関紙の伝える情報であるという前提のもとに受け取る。ところが，強者への＜批判＞を本来の任務とするはずの第四の権力としての組織ジャーナリズムが政府の広報機関のようになってしまえば，一般の国民はいわばだまされるような形で，それ以外の意見や解釈に触れる機会がほとんどなくなり，社会の内部に＜批判＞の可能性が失われることになるのである。

　この点に関わって，ここ数年の日本の組織ジャーナリズムには憂慮される傾向が表れている。とくにここで筆者が指摘したいのは，安倍晋三首相と外国との関係についての記事のあり方である。最近，以下のようなことがあった。今年（2016年）9月6日から8日にかけてラオスのビエンチャンで開催されていた東アジア首脳会議 EAS の際に，オバマ米国大統領と安倍首相との首脳会談が8日に行われることで合意されていたが，EAS の議論が長引いて時間がなくなったという理由で米国からキャンセルになったという。

　これは各社ともベタ記事でサラッと報じただけである。このキャンセル

は，時間がなくなったからという単純な意味しか持っていないのだろうか。もし伝えられているとおりに，米国側からの一方的なキャンセルであるとすれば，本来これは相手国に対して礼を失した行為である。時間的にタイトであるとしても，お互いに顔を合わせるくらいのことは可能だからである。本当は，時間が理由のキャンセルなのではなくて，米国側からの一定の意思表示が込められたキャンセルということではないのだろうか。

　実は，同じようなことが昨年（2015年）9月下旬にもあったのだ。日本の国会に上程するより先の4月末に，アメリカ議会での演説において成立させることを約束した「安保法制」を，安倍首相は9月19日未明に国民の圧倒的な反対を押し切って自民・公明両党によって成立させた。そしてその直後に安倍首相は米国のニューヨークにある国連本部で開催された国連総会に出席した。「安保法制」に賛成にせよ反対にせよ，普通の国民は，これだけの大きな手土産をもってアメリカに行った安倍首相はきっとオバマ大統領との首脳会談をして，日米関係がいっそう緊密になったことをアピールするだろうと考えていたはずだ。

　ところがきわめて奇異なことに，オバマ大統領との首脳会談は実現することなく，バイデン副大統領との会談がセットされただけであった。そして，さらに奇異なことに，日本のマスコミでこの事実を報じたのは，毎日新聞の社説だけで，それも最後の方でさらっと触れただけであったのだ。ニューヨークに行っている安倍首相との間での首脳会談が実施されなかったのには，かならず一定の意味があるはずだし，米国側の何らかの意思表示であるに違いないと，私はその時に感じた。しかし，日本のマスメディアはこの事実を伝えなかったし，もちろんその事実のもつかもしれない意味を解説することもなかった（八巻和彦（編著）『「今を伝える」ということ』（成文堂，2015年）250頁を参照されたい）。

　すると，昨年の暮れ，世の中の関心が年越しに向けられている12月28日になって，「従軍慰安婦問題で日韓が最終的決着で合意した」というニュースが，「電撃合意」とか「急展開」とかという形容詞付きで飛び込んできた。あれほど謝罪を回避し続けた安倍首相も朴大統領に対して「心からのおわびと反省の気持ちを伝えた」というのである。このニュースに接した瞬間に，

私の心にわだかまっていた上述の疑問が氷解した。アメリカが日韓両国に対して，とりわけ日本の安倍首相に対して，最終的決着への強い希望，「指示」を出していたからなのだ。そのために日米首脳会談を9月に実現させなかったのだ，と（このことを今年になって安倍首相サイドに詳しい人に尋ねてみたところ，「その解釈で問題ないでしょう」との返答だった）。

　そして今年も安倍首相はニューヨークの国連総会に出席したが，実は，今回もまたオバマ大統領との首脳会談は実現することがなく，昨年と同様にバイデン副大統領と会談しただけであった──日本では，クリントン大統領候補者との会談という異例なことが大々的に報じられることで，この事実は一般的には気づかれなかったであろうが。もし，前述の9月初旬のビエンチャンでのキャンセルがほんとうに時間の都合だけであったならば，その失礼への償いとしてニューヨークで大統領との会談が成立してもよいはずだったが，それは実現しないままであった。

　そこで，各紙の記事を注意深く読み比べると，見えてくることがあった。まず，ビエンチャンでのキャンセルの際に，日本の外務省幹部が「オバマ氏との首脳会談はもうないかもしれない」と語ったという数行があった（朝日新聞9月9日朝刊）。これは，やはり米国の一定の意思表示であったから外務省幹部がこう言ったということではないだろうか。そして9月21日の副大統領との会談の際に，北方領土問題について理解を求めた首相に対してバイデン氏は「首相の賢明な対応を確信している」と応じたという（読売新聞9月23日朝刊だけが書いている）。ここにビエンチャン以来のメッセージが示されたということではないだろうか。「同盟関係を結ぶ」相手たる米国の理解をとりつけることなく功を急いで前のめりにことを進めることは，結局，米国とロシアの両方から高い買い物をさせられることになるのではないか，また，沖縄の辺野古問題をこれほどに強引に進めていること，ならびに米国の大統領候補の二人ともが反対しているTPP批准を日本だけがこれほどに急いでいることは，このことと関係しているのではないかと，政治にまったく素人の私も推測せざるをえない。組織ジャーナリズムにはこの辺りの事情をしっかりと分析し解説してほしいのである。

　日本のマスメディアは，＜外交における国論の分裂は折衝相手国を利す

る＞という，戦前から続く固定観念，そしていまもなお官邸筋から流されているであろう固定観念にマインドコントロールされているのではないだろうか。しかし，現代の民主主義国家においては，政策をめぐって意見が対立するのは当然のことであって，むしろ意見の多様性はその国家のゆとりと国民の成熟を示すものであり，ひいてはその国家総体のもつ力の大きさを物語るものである。

　2年続けて，首相と米国大統領の関係について同じような報道の仕方（報道しないという仕方も含めて）に出くわすと，もしかすると日本では，諸外国との関係について報じるに際して，プラスの方向にせよ，マイナスの方向にせよ，われわれ一般国民の知ることのできない，この種の操作が日常的におこなわれているのではないかという危惧の念が湧いてくるのを禁じえないのだ。これでは日本の組織ジャーナリズムはすでに，1933年の国際連盟脱退のころの新聞と同じような状況に陥っているのかもしれないと心配にもなってくるのである。

　いくらインターネットの世界が発達普及しているといっても，日本人が容易にアプローチして情報を得ることができるのは，なんといっても日本語のマスメディアである。優秀な人材をたくさん抱えて，そして戦前から戦中にかけて戦意昂揚のお先棒をかついだことへの反省に立って，まがりなりにも70年以上にわたって日本の戦後社会の平和と繁栄に寄与してきた日本の組織ジャーナリズムには，もともと＜批判＞に弱点をもつ日本の民衆に代わって，「第四の身分」，「第四の権力」，そして「社会の木鐸」としての使命をねばり強く果たしてほしい，と切実に願っている。

　われわれ一般人も，われわれの代弁者として強者への＜批判＞を遂行してくれているはずの日本のジャーナリズム，とりわけ組織ジャーナリズムを応援するとともに，＜批判＞という意味での叱咤激励をし続ける必要があるだろう。さらに同時に，われわれの情報源を多様化して複眼的思考ができるようになるためにも，岩上安身が運営しているIWJなどの，ウエッブ上の独立系ジャーナリズムにもわれわれの眼を向けるべきであろう。

第1部　報道の「危機」とは何だろうか

① ジャーナリズムの危機！

毎日新聞社特別編集委員・TBSスペシャルコメンテーター
岸 井 成 格

I 石橋湛山と報道の自由
II 危機に立つ日本の報道の自由
III 安保法制の持つ危険性
IV 暴走する権力と萎縮するメディア
V ジャーナリズムの危機に立ち向かうために
コラム 文明の岐路に立つ世界と日本

I 石橋湛山と報道の自由

　きょう，この「石橋湛山記念　早稲田ジャーナリズム大賞」記念講座の場に立ちまして，私は「偶然はない」と感じています。石橋湛山先生はわれわれジャーナリストにとって本当に尊敬する大先輩です。先生のおっしゃったことの中でもっとも大切なことは「報道の自由，言論の自由こそが民主主義の基本中の基本だ」ということです。先生は生涯ずっと権力の圧力に屈することなくものを言い続けた言論人の鏡のようなジャーナリストであり，そして政治家でもありました。残念ながら総理大臣になってから体を壊して政治家は辞められましたが，まさに言論・表現の自由，報道の自由というものを戦後ずっと引っ張ってこられた，そうした存在であります。きょうは「石橋湛山記念講座」の講義ですので，そうした石橋湛山先生とのつながりの中で，報道の自由についてお話をしなければならないと考えています。

II　危機に立つ日本の報道の自由

外から見た日本の報道の自由

　国境なき記者団というNGO団体があります。この団体は，全世界の報道を定点観測し，各国の報道の自由度をチェックしています。その結果，日本は昨年の61位よりもさらに順位を落とし，2016年，全世界180ヵ国および地域のうち，72位でした。

　ランキングが急落した最初の要因は3年前の「特定秘密保護法」の採決強行でした。そして昨年の安保法制と，今年2月の「電波停止発言」が原因となって，ランキングが72位まで下がったのです。

　さらに，国連の人権理事会が日本に調査官を送ってきました。あまりにも日本のメディア，言論状況はひどすぎるのではないかと，国連の人権委員会は非常に重視をしたわけです。

　人権理事会は本来なら去年の12月に調査入りを希望していましたが，日本政府が許可せず，今年になってようやく来日しました。それも，「日本の政府は国連の調査まで拒否するのか」と批判が高まったものだから一応許可はしたのですが，そうしたいきさつは明らかにされていませんし，そして調査官が会いたいと言った政府の大臣にも会わせません。そのようなことがなぜ起きているのでしょうか。

公平・公正な報道とは何か

　ランキングが72位まで落ちた直接の原因は，高市早苗総務大臣が今年2月に国会で答弁した「電波停止もあり得る」という発言です。「そんなことを言っただけで内閣そのものがもたないはずだ」「なぜ大臣がそのままだやっているのか」というのが外国人記者たちの基本的な疑問です。

　電波を停止する理由は「放送法4条に反する場合」とされています。放送法4条は「いろいろな意見を公平・公正に伝える」という内容です。高市大臣の，あるいは自民党の言葉をそのまま借りれば，その放送法4条に反して偏向した報道をし，いくら注意しても変えない，そうした報道をする放送局

は電波を止めてしまう、このように言っているわけです。まずこれをどう考えるかです。

すこし聞くと一般的には、「それはそうだろう。放送局は公平・公正な報道を心掛けるべきだ」と思ってしまいます。しかし、政治における公平・公正とは、政府が判断すべきものではありません。これが重要な点です。石橋湛山先生がずっと言い続けたことです。

公平・公正とは、放送局やメディア自身が考えるべきことなのです。放送法は憲法ができたすぐあとにできましたが、そのときの趣旨は、国会のやりとりを読めばわかります。これはあくまでも「常に公平・公正を心掛けましょう」という放送局あるいはメディアの自主的な倫理規定です。

権力は必ず腐敗し、暴走する

確かに偏った、あるいは間違った報道をしてはいけません。ですが、政治の世界には重要な格言があります。「権力は必ず腐敗し、時に暴走する」という言葉です。そして、これは多数決という民主主義の原則とは相矛盾するようですが、数が多く強い政権であればあるほどそうなるのです。これを「絶対的権力」といいますけれども、いままさに安倍内閣は「一強多弱」といわれています。自民党だけが強くて、ほかの党はみんな弱いのです。

民主主義は健全で強力な野党がいないとうまく機能しません。必ず権力側に驕りが生まれ、傲慢になってしまうのです。ですが、いまは残念ながら強力な野党がないのです。このようなことはこれまでありませんでしたが、いまは現実にそうした政治状況が生まれています。

しかも「西高東低（政高党低）」です。天気の話ではありません。安倍内閣が「一強多弱」の中でもまた飛び抜けて強い、「政高（政府が上）」で「党低（政党が下）」だという意味です。一強多弱を超えて、「政高党低」の政治権力構造なのです。当然そうなると、権力が腐敗し、時に暴走することは避けられません。絶対的権力ほど腐敗し暴走するのです。

ジャーナリズムの使命

そこで行政・立法・司法がお互いにチェックしあう「三権分立」があるわ

けです。しかし、これも圧倒的多数の与党、国会であれば、なかなかうまく機能しないかもしれません。あるいは、一般の国民からすると、立法も、司法も国家権力そのものです。そうすると、それに対するチェック機能は誰が果たすのでしょうか。

　いろいろなチェック機能がありますが、その中でも非常に重要なのがマスメディアの機能です。常に権力をチェックし、監視し、問題があればそれを指摘し、仮に暴走したときには、これに歯止め、ブレーキをかける。これがメディア、とりわけジャーナリズムの最も大事な使命であり、これが石橋湛山先生の言うジャーナリズムなのです。権力の暴走にストップを、ブレーキをかけることができなくなったら、その国の民主主義は成り立ちません。

放送法4条の危険性

　ですから、外国のメディアがみんな心配し、国連の人権理事会までが警告を発しているのです。記者会見で調査団代表のデビット・ケイさんが言いました。「想像以上に深刻だ。日本のメディア状況は危機的だ。このままでは日本の民主主義は成り立たない。早晩崩れてしまう」。そして、ひとこと重要な言葉を付け加えました。「公平・公正な報道を心掛ける」という放送法4条を削除すべきだと言ったのです。

　その理由は放送法が権力に利用されているからです。このようなことを許していたらメディアは放送の役割を果たせません。ここまで口実に使われて利用されるのであれば、放送法4条は削除してしまったほうがいいのです。放送法4条を出されるだけで「公平なのかな、公正なのかな」とみんな萎縮してしまうかもしれないからです。

　原則として、「公平か、公正か」などということは政権側が判断してはいけないのです。BPO（放送倫理・番組向上機構）という組織、第三者委員会があります。建前も本音も、放送の世界ではこのBPOがチェックし、何か問題があればそれを指摘していくことになっているのです。

III　安保法制の持つ危険性

安保法制とニュース23偏向報道問題

　2015年の11月に，私はこの放送法4条をめぐる問題で槍玉にあげられました。11月14日の産経新聞と，翌日15日の読売新聞に私を名指しして批判する意見広告が掲載されたのです。

　最初は何のことかわかりませんでした。読んでみると，なんと最初から私を批判しているのです。「TBSの『ニュース23』は完全に偏向している。放送法4条に違反している。とりわけアンカーの岸井は，安保法制が成立する直前，『このままこの法律を成立させるわけにはいかない。おかしい。メディアとしてはずっと今後も反対し，できれば廃案に向けて声を上げ続けるべきだ』と言った。これは明らかに放送法4条に反している」。こうした内容です。それから私は雑誌をはじめいろいろなメディアで取り上げられ批判されてきました。なぜそうなってしまったのでしょう。

　安保法制については，私は最初からいろいろなところで取材をし，議論してきました。報道番組の中で特別コーナーを設けて，安保法制だけを取り上げて「変わりゆく国・安保法制」と題してずっと問題点を取り上げて40回も報道したのは，変な言い方ですが，わが『ニュース23』だけです。

　圧倒的多数の憲法学者・法律学者が憲法違反だと言っているのですから，中身の善し悪しは別にして，どこからどう考えても憲法違反なのは間違いありません。にもかかわらずなぜ数の力で押し切ってしまうのでしょうか。そのようなことを国会がやっていいのでしょうか。

集団的自衛権の本質

　憲法違反と言われる点は二つあります。戦後長い間，政府，自民党政権はずっとその二つを守ってきました。一つは「集団的自衛権は，憲法9条の制約で行使できない」ということです。これは歴代自民党政権が繰り返し国会で答弁してきたことです。それを14年の7月1日，安倍内閣が閣議決定で，解釈で変えてしまいました。

集団的自衛権行使の何が問題か，読めばすぐわかります。日本が攻撃されたときのことではなく，他国が攻撃されたときのことなのです。日本と密接な関係にある国といえば，誰もが考えるのは同盟国であるアメリカです。アメリカがどこかで攻撃されたとき，そこに日本の自衛隊が駆けつけて戦う，これが集団的自衛権の行使です。

それに対して政府与党は，「それは慎重に行使します。それが日本の存立に関わるような重大な事態だと判断したときのみ，それを行使します。いつでも出すというものではありません」と言っています。案外知られていないのですが，集団的自衛権の行使は，日本が攻められたときの話ではなく，他国，とりわけアメリカが攻められたとき，自衛隊が出動するという話なのです。

自衛隊戦地「派兵」の持つ危険性

二つ目，重大な点です。歴代自民党政権が自衛隊派遣についてぎりぎり守ってきたことがあります。それは「派遣」と「派兵」の違いです。細かく聞こえるかもしれませんが，これは大事な一線です。派遣については，PKO法案を議論するときに大変な議論になりました。憲法違反ではないか，9条違反なのではないか，自衛隊のリスクはどうなるのか，もし攻撃され犠牲が出たら，その保障はどうなるのか。

政府は「そうした危険なところには派遣しません」と言い続けてきました。有名な小泉総理の答弁があります。「政府は非戦闘地域に自衛隊を派遣すると言っているが，どこが非戦闘地域でどこが戦闘地域かわからない，戦場ではそのような線引きは難しいではないか」と問うたところ，小泉総理は，「自衛隊がいるところが非戦闘地域です」と答えたのです。これは迷答弁といわれていますが，非戦闘地域に派遣し，自衛隊員は自己防衛のためのピストルは持つが，そのほかの銃火器は持てない。これが「派遣」です。

しかし，「派兵」となると話は違います。当然銃火器を持たなくてはなりませんし，場合によっては正当防衛で戦わざるを得なくなります。戦闘行為も認められますし，武器使用も当然認められる，こうした議論になりました。

しかし，歴代政府は，自民党も国会も，それは戦後の日本の平和主義に反すると言い続けてきました。いつそれが大規模な戦争になるかわからないからです。「巻き込まれ論」という議論がありますが，もし派兵したら「巻き込まれ」ではありません。自ら戦争に火をつけに行くようなものです。そのようなことをしたら際限なく戦争に加担して，自衛隊員の命が危険にさらされることになります。そのリスクについての議論も不十分です。

この「派遣」と「派兵」は，歴代総理はもちろん，歴代の外務大臣，防衛大臣が繰り返してきた一線です。「PKOのような国際貢献はしなければいけない。けれども武器を使用するような場所はだめです」と一線を引いてきたのです。

憲法学者で憲法改正論者だった小林節さん（慶應義塾大学名誉教授）が，はっきりそのことについて弾劾しました。「こんどの安保法制はまさに戦争をするためにつくった法律である。いままで絶対にだめといわれてきた自衛隊が戦争をするための法律ではないか。それも全世界どこへでもいつでも送れるようにした。唯一の目的はそれじゃないか。そんな法律をなぜ認めるのか，おかしいではないか」と言うのです。

これが圧倒的多数の憲法学者の見解です。誰が考えても憲法違反です。にもかかわらず戦後の一貫した政府与党・自民党の基本方針をひっくり返してしまい，いくら追及されても絶対にそのことを国会で認めないのです。

アメリカの本音は何か

そこで，私の番組が問題視された最大の焦点についてお話しします。「ジャパンハンドラー（日本を操縦する男）」，「日米安保のドン」といわれるアーミテージという人物がいます。アメリカの国防次官補や国務副長官を務めた人物で，日本の安保法制というと必ず名前が出てくる人物です。ですから，この人の意見も聞いておかなければいけないなと思い，『ニュース23』でインタビューをしました。

そのときアーミテージさんははっきりこう言ったのです。「この法制の最大の目的は，自衛隊が戦後初めてアメリカ軍のために命を懸けることを約束したことだ。そこがこの法律が大転換したところなんだ」と。

アメリカ軍にとっては，いままでは自衛隊に協力を求めても，いつも憲法9条がバリケードのように立ちはだかってどうにもならなかったのです。ところが，この安保法制でそのバリケードが全部崩れました。これから自衛隊は，基本的にアメリカの要請に対して「できる」というところから始まります。まったく大転換です。

目前に迫る危険

そして，アーミテージさんはさらにすごいことを付け加えました。いまシリア，イラク，特にシリアにあるIS（イスラム国），この掃討作戦に有志連合は手こずっています。空爆，空爆で地上軍を出しません。いまやアメリカもイギリスもフランスも，みんな地上軍を出すのが嫌なのです。PKOも軍隊を出さなくなってきました。そのくらい時代は変わりました。

昔のような主権国家同士が真正面からぶつかる戦争はほとんどなくなり，その国の中の体制派と反体制派の争いや，ゲリラ，テロリストとの戦いが中心になりました。ISなどというテロリスト集団が，一時は国家に代わるくらいの勢いになっていました。同じようなテロリスト集団が，中東だけではなく，アフリカにも中央アジアにも飛び火しています。そうした中でどうするのか。「日本が本当に一等国として尊敬されるためにはここに自衛隊を派遣すべきだ」と，アーミテージさんははっきりそう言ったのです。

駆けつけ警護（他国のPKO部隊が攻められたときに自衛隊が駆けつけて戦うこと）が，今回の安保法制の改正でできるようになりました。ISとの戦いではどうでしょうか。一応後方支援，武器弾薬の運搬という建前になっています。しかし，これは軍事専門家なら誰でも知っていますが，後方支援ほど危ないことはないのです。敵も真正面からぶつかるのは心配しますが，後方支援部隊は，武器弾薬を運んだり兵員を運んだりするだけなので攻めやすいのです。軍事専門家は必ず言います。後方支援がいちばん危険でリスクが大きい。アメリカはそこに自衛隊を出してくれと言っているのです。どう思いますか。

Ⅳ　暴走する権力と萎縮するメディア

強まるメディアへの圧力

　アーミテージさんのインタビューも含めて,『ニュース23』は40回にわたってこの問題を取り上げました。私も最初から反対するつもりで報道しているわけではありません。しかし，取材を続け，調べていけばいくほど，これはいくらなんでもずさんすぎる，あまりにも急な戦後日本の安全保障防衛政策の大転換だと確信するようになりました。このようなことを短時間の間に数で押し切ってしまっていいのでしょうか。

　そうした問題提起に対して，先ほどご紹介したように個人攻撃を受けたわけです。広告には「放送法遵守を求める視聴者の会」と書かれています。カラーで一面広告ですから，1回最低でも1,000万円の広告費がかかります。呼びかけ人7人の実名が出ていますが，その特色は何か。全員，安倍応援団，シンパです。安倍さんの総理大臣復帰を願う会をつくった人たちでもあります。安倍さんや官邸の意向を先取りしたのでしょう。

　この広告が出てから一斉に，テレビ朝日の古舘伊知郎さん，NHK『クローズアップ現代』の国谷裕子さんの降板が決まりました。NHKではその前に，『ニュースウォッチ9』の大越健介さんも交代しています。私も交代するという噂がずっと流れていました。そこにこの広告が出てきたのです。「岸井もどうも交代するらしい」という噂が一斉に流れました。

　ですから去年の暮れから正月にかけて，しつこく取材を受けました。私も取材する側ですから拒否はできないのですが，毎日，朝から晩まで週刊誌に家を張られて，「フラッシュ」には写真も撮られてしまいました。

　そして，高市総務大臣の「電波停止」発言につながっていくわけです。つまり彼らが考える偏向報道というのは，政府に都合の悪いことを言うことなのです。それを繰り返す場合は電波を止めてしまうと，それもその局全体でなくても，一つの番組だけでも，「偏向報道」があれば電波を止められますと，こう言ったわけです。発言自体が憲法と放送法の精神・目的に反します。

籾井会長とNHKの変貌

あえてお話ししますが，本当にNHKは変わってしまいました。私が見ていて，これがNHKかと思うぐらいのニュース番組になってしまいました。『ニュース7』も『ニュース9』も，ほとんど批判的な意見は取り上げません。いくらなんでもこれは取り上げるだろうと思うと，ちょっとは取り上げますが，結論から言うと，完全に政府の広報番組になってしまいました。

NHK会長の籾井さんという人がいます。これは安倍内閣が押し込んだ経営委員によって選ばれた人物です。

実は私はBS-TBSで，『われらの時代』という番組の司会をしていたことがあります。与野党の中堅若手議員の討論番組だったのですが，そのスポンサーはたった1社，日本ユニシスで，その社長が籾井さんでした。

当時は麻生さんが総理大臣になったばかりで，失言などに対する批判が与党からも噴き上げていました。『われらの時代』でも自民党の若手議員も麻生批判をしていました。それを見て籾井さんは，「今後は一切麻生さんの悪口だけはダメ。ひとことも批判は許しません」と言ったのです。私はこう答えました。「あなた，わかっているんですか。批判は許す許さないの問題ではないでしょう。スポンサーがそんなことを言う立場ですか。これは公開の討論番組ですよ。しかも与野党ですよ。野党だけの討論じゃないんですよ。与党議員が批判することも許さないのですか」。ですが「だめです，だめです。絶対だめです」の一点張りです。

彼はその後NHKの会長に就任してすぐ，「政府が右と言うものを左と言うわけにはいかない」と発言しました。こうした言い方をする人なのです。

政権の圧力とメディアの忖度

私はなぜ交代したか。私自身が直接，圧力を受けたとか，何か言われたとかいうことはまったくありません。あるいは，そのようなことを言うと私が番組でしゃべってしまうかもしれませんので，なかなか私には直接言えないのかもしれません。ですが，少なくとも私はそうした圧力は感じていなかったし，言われたこともなかったのです。

しかし一斉に，古舘さんも，国谷さんも，その前の大越さんも，どんどん

代えられています。何かが起きているのです。それがよく言われる「忖度」です。忖度，自粛，現場の萎縮，そうしたことが起きていたのでしょう。私もうっかりしていたと思うことがあります。

「選択」という雑誌に「政界スキャン」という，政界の内幕を書くコラム欄があります。そこに総理官邸とTBS幹部のやりとりが出ていました。

結論は何かというと，絶対に圧力をかけたという証拠は残さないように，非常にきめ細かく戦略を練っているのです。とにかくいろいろな場で文句は言います。それは政府高官が圧力をかけているのではありません。いろいろな人の前で「このごろの『23』，岸井のやり方はおかしいよね。あれじゃ偏向だよね」と言うわけです。

それでいて，直接私には誰も，何も言ってこないのです。しかし，それを忖度する幹部が出てくると下の人たちは萎縮してしまいます。「選択」の「政界スキャン」には，私の実名もTBSの固有名詞も出てきません。ですが読めばすぐわかるぐらい具体的に書いてありました。「政界スキャン」の裏を取ったら，すぐ政府サイドから「当たらずとも遠からず，あのとおりですよ」と言ってきましたから，間違いはないでしょう。

そうした圧力が非常に巧妙になってきています。NHKの『クローズアップ現代』，その前の大越さんの『ニュースウォッチ9』，これらは明らかにそうです。忖度をして更迭したのです。現場はみんな反対し，抵抗しました。けれども，有無を言わさずにやってしまったのです。

古舘さんの『報道ステーション』はもっとあからさまでした。これも局内では大変だったらしいのですが，抵抗できなくなってくるのです。本当に怖いです。いままでであればあり得ないことです。

民主主義の危機

私は毎日新聞の政治部長をしていました。社説の責任者である論説委員長も務め，紙面全体および出版物や事業の統括をする最高責任者の主筆も務めました。そうした意味では新聞社の責任者を全部務めてきたのです。

その中で私はよく「岸井は保守党そのものの人だ。せいぜい保守リベラルで，決して野党でも何でもない」と言われます。いい悪いは別，自分の自覚

も別ですが，保守本流を担当してきましたので，私に近い世代の人たちはそのように私のことを評価しています。

　もちろん社会党や共産党を担当したことも過去にはありますが，いずれも担当して取材しただけです。そして何より，論説委員長や主筆として，大事なことは常に編集幹部と議論を重ねてきました。「公平・公正とは何か。この問題を批判するときはどのようなスタンスで批判したらいいのか。見出しはどうするか」と全部相談しながら決断してきました。それが論説委員長であり主筆の仕事なのです。

　そうした中で私は，この安保法制はいくら何でもおかしいと考えたのです。なぜアメリカに言われたからといってすぐそのようなことをしなくてはならないのでしょうか。しかも，国会で本当のことを一切言わないというのはどういうことなのでしょうか。なぜそうして国民をだますのでしょうか。このようなことが許されたら本当に民主主義は崩壊してしまいます。

権力にひれ伏す日本のメディア

　ですから，外国メディアも国連の人権委員会も非常に注目しているのです。いくらなんでもひどすぎます。国会無視，国民軽視，このようなことは独裁国家のすることです。報道の自由もそれで萎縮しています。

　国連人権委員会が，秋になると思いますが報告書を出す予定です。報告書の中に必ず入るのが，「日本はこの際，放送法4条を削除すべきだ」ということです。このまま放っておくと政権権力に利用されてしまい，口実に使われてしまいます。「こんなことでよく日本のメディアは黙っていますね」ということでしょう。

　マーティン・ファクラーというニューヨークタイムズの前の東京支局長は，『安倍政権にひれ伏す日本のメディア』(双葉社) というタイトルの本を出しました。ここまで書かれて日本のメディアは恥ずかしくないのでしょうか。なぜテレビ局や新聞社がみんな一緒になって徹底的に闘わないのでしょうか。どのようにして連携を強めていくかが当面最大の課題です。

　あえて申し上げますが，私の『ニュース23』での論調，基本的スタンスは，毎日新聞のスタンスと変わっていません。べつに相談しているわけでは

ありません。私はもう論説委員長も主筆も離れていますから，いちいち言う立場でもないけれど，基本的には変わらないのです。私はそれが常識，あえて言えば良識だとも思います。その良識が通用しなくなってきたのです。「日本のメディアはひれ伏している」とまで書かれてしまう，このようなことが許されていていいわけがありません。

V　ジャーナリズムの危機に立ち向かうために

耳触りの良い言葉に騙されてはいけない

たとえば，最近私が怖いと思っているのは，「積極的平和主義」という言葉です。言葉がいいでしょう。この内閣は本当に言葉にこだわるのです。武器輸出，これは私が反対し批判もしました。武器輸出三原則は，原則として武器輸出はしない，日本は武器商人，死の商人にはならないということです。いま武器輸出という言葉を一切政府は使いません。国会でも使いませんし，新聞やテレビも使わなくなりました。何と言っているかというと，「防衛装備移転」と言うのです。確かに防衛装備を移転するのですから，間違いではありません。武器と言うとイメージが悪いからそう言い換える，そうしたことを平気でするのです。

私がいちばん初めに問題にして取り上げたのは，2013年の特定秘密保護法です。完全にメディアを萎縮させる法律です。この間も国会の報告がありました。3年たってようやく報告書が出ましたが，何が秘密になったか全然わかりません。「何が秘密か，それが秘密」と言われたとおり，国会軽視も甚だしい。あれでは国会は監視役などできません。

政府与党の幹部は私に「特定秘密などという，あいまいな名前だったからいけない。国家機密保護法とすればよかった」と言いました。国家機密ならいくら何でも国民の多くも，「それは保護しなくてはだめだ。国家機密がダダ漏れになっては国家として成り立たないよな」と考えるだろうと言うのです。国家機密かどうか，特定秘密に乗じて何でも秘密にしてしまうのです。政府の秘密はもともと40万から50万件近くありました。それを漏らした人は国家公務員法違反になるのです。そうした厳しい縛りのある法律があったの

です。それをあえてまた特別に特定秘密保護法をつくって，枠をどんどん広げたのです。「スパイ」や「テロ」も対象になりました。

沖縄返還密約暴露事件で感じた権力の怖さ

毎日新聞には特に苦い経験があります。それは沖縄返還密約暴露事件です。密約を暴露した記者が国家公務員法違反，守秘義務違反で逮捕，起訴されてしまったのです。

いくらなんでも無理です。新聞記者は守秘義務を持っている公務員ではありません。ですが，なんとそそのかして守秘義務違反をさせた，「そそのかし」の罪だといって無理やり逮捕要件をつくったのです。さらにそれ以来一貫して政府は「密約は存在していません」と言い続けました。そうであればなぜ逮捕するのでしょうか。存在しない機密を漏らしたというのはおかしいのですが，政府はそうした矛盾を平気で通してきたのです。

それから30年たち，アメリカでいろいろな公文書，外交文書が公文書館で公開されました。当然，毎日新聞はすぐにチェックしました。

ありましたね，密約が。逮捕された先輩記者は正しかったのです。それでも政府は認めません。権力はいざとなれば何でもできるということを，経験した事件でした。たとえ嘘でも逮捕し，起訴，ずっと隠し続けるのです。権力のすごさ，怖さです。

疑いの目を持って権力を監視する

政府は，野党も含めて国会議員も官僚も，都合の悪いことは隠したがります。本当のことは言わずに嘘をつきます。ですから裏取り取材が大事なのです。言われたままを右から左に流していたのでは報道になりません。本当のことを伝えたことにはならないのです。あまり疑っても悪いのですが，しかし結局は嘘をつくことが当たり前と思って付き合わなければいけません。

「またメディアをだまそうとしているな」，「また国民をだまそうとしているな」，常にそうした警戒心を持ち，疑い，チェックをし，権力というものの監視を続けなければいけません。そうでないと，報道・表現の自由というものを自ら壊してしまいます。

結局，メディアが黙っていて，国民も黙っていると，そちらへ行ってしまいます。権力の怖さはそこにあるのです。それを権力側がわきまえているでしょうか。

　本来，保守本流の慎みというものがありました。保守リベラルと言わなくても，権力の行使に慎重で，権力行使の怖さを本当に知っている，それが本当の保守政治家です。いまは若い政治家を中心に，なぜこんなに急速に変わってしまったのかというぐらい，すぐ権力を行使したがるようになりました。それが自分の強さの証だと思っています。とんでもない時代が来ています。

　しかし，それを選んでいるのは国民，有権者です。これからは選挙で政治家を選ぶときの基準を多少変えていかなければならないかもしれません。いまはインターネットなどで徹底的に候補者とやりとりできるようになりました。昔はそのようなことは絶対にできませんでした。演説を聞きに行くぐらいで質問などはほとんどできません。特に選挙になったら後援会にでも入っていないと話が聞けないくらいに非常に堅苦しかった。メディアも「言論の自由」が本当に息苦しい時代になってきましたから，そこをしっかりと見て対応してほしいと思います。

―― コラム ――

文明の岐路に立つ世界と日本

　いま，世界と日本は文明の岐路に立たされている。第一は「環境」問題。第二は「新しい戦争」の時代。かつての主権国家同士が正面から衝突する戦争ではなく，「政府」「反政府」の内戦であったり，「ゲリラ」や「テロリスト」などの過激な武装集団中心の戦争や紛争になった。第三は，AI（人工知能）や「ドローン」など無人化された機械による歴史的な「産業革命」の到来。「産業」にとどまらず，人間の意識やライフスタイルまで，想定外の変革を迫ることになる。そして「ネット社会」の発展によって，すでにヒト，モノ，カネ，情報が瞬時に世界（宇宙も？）を駆け巡り，全てのモノと情報がネットでつながる「IoT」の時代になり，何が起きるか分からない時代となった。

　さらに，イギリスの「EU」離脱の国民投票によって，いまの世界秩序がいかに不安定なものかが示された。一時は離脱ドミノ，独立運動ドミノ，それによる世界経済，政治の混乱が懸念された。一時的におさまったかに見える懸念もいつ現実のものになるか，イラク，シリアでの「IS」（イスラム国）などの過激な活動や，中東，アフリカの不安定さと，今回のEUの動揺を見ていると，近・現代文明の中核を担ってきた「国民国家」の枠組みが崩れ始めている印象が強い。

　このことはアメリカの大統領選挙の混迷とも全く無縁とは言えないだろう。野党共和党のトランプ氏の躍進，そして与党民主党の「本命」クリントン氏を苦しめたサンダース氏の台頭の背景には，いずれも従来のアメリカの「移民の国」「アメリカン・ドリームの国」の大統領選挙とは思えないような「格差社会」「差別社会」への若者中心の反発があった。アメリカも大きな変革期を迎えている。

　さらに中国の"膨脹主義"と唯一の超大国への夢，ロシアの「クリミヤ」併合と「ウクライナ」への干渉，さらには北朝鮮の核・ミサイル開発の"挑発"，いずれも時代に逆行する不安定要因となっている。

　こうした現実を目の前にして，いま，世界の政治，経済，安全保障に関して，専門家の間では「終わりの始まり」「終えん」という言葉がキーワードになっている。たとえば「EUの終わりの始まり」「欧米主義の世界秩序の終わりの始まり」「資本主義の終えん」――など，従来の定説とされてきた教科書で学ぶ秩序が壊れ始めたということだろう。

❷ 「報道の自由」が消えてなくなる日

日刊現代編集局ニュース編集部長
小塚かおる

I　はじめに
II　夕刊紙の魅力
III　ジャーナリズムの「客観中立」
IV　危機にある日本の表現の自由
V　権力のメディア支配の舞台裏
VI　真実と事実は違う
コラム　天の邪鬼になれ

I　はじめに

　まず「日刊ゲンダイ」という新聞，夕刊紙なのですがご覧になったことがありますか。私は大学時代にはこのような新聞があることを知りませんでした。大学生の方が知ることはほとんどいないだろうと思います。

　見出しが激しいのが特徴の一つです。見出しで目を引いて買ってもらおうという意図も正直あるのですが，「視線はサラリーマン，庶民」という立ち位置を大切にしています。

　販売は，駅の売店や，最近ではコンビニも増加しています。販売エリアとしては首都圏，大阪圏，名古屋圏などの大都市圏が中心で，地方では新幹線の駅がある地域など。ほかに北海道や沖縄でも販売しています。最近は九州圏で初めて，博多で一部販売を始めました。

　安倍政権に対しては厳しいスタンスの記事を一面に掲載しています。日刊ゲンダイとしては，いまの政権のアベノミクスなどさまざまな政策が，サラ

リーマンや庶民にとってあまり良い政策ではないのではないか，と考えているということです。

ジャーナリズムの基本的な役割として「権力の監視」があります。日刊ゲンダイはその役割を大上段に振りかざしている新聞ではありませんが，庶民のため，生活者のためと考えていくと，いまの政府，政権，大企業等々が行っていることに疑問を持たざるを得ません。ですから結果的に，いまの政権に対して厳しい視点になっているのです。過激な見出しや表現は，何が問題なのかということをわかりやすく伝えるため，インパクトを持たせるためでもあります。

II　夕刊紙の魅力

二つのテレビ局での経験

いま日刊ゲンダイで働いている理由も含めまして，ここに至るまでの私の経歴を少しお話ししたいと思います。私は東京外国語大学のスペイン語学科を卒業しました。卒業後は大阪の準キー局，関西テレビに就職し，3年半ほど編成部と報道部で働いていました。

次に転職したのが東京の新興ローカル局，東京MXテレビです。ちょうど1995年に新たに開局するのにあわせて新規採用の募集をかけていたところでした。

大阪と東京の二つのテレビ局で働きましたので，その違いを少しお話しします。関西テレビはフジテレビ系の準キー局で，ある種全国ネットワークのステータス感のようなものもありました。集団で一つのものをつくるチームによるジャーナリズムのようなところもありました。一方の東京MXテレビは独立UHF局ですので，系列も特になく，自分たちで全部のことをしなくてはいけませんでした。ただ，ビデオジャーナリストスタイルで映像編集も自分で行っていたので，個人の力を高めることができました。

そして2002年に日刊現代に転職したのですが，日刊ゲンダイは週刊誌的な視点の新聞で，まったく違うジャンルに移ったことになります。

「発表もの」にはない夕刊紙の魅力

　最近でこそちょっと変わってきましたが，日本ではテレビ局から週刊誌に転職する人はあまりいません。基本的に日本のテレビ局は高収入で安定していますので，みんな一旦入社すれば辞めたがりませんし，そこから転職する人は変人扱いされるぐらいです。実際に両方経験して思うのですが，媒体が何であろうと取材は人に会って話を聞くことが基本中の基本ですので，やること自体は全然変わりません。ただ，テレビ局または普通の新聞と，夕刊紙や週刊誌などの媒体では，最終的なまとめ方に違いがあります。

　どうしても普通のテレビ局や新聞の取材は，記者クラブに入っているので，そこでの発表，「発表もの」と言ったりしますが，それをニュースにすることが多くなります。一次報道という言い方もしますが，まず，そうした報道をテレビは重視して扱わなければいけない傾向があります。

　一方，日刊ゲンダイは，速報は他の媒体にお任せして，出てきた発表や報道をもっと掘り下げていきます。二次報道という言い方をしますが，たとえばサラリーマンや普通の生活をしている人たちにどのような関係や影響があるのかをもっと掘り下げて伝えるのです。

　もちろん新聞も二次報道に取り組んでいます。ですが，日刊ゲンダイはより裏の裏までえぐって報道するところに違いがあります。あとは独自性です。なかなか新聞が手をつけないもの，たとえば政治家のスキャンダル的な話もそうですし，政治とお金の話もそうですけれど，そうしたものを独自に発掘する報道が多いです。

　私自身は両方で働いてみて，取材の基礎を学ぶという点では，テレビ局にいたことがすごく役に立ちました。いろいろな人脈もできましたし，取材のイロハのようなスキルも学びました。ですが，テレビ局で働いているときにいろいろ疑問を持ったこともあって，いまの会社に転職したわけです。「発表もの」のようなすこし食い足りない取材よりも，独自の視点がある夕刊紙の方が面白いと思ったのも理由です。転職していま14年目ですが，実際そのとおりだったと思っています。

III　ジャーナリズムの「客観中立」

「客観中立」などありえない

　テレビ局で働いていて疑問に思ったことの一つは,「ジャーナリズムの『客観中立』は本当なのか」ということです。よく「客観中立」という言い方をします。しかし,「客観中立」とは何なのでしょうか。たしかに,いいことのようにも感じます。新聞はみんな「客観中立で公平な報道をします」と言っています。もちろん,客観中立であることは大切なことだと思います。ですが,客観中立と言いすぎると,結果的に玉虫色の結論になってしまい,結局何が言いたかったのかわからなくなるのではないかと思うのです。

　極論ですが,私は客観中立などあり得ないと思っています。客観の反対は主観です。取材ではいろいろな人から意見を聞きます。ではそれをどう伝えるかというところには,当然記者の主観が入ります。取材しているうちに主観が入ってくることは間違いありませんし,実際に見たもの,聞いたものは,取材した記者によって変わってくると思うのです。

　たとえば新聞であれば,見出しをどう付けるかは当然人によって違います。テレビもそうです。何気なしにテレビを見ていると思いますが,ニュースの最初の映像は何にするか,アップの表情なのか,それとも集団の全体がわかる映像なのか。編集の仕方も人それぞれです。視聴者が同じニュースを見るにしても,編集された映像の違いによって受ける印象も当然違ってきます。

　ですから,結果的に「全くの客観中立」なんていうことはあり得ないと思うのです。

客観中立ではないという前提に立つ

　結局,客観的・中立的というのは,たとえば対立している事象がある場合当然反対側の人から文句を言われることがあるでしょうから,なるべくそれを避けるための「逃げ」だと思うのです。

　よく新聞などで使われる手法は,意見が対立している場合,賛成の識者と

反対の識者を2人並べて，両方の意見を伝えたうえで，新聞社としては賛否を明確にしないという手法です。そうした紙面が最近はすごく多くなっているように感じます。

　そのような手法で読者に参考になるのかと私は疑問に思います。ですから，メディア側はきちんと取材した上で，「客観中立ではない」という前提に立っていいのではないでしょうか。もっと言うと，読者や視聴者も客観中立な報道などというものはないと思って，新聞を読んだりテレビを見たりしたほうがいい。いろいろな報道に触れた上で，自分はどう受け止めるかを考えたらいいのではないかと思います。

　私が最近書いた記事の一つを紹介します。今年の3月に「保育園落ちた日本死ね！！！」という匿名ブログが話題になって，世間で論争を巻き起こしました。その際に私が書いた記事の見出しは，「オンナを敵に回した安倍自民の政治センス」というものでした。

　日刊ゲンダイは新聞媒体の中では比較的早めにこの話を取り上げました。匿名ブログは待機児童問題に一石を投じたもので，ネットでジワジワと広がっていましたので，知っている人もたくさんいたと思います。ですが永田町の人（政治家）たちはネットを軽視していて，女性たちの怒りに対して非常に鈍感だったのです。率直に言って国民をなめているということだと思います。女性活躍などと言いながらも，現実的には保育園で

主観と主張

（出典）日刊ゲンダイ，2016年3月8日，5面

働いている人たちや子育てしている女性をそれほど重視していないということの裏返しだと思います。政治家たちのそうした感覚のズレをこの記事では主旨として書いたわけです。

この騒動をどう扱うかにもいろいろな方法があります。抗議や騒ぎの様子を事実として伝えるのが、一次情報としての一次報道なのかもしれません。けれども、私はこの騒動についていろいろ取材した結果、政治家たちの感覚のズレをいちばん強く感じたので、そのことを中心にして記事にしました。

旗幟鮮明な報道を

日本の客観中立報道は、海外のジャーナリストやメディアからは批判というか、「日本のジャーナリズムはよくわからないね」と言われています。

たとえば、いまちょうどアメリカ大統領選挙がニュースになっていますが、ニューヨークタイムズはもともとリベラルな媒体ですから、かなり早い段階から大統領選ではクリントンとケーシックを支持すると論説やオピニオン面で表明していました。

一方、ワシントンポストはどちらかというと保守的で、共和党に近いといわれていますが、トランプ不支持を表明し、共和党の有力者にトランプ不支持を呼びかける社説を書いています。

もちろん、論説と普通の記事はすこし異なる面があるとは思いますが、読者は新聞社のスタンスがわかった上で読むことができるし、そのほうがいいのではないかと思います。これからの時代は、ネットも含め媒体が増えていきます。メディアはそれぞれの立場を旗幟鮮明にして、はっきり色を出していったほうがいいのではないかと思っています。

IV　危機にある日本の表現の自由

安保法制と日刊ゲンダイ

今回、私がこうしたテーマでみなさんにお話をしようと思ったのは、去年の夏からの出来事があったからです。去年の夏、憲法学者の大多数が「集団的自衛権の行使は認められないと憲法に書いてある」と言っているにもかか

わらず，安倍政権は閣議決定をして，「集団的自衛権の行使は限定的ではあるが認められる」と憲法の解釈を変え，安全保障法制を改定しました。

　そのときになぜか「日刊ゲンダイ」が注目されたのです。日刊ゲンダイとしては，大多数の憲法学者の方々の言うとおりで，このままでは立憲主義・民主主義は守られないというスタンスで報じました。要するに政府に対して反対のスタンスを鮮明にしたわけです。一般紙はどうしても多少政府に気を使ってか批判が及び腰でしたので，それもあって，主張を明確にしていた日刊ゲンダイに注目が集まったのです。

ジャーナリズムの使命

　ジャーナリズムの重要な役割は「権力の監視」，そして「生命と人生を侵すものへの抵抗」です。誰もが幸福な生活を送りたいはずですから，それをもし権力が侵害しようとしているのなら，それに対して注意を喚起しなくてはなりません。「いまこんなことが起きています，大変ですよ」と伝えることがジャーナリズムの重要な役割だと私は思っています。

　ただ，政権側は，法律を変えることによって日本人の暮らしがより幸せで安全になると主張していて，そこには見解の相違があります。権力はどんな力も持っていますから，法律を変えることもできますし，法律より上にある憲法ですら解釈を変えてしまうことができます。それだけ強い力を持っていますので，常に監視しないと何をしだすかわからないという気持ちを持っていなくてはなりません。これは当たり前のことだと思うのですが，その当たり前のことをほかのメディアがしっかり果たしていなかったので，日刊ゲンダイが注目されることになったわけです。

憲法改正草案と表現の自由

　実は，2016年2月6日の衆議院予算委員会で日刊ゲンダイが取り上げられました。自民党が日本国憲法改正草案というものを発表しているのはご存じですか。自民党が野党の時代に，いまの憲法は長い間改正されておらず，もともとは（太平洋戦争の）敗戦時にアメリカに押し付けられてつくったものなので，独自の憲法をつくるべきだとして発表したものです。

その考え方自体は全面的に否定すべきものではないかもしれません。ですが，その中身を見ると，かなり国民主権を制約する内容が含まれています。それに対する危惧を，野党も，憲法学者の方々も指摘しています。そもそも憲法というのは，権力を縛るものです。ところが，自民党の改憲草案は，個人よりも国家を重視し，国家に対する国民の義務が書いてあります。つまり権力ではなく国民を縛るものになっているのです。そのことが2月6日の衆議院予算委員会で議論になりました。

　自民党の改憲草案では，国民の権利に制限がかかり，権力者の力を必要以上に強めることになります。そうした危惧の延長線上で，当時の民主党の階猛衆議院議員が，「言論機関が権力者の意向を忖度して，権力者への批判を控えるようになってしまうのではないか」という質問をしたのです。

　階さんは合わせて，「現にいま安倍政権に批判的なテレビキャスターやコメンテーターが次々と番組を降板している，これは民主主義の健全な発展にとってマイナスである」という発言もしました。

　これが何を指しているかわかりますか。テレビ朝日『報道ステーション』のコメンテーターだった古賀茂明さん，そしてキャスターの古舘伊知郎さん，TBS『NEWS23』のキャスターの岸井成格さん，そしてNHK『クローズアップ現代』の国谷裕子さんも代わりました。テレビ局側は編成上の都合，番組の刷新だと言っていますが，安倍政権に批判的なキャスターだからテレビ局側が無言の圧力を受けて，政権に配慮して代えてしまったのではないかと憶測されていたときでした。

　階さんはそのことを指摘して，いまの憲法21条の「表現の自由」が，自民党改憲草案では制限がかけられているので，憲法をもし変えるのであれば，いま以上にメディアの萎縮が進むのではないかという質問をしたのです。

安倍首相の「ご都合主義発言」

　そうしたら安倍さんは，「そんなことはありませんよ」と答えました。そして「表現の自由は重要ですし，私はもちろんそれを尊重しています。きょうの帰りにでも日刊ゲンダイを読んでみてください。これが萎縮している姿ですか」と言って，日刊ゲンダイの名前を挙げたのです。

2　「報道の自由」が消えてなくなる日　45

「安倍首相発言」翌日の見出し

（出典）日刊ゲンダイ，2016年2月6日，1面

　この発言があった翌日の日刊ゲンダイの1面がどのようなものだったか，すこしご紹介します。
　「『日刊ゲンダイを読め』とは恐れ入る。詐欺師も逃げ出す居直り詭弁すり替え答弁の数々。言葉の端々に現れるボクちゃん政治家のご都合主義と国会と野党への侮蔑，蔑視」という見出しを組んで，安倍さんの発言に対する日刊ゲンダイとしての見解を記事にしました。
　安倍さんのこの言葉をどのように捉えるべきでしょうか。日刊ゲンダイの名前を出して有名にしてもらったことはありがたいことではあります（苦笑）。ただ，日刊ゲンダイをもってして表現の自由が守られています，という安倍さんの言葉は，逆に言うとそのほかのメディアはそうではないということの裏返しなのではないかと思います。先ほども言いましたように，日刊ゲンダイは激しく安倍さんを批判しているのですが，ほかの媒体で激しく批判しているところがあれば，その名前も出せばいいわけです。日刊ゲンダイが自由に報道していることで，「表現の自由」が確保されているという主張はあまりにもご都合主義ではないかと思います。

電波は誰のためのものなのか

では実際に日本のメディアの表現の自由は安倍さんが言うようにしっかりと機能しているのでしょうか。実は，先ほどお名前を出したテレビキャスターの方たちが記者会見を開いて，「表現の自由はいま危機的な状況にある」と訴えたのです。今年の2月29日，田原総一朗さん，鳥越俊太郎さん，岸井成格さん，大谷昭宏さん，金平茂紀さん，青木理さん，この方々が記者会見を開きました。安倍さんの発言だけではなく，直接的にテレビの表現の自由が脅かされるような出来事があったからです。

それは2月8日，9日の衆議院予算委員会での，高市総務大臣の発言です。テレビ局は総務省の許認可がないと電波を流せないのですが，「もし放送局が政治的公平性を欠く放送をくり返したと判断した場合は，放送法4条違反を理由に電波法76条に基づいて電波停止を命じる可能性がある」というような答弁をしたのです。それに対して，安倍政権全体が，報道はなるべく政治的な発言をしないようにという方向に圧力を強めてきているのではないかと危機意識を抱いて記者会見を開いたわけです。

その抗議の内容は，「放送局の電波は国民のものであって，所管する省庁のものではない。大臣による判断で電波停止ができるというのは，放送による表現の自由や健全な民主主義の発達をうたった放送法の精神に著しく反するものだ」というものでした。

日刊ゲンダイは最初から反権力的なスタンスですからいいのですが，実際にテレビに出ている人たちがこんな発言をしたらキャスターを降ろされてしまう危険性があります。それを押してでも記者会見を開いたということは，よほどいまの政権に危機感を持ってのことだと思います。このような事象が実際に起きているのです。

国連報告者の見た日本の表現の自由

もう一つ，日本の表現の自由が危機的な状況にあることの一例をお話しします。2016年の4月11日に，国連の「表現の自由」特別報告者，デビッド・ケイさんという方が来日し，19日に記者会見を開きました。デビット・ケイさんは，日本の表現の自由についての国連の現状調査のために来日し，調査

報告をまとめたのですが、本当は2015年の12月ごろに来日の予定でした。しかし、政府側の受け入れ準備ができないとの理由でそれが延びて、4月に来日したわけです。

デビット・ケイさんは会見でこのように語りました。表現の自由についてジャーナリストの方、企業、放送局、出版社、新聞社の方からいろいろな話を聞きました。会った人はみな、「特に政府に対するデリケートな問題については、独立性を保って報道することが難しい」と答えたそうです。つまり実際に取材をして報道しているメディアの人たちはそうした危機意識を持っているというのです。

匿名を希望するジャーナリストと権力に配慮する経営者

デビッド・ケイさんの会見の中で面白かったことがあります。メディアの人たちがみなこうした懸念を話しながらも、ほとんどの人が「でも、私の名前は出さないでくださいね。匿名でお願いします」と言ったというのです。それにデビッド・ケイさんは驚いたそうです。

ジャーナリストが匿名を希望するということは、たぶん外国ではあまりないことだと思います。匿名を求めたのはやはりよほどのことで、名前が出てしまうと、さらに不利益を被ることを警戒して、匿名を希望したのだろうと思ったそうです。そのような意味でも、日本の表現の自由は、ちょっと危機的で、懸念される状態にあるのではないかと感じたそうです。

また、デビッド・ケイさんは、経営者が非常にあいまいな意思表示をしているとも感じたとおっしゃっていました。つまりメディアの社長が、「政府に対してはあまり厳しく書かないほうがいい」ということを、報道現場に対して発言しているというのです。はっきりとではありませんが、「デリケートな記事はあまり書かないように」、「少なくとも政府を厳しい立場に追いやることはしないように」というようなニュアンスのことを言われた人がいたそうです。

デビット・ケイさんはこのことについて「民主主義においては、権力がメディアに対して圧力をかけてくるのは普通であり、メディア側はそれに対して抵抗するわけですから、ジャーナリズムは権力を監視していると考えれば

当たり前のことなので，むしろそれは健全なことなのに」という感想を述べていらっしゃいました。裏を返すと，「日本は健全な状態にないのではないか」という感想を持って日本を後にされたということです。

日本の報道の自由度は世界72位に

　もう一つ，日本の報道の自由に関してお話します。国際NGOが毎年発表している「報道の自由度ランキング」というものがあります。日本は今年72位でした。これは新聞でも報じられているので，知っている人はたくさんいるかもしれません。2010年，民主党政権時代は11位でした。これが年々順位を下げていって，2014年は59位，2015年は61位にまでなってしまいました。61位でも大変な驚きでしたが，さらに今年は72位になってしまったのです。世界から見ると「日本は大丈夫なのか」と思われているのがいまの状態です。

V　権力のメディア支配の舞台裏

古賀茂明さんと「I am not ABE」

　デビッド・ケイさんはいろいろな人に会ったそうなのですが，匿名を希望する人が多い中で，「名前を出していい」と答えた一人が，元経済産業省官僚の古賀茂明さんだったそうです。

　実は私は，古賀さんを折に触れ継続して取材しています。そこで，今回の「報道の自由」の問題と絡めて，古賀さんへの具体的な取材過程をお話ししようと思います。

　古賀さんが世間で大きく話題になったのは，『報道ステーション』で「I am not ABE」というフリップを掲げ，その後，コメンテーターを降板したことだと思います。

　「I am not ABE」のきっかけとなったのは，2015年に発生したISIL（イスラム国）による日本人人質殺害事件でした。直前に中東歴訪中の安倍首相が，「日本はアメリカと一緒にテロ組織と戦う」と宣言してイスラム国と戦う国への2億ドルの支援を表明し，それが間接的にジャーナリストの後藤健

二さんの殺害に関係したのではないかという見方がありました。それで古賀さんが，生放送中に「日本人は安倍さんとは違うのだということを明確に言ったほうがいいのではないか」と言って，さきほどの「I am not ABE」というフリップを掲げたのでした。

権力を批判することの恐ろしさ

　私が古賀さんに最初にインタビューしたのは2010年の12月でした。古賀さんはまだ経産省の現役官僚でしたが，その時からはっきりものを言う人でした。その後，2011年に『日本中枢の崩壊』(講談社)という本を出版しました。霞が関がおかしなことになっていると告発する内容で，現役官僚が自分の所属する組織を批判するのですから，大変なことになりましたが，本はベストセラーになりました。

　古賀さんを取材すればするほど，その指摘は本質を突いていました。たとえば，東日本大震災後に東電の処理スキームを独自にまとめたのですが，当然，霞が関の反応は冷ややかでした。しかし，いまから考えれば，あの通りにしていれば国民負担は少なく，電力行政も変わっていたかもしれません。

　2011年7月に，古賀さんは退職勧奨という肩たたきを受けて，実際に9月に辞めてしまうのですが，その過程で，8月には「ハクビシン騒動」もありました。古賀さんの家の玄関の前に死んだハクビシンが血を流した状態で置いてあったそうなのです。本人はわりとのんびりした方なので，「なんだろうね」とおっしゃっていましたが，他にも周りの家は電気がついているのに古賀さんの家だけ電気が全部消えてしまうなど，さまざまなことがあったそうです。これは，何らかの嫌がらせではないかということで記事にしました。

残念な国，ニッポン

　古賀さんが経産省を退職したときに海外メディアで面白い記事が出ています。イギリスのエコノミスト誌が，「残念なニッポン　善良な官僚」というコラムを書いたのです。当時は民主党政権で，経済産業大臣は枝野さんだったのですが，コラムの中で「枝野大臣は古賀氏を事務次官に抜擢したら」とい

う提案をしていました。

　その理由は，古賀さんは3・11の東日本大震災後に，日本の電力の独占体制の弊害を暴露し，東電改革案を出した英雄であって，日本は国を改革することができる数少ない官僚を失うことになればとても残念だ，というものでした。そして，古賀さんのような官僚が昇進するのではなくて追放される日本は，間違いなく不幸な国だと書いているのです。

　私は，エコノミスト誌のこの記事を日刊ゲンダイで取り上げたのですが，海外からそうした記事が出てきても，日本国内のメディアではなかなかそうした記事が出ないというところが，いまの日本を表していると思います。

「報道ステーション」の中で何があったのか

　さて，「I am not ABE」騒動です。古賀さんの発言を伝えたメディアもいくつかありましたけれども，一方でまったく無視するメディアもあれば，このようなことをテレビの生放送中に言うなどおかしいとか，そんな人を使っているテレビ局が悪いという意見もあり，いろいろな議論が巻き起こりました。

　古賀さんに取材したところ，「I am not ABE」という発言をしたときに，放送中に官邸サイドから番組スタッフにメールが届いたというのです。その中身は「（官邸が）大変なことになっていますよ」という感じだったそうです。実際，菅官房長官が会見で，「I am not ABE」について聞かれた際，「放送法があるのでテレビ局がどのような対応をとるのかしばらく見守りたい」と発言しています。放送免許は5年に1回更新しなくてはなりません。暗に次の放送免許に影響するという脅しととられてもおかしくないような発言でした。

　この騒動の直前の2014年12月の衆議院選挙では，自民党が東京のキー局に「こんどの選挙では公平公正な放送をしてください」という要望書を渡しています。結局，自民党の文書や菅官房長官の発言などが背景にあって，「コメンテーター降板」という事態になったのだろうと古賀さんは話していました。

VI　真実と事実は違う

　最後に「真実と事実は違う」ということをお話しします。これはジャーナリズムの本質ではないかと思います。
　簡単な例で言いますと，ここに花瓶があったとします。きれいな花を活けた花瓶があったとして，事実とは，花は花，花瓶は花瓶で，「きれいな花が机の上に置かれています」ということが事実です。
　でも，この花自体は，いまみなさんから見るとすごくきれいに咲いていますが，実は裏を返してみると枯れた花がいくつもあるかもしれません。それはとてもきれいとは言えません。どちらかというと汚いと言えます。つまり表側から見るのと裏側から見るのとでは，花瓶一つとっても違うのです。
　あとは見る人の問題です。たとえばAさんはきのう誕生日で，いろいろなプレゼントをもらってすごく気分がいいとします。そうした人がその花を見たら，すごくきれいに見えるかもしれません。ですが，Bさんはきのう嫌なことがあってすごく気持ちが落ち込んでいるとします。そうしたときにその花を見ても，全然きれいに見えないし，むしろきれいな花が憎らしいと思うかもしれません。
　つまり事実としては「花瓶が置いてある」ということなのですが，それをどちら側から見るか，表側から見るか，裏側から見るか，その人がどのような立場，どのような気持ちを持っているかによっても見え方は違ってくるのです。
　要するに，真実というのは人の数だけあると思います。ジャーナリストの仕事というのは，そのようないろいろな真実，人の数だけある真実をできる限りたくさん取材して，できる限り当事者に近づいて，それをいくつも提示することだと思います。「これは表側から見た伝え方です。でも裏側から見たらこうですよ」といくつも提示すれば，それは客観的とはまったく違いますよね。ですから，先ほど言った「客観報道というものはない」ということと，いまの「事実と真実とはまったく違う」ということを，肝に銘じて取材を続けています。

―― コラム ――

天の邪鬼になれ

　まずは「夕刊紙」という大学生に馴染みの薄いジャンルとその特徴についてお話しするよい機会をいただきました。雑多な新聞ですから，「ジャーナリズム」を大上段に立って論じるメディアではありませんが，一般紙やテレビが同じ方向に流れがちな昨今，異なる視点を読者に提示することが一層重要な時代になっていると思います。「日刊ゲンダイ」はそこにこだわった紙面作りをしています。

　人の話を聞くのが取材の原点であり，取材をするのは生身の人間です。テレビ，新聞，ネットとニュースを伝えるメディアが多様化しても，記者は記者であり，足を使ってできるだけ多くの関係者の話を聞き，核心に迫る取材をする作業になんら変わりありません。その中で，人とは違う自分ならではの視点を持つことが，ジャーナリズムでは大切だと思います。

　記者になって20年以上経ちますが，駆け出しのころ尊敬する先輩記者に「天の邪鬼になれ」と言われました。「天の邪鬼」とは別の言葉では「へそ曲がり」。辞書を引くと，「性格が素直でなく，ひねくれているさま」などと決して良い意味ではないように解説されています。しかし，講義でもお話したように，物事には表だけではなく裏もあります。みんなが右へ走っている時に，自分は勇気を持って左へ走ってみる。みんなが表玄関に集まっている時に，自分はあえて裏口に回ってみる。天の邪鬼の視点で物事を見て，考えると，当然と思われたことにハタと疑問を抱き，誰も気にも留めなかった事象にパッと光が当たったりします。それを掘り下げることで，他の人とは全く違う切り口が生まれ，独自の視点を持った記事ができあがります。

　それは読者として記事を読む場合にも当てはまるかもしれません。天の邪鬼の視点は「メディアリテラシー」を高めることにも役立つのではないでしょうか。

③ 日本の言論はなぜ歪むのか

雑誌編集者
間 宮　淳

I　情報は必ず歪む
II　従軍慰安婦論争に見る「論」の歪み
III　日本の「論」が抱える歪みの構造
IV　いま，メディアの基層でなにが変化しているのか
コラム　蛇足として

I　情報は必ず歪む

　どのようなことにもファクト，つまり事実としてのコアがあって，われわれはそれを情報として流します。そうすると，そこに書いてあることが事実として読者には受けとられていきます。当然それを出した側にも受けとる側にも共通の価値観，もしくは code といったものがあるため情報伝達は成立するのですが，出し手，受け手間の関係が多様であることから，まま，きちんと論理形成が成されません。その場合，情報は必ず歪みます。

　これは業界人にとっては基本的なテーゼです。経済の世界では，「市場は必ず間違える」という言葉があります。情報もマネーと同じで理想的なモデルの中ではなく，不均一な空間の中で流通します。たとえば価値観や，事実そのものに対する利害関係の違いなど，情報が阻害されるような要因がいくつもあると，情報は必ずしも均一に広がるわけではありません。これはマネーの世界でも情報の世界でも同じです。

この歪みが生じると，必ずこれを反対側に揺り戻す現象，経済の世界で裁定と呼ばれる現象が起きていきます。アダム・スミスが言うところの「見えざる神の手」ですが，これは情報の世界も同じです。
　ただし，これで必ず収束するわけではありません。収束する場合もありますが，振れ幅がどんどん大きくなっていき，収拾がつかなくなる，これも経済学的な考えですが，いわゆる「発散」という状況になる場合があります。その典型的な例が「従軍慰安婦論争」です。
　その歪みと発散の背景を探っていくと，日本が置かれた戦後状況だけでなく，近代日本社会の中での情報や言論発信の特異性，そして，その崩壊過程を見て取ることができるのです。
　論壇・オピニオン専門の雑誌やwebサイトで，このテーマを取り扱い続けた経験から，日本の言論空間の本来的な歪みの構造を解き明かしてみたいと思います（nippon.com「嘘――朝日新聞・従軍慰安婦報道の軌跡」参照）。

II　従軍慰安婦論争に見る「論」の歪み

新聞的な，あまりに新聞的な

　「従軍慰安婦論争」においてどのように歪みが生じたかを簡単に説明します。おととし，2014年8月5日に朝日新聞が，自分たちが30年近くにわたって続けてきた従軍慰安婦をめぐる報道について「根本的な間違いがいくつかあった」という記事を掲載しました。私が知る限り，この朝日新聞の検証は非常に正確に行われていたと思います。
　いまから34年ほど前に，山口県の吉田清治という男性が，戦時中に済州島で数百人単位の従軍慰安婦狩りをしたという手記を発表します。そこに書かれた内容は真っ赤な嘘だったのですが，それを朝日新聞大阪本社社会部の記者が取り上げ，延々とキャンペーン報道を続けました。
　さらに92年，宮澤喜一内閣時代のこと，宮澤首相が訪韓する直前に朝日新聞がもう一度大キャンペーンを展開しました。そのときには実際に韓国で従軍慰安婦だったという人が名乗り出ました。結果，首相がソウルで謝罪を連発しなければならなくなる事態を引き起こしました。

さすがにここまで来ると，ほかの人々もこれは本当かどうか確認しなくてはいけなくなり，さまざまな検証が行われるようになりました。決定的になったのは，歴史家の秦郁彦氏が済州島で行った調査でした。吉田清治が証言した事実は検証できなかったのです。さらに，韓国側でも慰安婦問題で日本非難の中心となっている挺身隊問題対策協議会（挺対協）の研究者が済州島に行きました。数百人単位で拉致したということになると，必ず証言や痕跡が残ります。ところが，挺対協の研究者でさえも見つけられませんでした。

　ただ，「私がそうだった」というおばあさんが何人も我も我もと出てきました。確かにその人たちは従軍慰安婦だったのです。ところが，「軍が慰安婦狩りをしたかどうか」については曖昧なままでした。

　わからないまま延々とその年の夏ごろまでは，日本のほかのメディアも大々的に「従軍慰安婦問題はあった。証言者が出た」と報道し続けました。ですが，その後自分たちで検証してみても確証を得ることはできなかったので，これがひどい話なのですが，修正をしないでみんなだんまりを決め込んだのです。

　これはべつに朝日新聞だけではありません。いま朝日新聞を強烈に叩いている産経新聞や読売新聞も，非常に派手な報道を92年の8月ぐらいまで続けたあとで黙り込みました。この問題については，結局大メディアは危ないので触らないようになり，論壇誌などで研究者が中心になってこつこつと批判・検証を繰り返してきたのです。

論争の国際問題化

　このように，この問題は最初は日韓両国内だけで個別的に報じられていたのですが，2006年，2007年ごろからじわじわと国際問題化し始めました。韓国系アメリカ人がアメリカ社会で主張したことから，韓国ソサエティの人々を支持者とするアメリカの議員たちが対応せざるを得なくなったのです。その結果アメリカ下院で「対日批判決議」が成立します。

　ここで，これまでの議論が，日本と韓国の間のなんとも閉鎖的な議論であるということがわかる出来事がありました。当時，第一次政権の首相だった安倍晋三氏が，従軍慰安婦問題について，「広義の強制はあった，しかし狭

義の強制はなかった」と発言したのです。つまり個々の女性は家庭の事情などから望んでもいないのに慰安婦にならざるを得なかったが，軍による慰安婦狩り（戦地，占領地などの地域で起きた戦時性暴力）は，第二次大戦で戦地，占領地ではなかった韓国では，当然のことながら存在しなかった，という認識を示したのです。

　すると，従軍慰安婦問題について十分に知らないはずのアメリカの政治家たちが激怒しました。コンドリーザ・ライスや，ヒラリー・クリントンといった主導的な立場に立つ，共和党，民主党両党の女性政治家たちが中心になって，日本のセックススレイブ問題，性奴隷問題について非難します。もっとも，激怒の理由は安倍政権にはまったく理解できていませんでした。論点が別にあることに気づいていなかったのです。日本の報道メディアやオピニオンメディアも両方とも，国際問題になったことについてはピンと来ていませんでした。

日韓のみが「軍の関与」にこだわっていた

　このとき，日本の論壇では，相変わらず，これまでとおりの「あったなかった」論争に終始していました。が，私は当時編集長をつとめていた「中央公論」でアメリカ東海岸のシンクタンクに勤める日本人研究者に分析記事を書いてもらい，その後のこの問題に一石を投じることができました。「軍の関与などどうでもいい，要するに女性が売春を目的とした契約関係の中に自分の意思に反して落し込められたことが問題とされている。アメリカや西欧では売春契約の強要は，奴隷契約と同じ人権問題と捉えている。これは日韓の議論にあるような歴史問題ではなく，人権について，まさに日本が価値観を同じくしている国か否かが問われている」という内容でした。日韓両国が問題としていた「軍の関与」など全然問題ではないのだと言うのです。これがアメリカ東海岸の政治社会の，「現地の空気」でした。

　慰安婦制度は管理売春，いわゆる公的に認可された人身売買です。世界中ではるか昔から行われている行為です。親が娘を売って娘が苦界に身を落とすというのが典型的なパターンですが，それがかつて，制度として認められていたわけです。

日本には確かに管理売春制度がありました。従軍慰安婦についても，かなりの部分はそうした売春組織が出張所を設けたものに近いのです。日本と韓国の間の論点は，煎じ詰めれば「軍が慰安婦狩りをして集めたものなのか，女衒が親から娘を買って集めたものなのか」ということでした。

　日本の弁護をするわけではありませんが，日本における管理売春制度は1958年に売春防止法で撤廃されています。実はアジアだけでなく，ヨーロッパ各国でも管理売春は根強く直近まで残っていました。だからといって，いい悪いの問題ではないのですが，ただ，これを一国の指導者が「だから違法なことをしたわけではない」と言ってしまったところが，この時，国際的な反発を受けたわけです。

　もちろん，日本の政治指導層の人権意識の低さは大問題です。しかし，この時，私が強く感じたのは，それにもかかわらず，従軍慰安婦問題が戦時性暴力であったか否かのみにこだわって対立しつづける，日韓の言論戦の異様さでした。そこには人権問題とは全く別次元の両国の動機や事情があると思わざるを得ませんでした。実際，そのことは直に露わになってきました。

韓国が戦勝国待遇を求める歴史的経緯

　2010年代に入ってきますと，東アジアの政治状況がかなり緊迫化し，中国と韓国が歴史問題で共闘する外交的状況になっていきます。北朝鮮が非常に不安定になり，韓国による統一の可能性が出てきたからです。

　中国共産党政権は，朝鮮戦争で厖大な犠牲を払って軍事境界線としての38度線を維持しました。その理由はただ一つ，鴨緑江の向こう側，国境の向こう側に米軍が迫るという事態を避けたかったからです。緩衝地帯を必ず置くことが中国の大原則になっていますから，韓国がアメリカと安全保障条約を結んでいる限り，韓国が北朝鮮を統一するということを中国は絶対に認めることはできません。

　一方，韓国は，そのころアメリカから距離を置く「バランサー政策」をとりはじめました。中国とアメリカの間に入り仲介をするという言い方を彼ら自身はしていました。一種の中立政策です。それでも北朝鮮問題および米韓安全保障問題を一気にさばくというところまではまだ来ていなかったので

す。そこでこの数年，韓国が口にしてきた言い訳が，「日本が悪いからわれわれは政治的に動けない。日本は先の大戦の罪を認めていない」キャンペーンでした。中でも従軍慰安婦問題は格好の題材となりました。

ただ，よくよく考えてもらうとわかると思うのですが，近代以降，日本は朝鮮半島の国と戦争したことは一度もありません。日韓問題の本質は，実際に起きた歴史とは違う議論の中に巻き込まれていっていることにあります。

その歴史とは，韓国側の都合によってできあがったものです。韓国と北朝鮮は1945年の日本の敗戦で日本領朝鮮が独立することによって成立しましたが，連合国の戦後処理が計画的でなかったこともあり南北に分断されてしまいました。

北朝鮮側には，民族意識が高まっていた中で，「近世・近代以降の朝鮮半島の独立に向けた真っ当な推進力は我々である」と言ってもいいだけの歴史的背景がありました。では，韓国側はどうだったのかというと，はっきり言ってアメリカの傀儡でしかなかったわけです。唯一，終戦前からあった政治的な実体として，一応「大韓民国臨時政府」が中国国民党のバックアップを受けてつくられていました。最初は上海に，その後重慶に置かれ，韓国初代大統領の李承晩も参加していました。抗日戦にも参加しようと思って光復軍という軍隊組織をつくることはつくるのですが，実態はさほどなく全然機能しませんでした。人も集まらないし実際参戦もせずに，連合国からは戦時中から無視されていました。

戦後，ソ連が金日成を担ぎ出し，満州の朝鮮族抗日パルチザンを背景に北朝鮮国家をつくり上げたとき，アメリカはカードがほかに何もないので李承晩を担ぎ出しました。そこで李承晩が打った手が，「日本に対して戦勝国として要求し続ける」ことだったのです。それが李承晩ラインであり，竹島問題であり，サンフランシスコ平和会議への戦勝国側としての出席要求でした。「戦勝国としての扱い，領土要求，賠償，謝罪」，この全部のセットを要求し続けたのです。もちろん，連合国側からは峻絶されましたが，それでもその後，「北朝鮮と同等の歴史的背景」を主張し続けます。

その後，その李承晩に代わって朴正熙が大統領になり，1965年にお互いの独立と主権を認め合う日韓基本条約を結び，関係は正常化します。当然，李

承晩以来の「韓国は戦勝国である，もしくは戦争被害国である」という主張については，日本は受け入れるわけはなく，それが韓国の政治の中で何とも言えない鬱屈としてずっと残っていきます。

従軍慰安婦論争のコア

　朝日新聞の一連の報道は，そこにぴったりとはまるように日本側から従軍慰安婦というテーマを出してしまった形になります。戦時性暴力の被害者であれば，第二次大戦のほかの交戦国や被占領地と同じ立場に立てる訳です。

　かつて日本は朝鮮半島，台湾も含め日本領内で女衒を使った管理売春を行っていました。一方で，インドネシア，フィリピンでは，まごうことなき戦時売春強制，軍の強制による従軍慰安婦が実際に存在しました。これは戦犯裁判でも問題になり，関係者が何人も裁かれています。インドネシアの場合はオランダ領でしたから，オランダ人女性もその中に含まれていました。その人が証言した段階で，当然その人に対する賠償，謝罪をし，それとは別に国としてオランダに特使を派遣しての謝罪もしています。

　これは戦争被害者に対して当然しなくてはならないことです。ですが，韓国に同じことを求められたときに，「どう考えても違うだろう」ということになります。ここのところが実は日本と韓国の従軍慰安婦論争のコアだったのです。

　ここまで事実関係と乖離した論争となると，対処のしようもないのですが，先に説明したように，この数年，このままでは本当にまずい状況になりました。それは韓国の朴槿恵政権が戦後70年を機に，本格的に歴史問題で中国と一体化する動きを見せたからです。朴大統領が戦後70年の対日戦勝記念日に天安門に招待されましたが，これは要するに対日戦勝利を記念する軍事パレードを韓国大統領が閲兵したという意味になります。しかも，その前後に光復軍の史跡を中国政府が指定し直し，つくり直して記念碑を建てました。そうした実態は無かったにもかかわらず，「中国と韓国は一緒に日本と戦いました」と宣言したわけです。

　中国は北朝鮮を正当政府として歴史的に承認してきました。その彼らが，北朝鮮ではなくて韓国を1945年以前から正当な組織であったと認めたのと同

じことなのです。もう完全に従軍慰安婦論争の次元の話ではなくなり，中国と日米の間で韓国の引っ張り合いが始まっていたのです。欧米の女性人権問題に鈍感な日本政府が，問題の本質を理解できずに，アメリカの政界や社会の顰蹙を買い続ける状況は，韓国にとって，アメリカと距離を置き，中国に接近するためのよい言い訳になったのです。

Ⅲ　日本の「論」が抱える歪みの構造

戦前から日本を歪ませているもの

では日本側は，なぜこのような相手が喜ぶだけの作り話を提供し，火に油を注ぐ形でここまで突っ走ってしまったのでしょうか。

一言で言うと日本側の問題は，メディア，アカデミズムが担ってきた，言論の構造的問題と言えます。その集約点が新聞問題，もっと言えば，巨大新聞問題なのです。

彼らが発表している部数が本当だとは思いませんが，ともかく数字上は，読売新聞，朝日新聞，毎日新聞は世界三大新聞です。いつからこれほど大きくなったのか。実は，日中戦争以来なのです。あの時期，新聞は完全に軍の広報機関になっていました。それだけではなく，むしろ自ら積極的に戦意を煽るように宣伝し騒ぎ立て続けました。この間，毎日新聞と朝日新聞はどんどん部数を伸ばし，終戦時には，それぞれ300万〜400万部，後発の読売新聞も百数十万部となりました。この段階でいまの全国紙という地位を獲得しました。

ですが，ふつうは敗戦になると戦時協力をしたメディアは潰されます。ドイツの場合は全部潰されました。公職追放などというものではなく，昔の題字を使うことも，幹部の復帰も許されませんでした。そのくらい徹底していました。日本ではなぜか三大新聞は全部残されています。それぞれ，経営者や編集幹部が一旦，戦犯容疑の指定を受けていたにもかかわらずです。大戦後，冷戦しかなかったヨーロッパと異なり，間を置かず，中国国共内戦，朝鮮戦争，インドシナの戦争と，絶えずリアルな戦争状態にあった東アジアでは環境が違いました。いわゆる「逆コース」で占領政策や戦争協力に引き続

き使われたのでしょう。

新聞とアカデミズムが主導した戦後日本の価値観形成

戦時中は、情報統制がものすごく厳しく行われていました。占領期もそうでした。ところが、それが終わった後は、権力の側に報道機関を抑えつける力はなくなりました。

それまでの日本や、西側先進国以外の国であれば、当然、政府や権威勢力が価値観を主導する力を持っていました。ですが、いわゆる敗戦国の戦犯として、軍を中心に、それまでの組織や権威が潰され、手足を縛られていく中で、結果的に、温存された新聞とアカデミズムは突出した存在になり、いろいろな価値観を決める主導権を握っていきました。しかも、各新聞とも潜在的に自らの戦犯問題を抱えていましたから、なおさら戦時中の諸問題については、批判的なポジションをとる傾向がありました。

ですから、ある時期、朝日新聞をはじめ日本の新聞は「何でも反政府じゃないか」という批判がありましたが、確かにそうなのです。政府を少々殴っても、戦後の日本では向こうから殴り返される心配はありません。しかも、その姿は読者にはとても格好よく見えますし、大戦中の自らの姿を打ち消すことにもなりました。そうすると、みんな商売ですからそちらへ流れていくのは当たり前です。それがある段階まで来て、先ほどの吉田清治の証言報道などが大きくなっていき、収拾がつかなくなって、引っ込みがつかなくなっていったのです。

2年前にこの従軍慰安婦問題の検証記事を出したときの朝日新聞は、非常にまともで、現実的に自分たちのメディアとしての責任を自覚していました。現在に至るまで、朝日新聞は社会的非難の中にありますが、この時の朝日新聞幹部の判断は高く評価されてしかるべきと思います。ただ、あまりにも時間がかかり過ぎて、話が大きくなっていましたので、もう朝日新聞単独では収拾がつかなくなっていたのです。

「日本には情報統制がある」

実は私が日本の新聞が非常に特殊な立場であると気づいたのは、ある中国

人に指摘されてからです。中国の人気ブロガーで，反体制というほどではありませんが，政府の規制を飛び越えるためにさまざまな手法を編み出したことで人気を博していたマイケル・アンティ（安替）というブロガーがいます。彼が日本の国際交流基金の招きで来日したときに「中央公論」に中国のネット事情について記事を書いてもらいました。そのときに彼と会って一緒に食事をしながら，日本の新聞事情についていろいろ話したのです。

彼はその後，帰国寸前に，日本記者クラブで講演するのですが「中国には思想統制がある。しかし，日本には情報統制がある」と言って，記者クラブの連中と大げんかになりました。

彼の指摘でもう一度考え直してみました。たとえば読売新聞が一時期発行部数1000万部の新聞であると喧伝したことがあります。実は，近代以降の世界で新聞が一つの国で1000万部を超えたというのは，読売新聞以外に二つ例があるだけです。一つは，ソビエトの共産党華やかなりしころの「プラウダ」，もう一つは，鄧小平は出てきたけれどまだ完全に開放になる前の中国の「人民日報」です。

つまり，プラウダと人民日報がその時期，言論に対して果たしていた機能や，ソビエトや中国の人口と比較すると，読売新聞だけでなく日本の大新聞が持っている存在，機能に非常に異様なものを感じるわけです。プラウダや人民日報が1000万部を越えていた頃のソビエト，中国の言論がいかに歪んでいたかを思い起こすと，日本の言論空間が背負わされた構造的歪みの大きさが理解できます。しかも，日本の大新聞は，テレビのキー局を系列化しているのです。

日本では，政治権力は選挙で負ければ潰れますが，ここまで巨大になった報道機関は滅多なことでは倒産しません。言うまでもなく，ある閉鎖社会の中で圧倒的に優位に立った存在は，一方的に他者を批判するが，自らに対する批判は無視することが可能になります。「見えざる神の手」による是正作用などは当然阻害されてしまいます。

従軍慰安婦問題がここまでこじれた日本側の理由，つまり歴史問題なのであるから政治的な意図を廃して，常識的な事実認識のレベルに議論を落とし込むことが長々とできなかった原因のかなりの部分は，このテーマが巨大新

聞のスタンスに実によく適ったものであったということにあると考えています。

それでは，この巨大新聞，巨大メディア問題が是正されれば，日本の言論は少しはまともになるのかというと，どうもそうではありません。問題はもう少し根深いようです。

Ⅳ　いま，メディアの基層でなにが変化しているのか

落日か，夜明けか

朝日新聞の従軍慰安婦記事の検証のあと，新聞の発行部数全体の減少が話題になっています。ただ単にこの問題で新聞が信用を失ったということだけではありません，紙に印刷した情報メディア全体が，この問題以前から縮小を続けているのです。日本のメディアの基層に関わるところで変化が生じているのです。

私自身は，新聞経営に関わったことは一切ありませんので，具体的な数字について，こうだと言い切る材料を持ち合わせていません。ただ，関係者に聞くと巷間に伝えられているより深刻なようです。雑誌の世界に長くいましたので，代わりに，雑誌，出版というものがいまどういう状況にあって，それはどのような現象と考えたらいいのかということをお話ししたいと思います。これで，紙と印刷をベースにした情報産業全体の構造的問題を説明できると思います（nippon.com「出版崩壊」参照）。

出版の販売部数は90年代の後半から落ち始めて，もうそろそろ80年代初頭の水準になっています。特に雑誌は，一度たりともプラスに戻ることなく，連続で十数年間落ち続けています。

この原因は一体何なのでしょうか。もちろん景気が悪くなりました。90年代の終わりごろは，ちょうどバブルが崩壊して，その整理を日本政府が延ばし延ばしにしていたころです。最終的に，97年，98年にクレジットクランチを起こし，そこから本当のデフレ状態が続いています。

ですが，それよりも大きな原因はインターネットです。95年にインターネットが本格的に日本で普及し始めました。私はこの春までnippon.comというサイトの運営にかかわっていましたが，こてこてした歴史の話題を相当

扱っているにもかかわらず，中心読者層は20代〜30代で，10代の読者も相当います。ところが45歳以降の読者は少なくなっているのです。

　ちょうど21年前，Windows95が発売されて本格的にインターネットが普及しだしました。当時パソコンは一般人がそう簡単に買えるものではありませんでした。ところが，就職すると会社から1人につき1台のパソコンがあてがわれます。ウィンドウズは当時のマッキントッシュに比べてはるかに扱いやすいシステムでしたので，これでIT化が一気に進みました。最初のウィンドウズによるインターネット世代が90年代後半に職場にいた人たちです。

情報の売り手市場の終焉

　日本はこれまで，他の文明国と比較すると，言語のマーケットが小さい上に，近代化を急ぐ過程で，西欧の知識を集中して流し込むという制度，社会状況から，知的情報の出し手が大きな権威を手にしていました。要するに売り手市場で，出す側が偉くて強いという状態でした。もちろん出し手は複数存在しますが，受け手からすれば，事実上，有限の情報商品の中から読むものを選ばなくてはいけない状況がずっと続いていました。

　世界のほかの地域とは比べものにならないほど高いシェアを持つ情報メディアが生まれ育った背景には，この情報の出し手の圧倒的優位という日本独自の条件があったのです。

　これに比べると，インターネットは非常に面白い世界で，論壇の形成に非常に適した性質を持っています。そもそもはエンターテインメントで使うためのものではなくて，米軍が広い国中であちこちに散った研究所同士をリアルタイムでリンクし，研究開発論文を共有するためにつくられたシステムです。まさしく論壇を形成するためにつくられたようなものです。ネット上にある膨大なアーカイブと，非常にすぐれた検索能力の両方を使うことによって，従来よりも圧倒的に大きな情報プールの中から，受け手が自分に合った形で情報を選ぶことができるようになったのです。

　ところが，出し手市場，売り手市場しか経験していない人たちはそう簡単に変われません。つまり自分たちの勝利パターンが決まっているので，状況

の変化がわかっていても対応できないままにどんどん差が開いていったわけです。

没落の長い道のり

もちろん，この状況はインターネットの出現という一要素のみで起きたことではありません。

日本の途上国的な発展段階が終焉したのは，高度成長期の終了と同時と考えられますが，この時点，1970年代前半から，情報の出し手の圧倒的優位社会を象徴するような思想，芸術といった「権威」がピークアウトを始めます。情報産業自体は，社会が拡大を続けていたため数字の面では伸び続けましたが，その内実は，情報の送り手に対し読者側が権威なり価値なりを感じていないと成り立たない分野や商品やメディアが，ものの見事に軒並み没落を始めます。

しかし，新聞は一方で，ニュースという需要に変化のない商品を持ち，地域サービスや広告など，質的な問題とは関係なく成長可能な分野を多く持っており，90年代後半まで量的な拡大を続けることが可能でした。その後，一直線に収縮の道をたどりますが，巨大経営体としての長い歴史があるため，そう簡単には崩壊しないでしょう。文字情報の読者の年齢構成をみると，Windows 95世代である40歳代半ばを境に，高齢になるほど新聞が優位，低年齢になるほどデジタルが優位を占めており，各種雑誌の経験から，あと20年は一定の発言力を維持できると考えられます。つまり，夕暮れの下り坂が相当長く続くのです。

で，何が問題かというと，その間，彼らはどう動くかということです。下り坂になった場合，人であれ組織であれ，たいていは往生際が悪く，失った地位を取り戻せるという勘違いの下，自分が主導権を握ったかのように思えるキャンペーンを繰り返し，さらに質の低下と読者離れを引き起こすというのが，この世界では往々にして見られます。

たとえば，朝日新聞の従軍慰安婦報道が始まったのは，「反政府」というだけで知的権威を勝ち得ることができた甘やかされた時代が過ぎ去った後だったということに留意すべきでしょう。

私の友人にアメリカ人の政治研究者で，かつてアメリカ海兵隊で在日米軍基地政策にも関わっていた人物がいます。5，6年前のことですが，彼から直接，このような言葉を投げかけられたことがあります。

　「安保条約のパートナーとしてみると，日本の政治はあまりにひどすぎて，今後について展望が持てない。日本の政治がひどいのは，日本の政治家の質が悪いからである。日本の政治家の質が悪いのは，ジャーナリズム，アカデミズムを中心とした，日本の政治評価システムがまったくもってなっていないからである。どのような立場の人間でも，どのように資質の高い人間でも，周囲の評価の中でしか，自分を見ることはできず，自分を形成することもできない。特に日本の新聞については，少なくとも『我々』は，欧米社会のものと同質のものとは見なしていない」。

　90年代に入り，日本のメディアは「政治改革」や「経済構造改革」論議に熱中しました。もちろん政治経済制度の検討・改革には不断の努力が必要です。ただ，それに関する報道では，騒ぎのための騒ぎという非生産的な面がかなりの比率を占めていたと思わざるを得ません。冷静な議論というより，ヒステリックな煽動で結局，報道メディアが，メリットを享受していたとしか思えません。

　私は，90年代，金融危機の渦中で仕事をしていたので，肌身に染みて理解できますが，結局，問題の本質を深く理解することもできない，さらに言えば，まともな取材もできていないような報道記者たちが，自分たちがかっこいいと思える方向で騒ぐというのが，その時の実態でした。

　その結果，ダメ政治家の責任回避を幇助し，必要な政策の発動を決定的に遅らせ，この国を破滅寸前にまで追い込んだのですが，これと同じような現象が，このところ頻発していると思えます。このような環境では，ともかく「マスコミ」にかっこよく取り上げられることが，選挙での成功の近道なので，政治家はその道を目指します。これだけでも不謹慎な話ですが，その報道キャンペーン自体がもともと，「発信者としてそういう立場でありたい」という動機だけで，中身のないものなのですから，それに反応して出来上がってくる政治家も，政治過程も，表面的で，中身のないものになるのは当然です。

こうして，現実の世界とは全く乖離した，政治意思や言論空間が生まれてきたのです。

新聞をはじめとする旧来型のメディアのこのような傾向は，今後，彼らが自らの地位に不安を感じるたびに頻発するでしょう。

まだ次は見えていない

それでは，新たにシェアを拡大してきているデジタルメディアは，このような言論空間の歪みを是正する立場に立ち得るでしょうか，というと，まだまだ遠いとしか言いようがありません。

一つには，現在のデジタル情報世界の拡大は，あくまでプラットフォームの拡大によって支えられているということです。デジタルオリジナルのコンテンツは，出てきているにはいるのですが，まだまだ既存紙メディアの焼き直しのボリュームは相当なものがあります。

また，インターネット言論の特徴は，膨大な数の一次情報やオリジナル発言者に読者がストレートにアクセスできることにあります。このことこそが，情報の受け手優位の構造なのですが，それを使って言論空間を構築する能力を受け手のすべてが持ち合わせているかというと，まだまだほど遠い状況にあるようです。

要するにいま，日本の言論の世界は，新聞という甘やかされてきた，わがままな巨竜が臨終に向け，より一層，騒ぎまわる一方，次世代の主役となるはずの哺乳類が，どのような世界を構築していくか全く見えないという，不安定な局面に立たされているのです。その中で，これからどうなるか，などは，全く想像もできません。

少し比喩的な言い方になってしまいました。要するに情報の出し手が圧倒的に強いという構造はもうあり得なくなりました。逆に，情報の受け手の側が，要するにリテラシーをどのように上げていくかということによって流れが決まっていくことになると思います。それがどこに行きつくかは，残念ながら私にはわかりません。ただ，そうした大きな流れがあることについて，これからジャーナリズムを志す方は，少し考えておいてほしいと思います。

―― コラム ――

蛇足として

　歴史家の杉山正明さんという方がいらっしゃいます。京都大学教授でユーラシア史が専門です。特に大航海時代以前のモンゴルのユーラシア統一が，グローバリゼーションの出発点になったという，世界観，歴史観を打ち出したことで知られています。私は昔から大ファンなのですが，この方が最近出された書籍の序章に，いま，編集者やジャーナリストが置かれている状況にも通ずる一文を見つけました。

　「……思想家，歴史家にとってはつらい時代かもしれない。だが，かつてであれば一生涯をかけても手に入れることのできなかった情報・知識が，しばしば一瞬のうちに眼前に揃うこともあり得る時代となった。……思想家，歴史家たることが，それをもって職業とする人たちだけのあり方では必ずしもなくなった。つまり万民に開かれた領域と化した近代大学がヨーロッパで出現した19世紀初頭以来，過去と現在を行き来しながら，人の世の来し方行く末を考える行為は，特定の職業専従者に委ねられる形であった。それが再び，緩やかに一人ひとりの人間のもとに返ってきた。むしろ本来のあり方に近づいていると言えるであろう」。

　この問いかけは「思想家・歴史家」を，「編集者・ジャーナリスト」に言い替えてもまったく同じだと思います。近代的な社会の中では，知識・情報の送り手が制度化された特殊な立場にありました。特に日本の場合は，送り手の優位性という傾斜がさらに急でした。いま，それが一気に解消しつつあるのではないかというのが実感です。おそらくここ200年ぐらいが，あるいは日本であれば100年ぐらいが，歴史の中で非常に特殊な時代だったのです。

　杉山先生のいう「本来のあり方」は，我々にとってどういう意味を持つのでしょうか。一つだけ言えるのは，再び，送り手の知識や情報ではなく，知性が問われる局面に回帰したということです。知性というのは，現在，日本の出版業界を賑わせている，あの浅薄な「『反知性主義』批判キャンペーン」の「知性」ではありません。プラトンの対話篇でソクラテスが示す「自分が無知であることを知ること」，つまり常に自らの価値観を洗い直し続ける力のことです。

　その結果，これまでのような根拠のわからない権威ではなくて，より高い自己分析力そのものが，情報の世界を交通整理する力を持つことを願っています。そのことこそが，従軍慰安婦問題に見られた不毛な言論状況を乗り越える力を持っていると私は信じています。

第 2 部　いま，何が起きているのか

④　沖縄の自己決定権を問う

琉球新報社東京報道部長
新垣　毅

I　はじめに
II　ジャーナリズムの方法と概念
III　沖縄でいま，何が起きているのか
IV　「自己決定権」の報道キャンペーン
V　おわりに
コラム　尊厳の闘い

I　はじめに

　1995年に沖縄で海兵隊員3人が当時小学生の少女を輪姦する事件が起きました。この事件が私の人生を変えたと言っても過言ではありません。なぜ少女は深く傷つけられねばならなかったのか──。大学院生だった私は沖縄の歴史を調べました。多くの沖縄の人々が米軍由来の事件・事故によって命を失い，人権を侵害されてきたことを知りました。悲劇が繰り返される沖縄。なぜ沖縄に基地や悲劇が集中するのか。私はその疑問を解き，解決へ提言できないかと考えてきました。一人のウチナーンチュとして，新聞人として，ジャーナリズムや学問に思いを託しました。その経験から知り得たことをお伝えしたいと思います。

II　ジャーナリズムの方法と概念

科学的方法論とは

　はじめに科学的方法論についてすこし紹介します。この手法は私が大学院で学んだものですが，学問だけでなく，実はジャーナリズムでもほぼ同じです。しかし，すこし違うところもあります。それも指摘します。

　最初に科学的方法論について，わかりやすいようにメガネにたとえて単純化して説明します。科学的方法論はまず問題意識，「これはなぜか」ということから始まります。「5W1H」という言葉を聞いたことがあると思います。新聞のニュースの要素で，「誰が」「いつ」「どこで」「何を」「どうした」「なぜか」です。このうちいちばん大事なのは「なぜ」です。このわずか2文字が，科学を進歩させたり，ジャーナリズム，ひいては民主主義を発展させたりする大事な問いになります。みなさんはこれからいろいろな勉強をされると思いますし，多様なニュースに接すると思いますが，「なぜ」という質問を大事にしてください。これこそが科学的思考とジャーナリズムの原点です。

　次に大事なのは，「物事をどう捉えるか」，すなわち問題設定です。問題を設定したら次に仮説を立てます。「Aが起きたのはBだから，あるいはAとBは関係がある」という感じです。仮説を立てたら，それを証明するために根拠を調査します。そしてこの仮説が正しいかどうか検証します。この仮説は本当に説得力があるか，実証するために材料を集めるわけです。ここが「仮説」と「調査・実証」の過程です。

　そのあと材料を分析・考察します。材料が100％集まらない場合もありますので，いくつかの説得力ある材料を基に考察・分析し，それで結論を見いだします。これらが一連の科学的思考のプロセスです。

「概念」を通してものごとを可視化する

　メガネにたとえれば，いまお話しした「科学的方法論」を「フレーム」と呼ぶことにしましょう。そうすると，ほかに「概念」というものがありま

す。これはどの専門分野にもあると思います。経済学にも法学にも社会学にも心理学にも各専門の概念があります。この概念は，物事を捉えるためのレンズです。これを使うことによって，それまで常識だけでは見えなかった物事が可視化されます。

では，ジャーナリズムの世界にはどのような概念があるでしょうか。たとえば，ジャーナリズムの言葉で昔からよく「政・官・財の癒着の構図」といわれます。最近ではそれに報道界（マスメディア）と学界（大学や知識人）が入って，「日本のペンタゴン」ともいわれていますが，そうした言葉でいま起きている問題の構図を可視化することができます。

構図を表すなど，意味を集約させる言葉が概念です。「安保ムラ」や「原子力ムラ」とよくいわれますが，これも問題の構造を浮き彫りにする概念です。このようにメガネのフレームとレンズで物事を見ていくと，非常に科学的に，また深く見えてくることがあります。ですので，どのようなフレームを使うか，どのようなレンズを使うかによって，物事をうまく捉えられるかどうかが決まると思います。

現場にこだわり普遍的価値を追求する

では，ジャーナリズム（特にその肝となる調査報道）の手法はそうした科学的方法論とどう違うのでしょうか。実は問題意識から仮説に至るまではほぼ同じです。あとの調査・実証，分析・考察の過程にすこし違いがあります。その違いは徹底的な現場主義です。もちろん，いままでの資料や研究論文を参考にすることもありますが，徹底して現場に行って当事者に聞きます。キーマンを見つけ出してその人に聞きます。そして，事実に基づいて報道していきます。その上で新聞であれば見出しで主張するのです。これが一つのジャーナリズムの手法です。

さらにジャーナリズムの場合は，事実を掘り起こす際の姿勢として，本質を追うことが問われます。その本質とは何かというと，たとえば「命，人権，平等，自由，平和，民主主義」などに深く関わります。フランス革命以来いわれている普遍的価値の追求が，ジャーナリズムには問われるのです。それ以外にも，国民の暮らしへの影響や，社会へのインパクトなどといった

ことを考慮してニュースバリューを考えていきます。これがジャーナリズムの問いにとって非常に大事なところになります。

ジャーナリズムは社会を変えられるか

よく「ジャーナリズムは社会を変えられるか」と問われることがあります。私は変えられる部分と変えられない部分があると思います。変えられる部分は，人々の認識の枠組みです。何が大事で，どう捉えるのかという，この枠組みに対しては，先ほど話したメガネを通して情報を伝える面では，マスメディアあるいはジャーナリズムは非常に大きな影響力を持っています。しかし，それを見た読者や視聴者・国民がどう反応して行動するか，そこまで操作することはできないと思います。メディアの情報をどう考えるかは，それを読み解く人々の判断に委ねられることだと思うからです。

私が今回「石橋湛山記念 早稲田ジャーナリズム大賞」をいただいた沖縄の自己決定権を問う一連の取り組みも，いまお話ししましたジャーリズムの手法に基づいて展開したものです。ですので，まずは沖縄の現状をお話しした上で，私の一連の報道についてお話をさせていただきます。

III 沖縄でいま，何が起きているのか

沖縄はなぜ怒っているのか

みなさんもテレビなどで，いま翁長雄志知事が国と裁判闘争を繰り広げているというニュースをよく見ると思うのですが，「なぜ沖縄は怒っているのか」ということを意識して聞いていただきたいです。

在沖米軍基地の一つの特徴は，海兵隊の基地が約75％を占めていることです。ほかにも，厚木，横須賀，岩国など，米軍基地は全国にもありますが，米軍専用施設の約74％は沖縄に集中しています。海兵隊はもともとは戦争が起こると，最初に殴り込みに行く部隊，すなわち上陸作戦をする部隊でした。ところが，最近の戦争はすべて空爆で勝負の大勢が決まってしまいます。湾岸戦争もそうでした。最近のイラク空爆，アフガンもそうです。そうすると海兵隊の出番が少ないのです。そこで役割が見直されてきました。輸

送や後方支援といったいろいろなことがいわれています。ただ、戦闘の主役ではなくなってきました。アメリカの財政圧迫の要因にもなっています。海兵隊がそういった存在であるにもかかわらず、なぜこのようにたくさんの海兵隊基地を沖縄に置く必要があるのでしょうか。沖縄では1995年以降、海兵隊削減論が盛んにいわれています。

95年は、小学生を3海兵隊員が輪姦した事件があった年です。実は海兵隊員には20歳前後の、アメリカの貧困層が多く、米国内で社会の犯罪予備軍と見られている人が、海外で悪さをしてしまっています。

そういった、少々素行が乱暴な海兵隊員を沖縄からなくしてほしい、女性や子どもたちが安心して眠れるようにしてほしいという要望を込め、「戦争に海兵隊はもう要らないのでは」という主張を含んでいるのが「海兵隊の削減論」です。実はいまでも、海兵隊に限らず各基地から米兵がたとえば那覇などに遊びに来て、そこで住居に侵入したり、ホテルで乱暴したりするということが日常茶飯事に起きています。今年の3月には、観光客の女性が米兵に乱暴される事件も起きました。

米兵による乱暴やひき逃げなどの事件、米軍機の騒音、墜落事故への不安、そしていざ紛争が起これば、基地があるゆえに標的にされるかもしれないという恐怖があるから、沖縄は怒っているのです。いまいわれている普天間基地の返還問題も同じなのです。いま移そうとしている辺野古との直線距離はわずか36キロしかありません。普天間は市街地で人口が密集していて、辺野古は人口が少ないというのは確かですが、人の命に重い軽いがあるのでしょうか。

普天間飛行場に隣接する大学にヘリコプターが墜落するという事故が、2004年に起きています。1959年には、宮森小学校に米軍の戦闘機が墜落して19人が犠牲になりました。

ほかにも、嘉手納基地で戦闘機が落ちたり、最近では海上でヘリが落ちたりしています。つまり、いつでも落ちる、どこでも落ちるのです。欠陥機といわれているオスプレイはいまでも沖縄本島中を移動し訓練しています。

辺野古へ移したところで、墜落の危険から沖縄の人たちは逃げられるのでしょうか。制御不能な機体をちゃんと住民がいないところに持って行けるの

かという基本的な疑問があるわけです。「これだけ基地があるんだから、もう県内には置かないでくれ。辺野古への建設は勘弁してくれ」というのが沖縄の主張です。

沖縄の心の痛み

なおかつ、沖縄の米軍基地というのは民間地を米軍が強制的に奪い取ったものです。沖縄から提供したものではないのです。よくいわれる「銃剣とブルドーザー」で取られた土地なので、土地の問題から見ても人権問題です。

ハーグ陸戦法規という国際法があります。この法規の中に民間人の土地を奪ってはいけないという内容が定められています。「よほど緊急でない限り」という条件があるのですが、基地の多くが戦後10年近くたってから接収されていますので「国際法違反ではないか」ということがずっと沖縄で主張されています。

沖縄戦では10万人以上の住民が亡くなっています。日本兵も米兵も亡くなっていますので、合わせれば20万人ぐらいの人々が亡くなっています。そうした土地ですのでPTSDを抱える人もたくさんいるわけです。心が傷ついている中で土地を接収され、米軍の戦争の道具、人殺しの道具を置かれることの精神的な痛み、それに対して耐えられないという気持ちもあります。

非常に不謹慎なたとえで、被ばく者やその遺族には申し訳ないということを前提にお話しします。たとえば長崎や広島に米軍が来て、住民の土地を強制的に接収し、そこに原爆製造工場をつくったとしましょう。さらに、その米軍の原爆製造工場から海外に原爆を落としに行くこともあるし、平時においてはそこから放射能が漏れて住民が被ばくする事故も起こるとしましょう。それがもし起きたら、日本国民は果たして広島や長崎における米軍のやり方に対して沈黙するでしょうか。沖縄では似たようなことが起きているのです。そうした精神的な苦痛が根底にあるのです。そこが沖縄の人たちの怒りであり痛みであるということを心に留めていただけたらと思います。

ないがしろにされる沖縄の自己決定権

翁長知事は2015年9月、国連の人権理事会で「沖縄の人権と自己決定権が

ないがしろにされている」と訴えました。日本政府がずっと辺野古につくると言い続けるものですから，憲法を盾に闘ってもらちがあきません。大田知事が憲法を盾に闘って国に負けた経験も沖縄にはあります。そうであれば国際社会に打って出るしかないというところまで追い詰められています。

　沖縄では，1995年の少女乱暴事件以来，10万人規模の大規模な集会を開くことが多くなりました。2013年1月には沖縄の全41市町村長と県議会が一緒になって，オスプレイの配備撤回と普天間基地の県内移設断念を求め，政府に建白書を提出しました。これがオール沖縄の始まりです。

　そのとき翁長知事は那覇市長でした。那覇市長として東京でデモに参加しました。沖縄の首長団も参加しました。そのときにヘイトスピーチに遭って，「売国奴だ」，「反日だ」，「さっさと沖縄に帰れ」などと言われました。

　翁長知事は，沖縄に帰ってきてから記者会見でこう言っています。「非常に恐ろしかった。けれども，恐ろしかったのはヘイトをする人たちではなく，そこを無関心で足も止めずに歩いている大勢の人たち，顔色も変えずに歩いている姿が恐ろしかった」と。翁長知事は「沖縄の問題は自分たちの問題ではない」と日本の国民には受け止められているのではないかと思っています。日本の安全保障の問題は，実際には日本国民全体の問題であるにもかかわらず，「沖縄問題」ということで地域の問題にされているのです。そうした矮小化の規制がずっと働いていると思います。

　さきほどの精神論で言うと，戦争PTSDを抱える人がたくさんいる中で，心の傷口に米軍基地というナイフが100本ぐらい刺さっている状態だと考えてください。普天間基地は在沖米軍基地の1％にも満たない面積ですので，そのナイフの中の1本なのです。それを「どうか苦しいから抜いてください」と沖縄が言っているのです。ところが政府は「わかりました，では抜きましょう。だけどもう1本最新鋭の鋭いナイフを刺しますよ」と言っているのです。これが辺野古新基地建設問題です。

　沖縄はそこに怒っているのです。翁長知事は辺野古新基地建設を容認する前職の知事に大差で勝つわけですが，その後の衆院選でも沖縄の全選挙区で翁長知事を応援する候補が勝ちました。建白書もそうですし，各種の大きな集会だけでなく，選挙においても「辺野古への移設は許さない」というのが

沖縄の民意です。ですので「それをないがしろにするんだったら裁判も辞しませんよ」ということで政府と闘っているわけです。

Ⅳ 「自己決定権」の報道キャンペーン

なぜ琉米条約に着目したのか

　私は、2014年5月から沖縄の自己決定権を問う一連の連載を始めました。「道標求めて」というタイトルで、副題には「琉米条約160年　主権を問う」とつけました。なぜ琉米修好条約（以下琉米条約）に着目したのか。沖縄は琉球王国という独立国家でした。アメリカの国務省のホームページは「かつて琉球は独立王国で、日本に併合された」とはっきり記されています。歴史学でも、琉球王国は独立国だったことは定説です。あるときは薩摩藩に攻められたり、中国とも「冊封」という王を任命される関係にはあったりもしました。けれども、独立国家として承認されていたという証拠がこの条約です。

　この琉米条約は、黒船に乗って日本に開国を促したペリーと琉球王国の国王が結んだ国際条約です。国際条約は国際法のルールに従って結ばれますので、結んだ国は国際法上の主体として、つまり主権を持っていることを認められていた証拠になるのです。

　ペリーは琉球に何回も来て、琉球を拠点にして江戸幕府と交渉します。そのときから、ペリーの部隊の水兵が沖縄の女性を乱暴したりしていますの

連載は高文研より発行された『沖縄の自己決定権－その歴史的根拠と近未来の展望』（琉球新報社・新垣毅編著、2015年）にまとめられています。
（内容紹介）沖縄がかつて琉球王国だった時代、米国、フランス、オランダと修好条約を結んだ。国際法上の主体だったからだ。それを基に1879年の「琉球処分」を見ると、不正だったことが明らかになる。その歴史的根拠を礎に、沖縄にかつてあった「主権」を見つめ直し、自己決定権確立の展望を探った。

④ 沖縄の自己決定権を問う　79

で，歴史がくり返されている様子をこの中でも見いだせます。

琉球の視点から歴史を捉え直す

　この条約に着眼したのは，沖縄には国際法上認められた主権があったのだとわかるからです。琉球は日本に併合され，植民地にされ，戦争においては本土防衛の防波堤として戦場にされました。よく「捨て石」という表現が使われますが，戦後においては，日本や東アジアの安全保障を担うために米国の統治下に置かれました。「私たちはいったい何なのか。道具じゃないか」という認識があります。

　これまで，沖縄問題の原点と言いますと，たいていは沖縄戦から出発していました。「沖縄戦でこれだけの犠牲がありました。そこに米軍基地を強いるのですか」という主張です。しかしもっとさかのぼって見ると，そもそも主権のあった琉球を日本が併合し，道具にしてきたのです。私は，ある地域を「国益」あるいは「公益」の名の下で道具にすることを「植民地主義」と呼んでいます。ずっと植民地化されているのが沖縄ではないのか。いまもそ

琉球新報1面トップ記事

（出典）　琉球新報，2014年7月11日，1面

れがつながっているのではないか，ということが私の問題意識です。
　この条約に焦点を当て，琉球がいかに日本に併合され，それがいかにいまとつながっているか，ということを琉球の視点で書きました。いままでの歴史研究書や教科書は，ほとんどが勝者の視点で書かれています。最後には権力側の歴史が残るといわれますが，沖縄の場合もそうです。大和の視点で書かれてきました。そうではなく，「琉球の視点からもう一回歴史を捉え直したらどうなるか」というのが私の試みでした。

自己決定権と植民地主義
　私はこの「沖縄の自己決定権」「植民地主義」という二つの概念・レンズから，この問題を読み解こうと試みました。自己決定権は国際人権法のA規約とB規約のいちばん最初に書かれています。日本語では「民族自決権」と訳されていますが，「All peoples have the right of self-determination」のpeoplesという言葉を「民族」と訳しているのです。本来なら「人々」とか「人民」です。「民族」と言うと血のつながりや排外主義のようなものを想像してしまいますが，原文は「人々」という意味です。これに基づき，私は自己決定権を主張できるのではないかと考え，この概念を使っています。そして国際法上認められていた主権，これが剥奪され，さきほどから言っているように沖縄は道具にされている，日本によって植民地主義の犠牲にされているということを，「植民地主義」という概念で可視化しようとしました。大和の人たちは沖縄を道具扱いしてきたことに，もっと気づくべきではないでしょうか。
　沖縄が自己決定権を行使して，平和外交を担えるようになれば，アジアの人たちと共生するための対話の場になれると思います。東アジア共同体構想というものがありますが，これは戦後日本の政治家が大きな外交ビジョンでアジアの平和を考えた，最初で唯一の政策だと思います。いまでも，政治の場でこそ終息していますが，これを提唱する学者はたくさんいます。そういった東アジア共同体の要の役割を沖縄は担えるのではないか。そうした問題意識でこういったキーワード・概念を立てました。

「縦糸と横糸」で考える

　次に私が試みた「方法論・フレーム」を説明します。それは「縦糸と横糸の関係」で自己決定権を巡る歴史や国際社会の視点から沖縄の問題を捉えようとする試みです。これはどの事象を伝える上でも、ジャーナリズムの一つの手法として役立てられるのではないかと自負しています。

　縦糸というのは、その事象がそもそもなぜ起きたのかという歴史を掘る作業です。私は琉米・琉仏・琉蘭の三修好条約締結の事実と、琉球併合の歴史を描くことによって、そもそもの沖縄の問題を捉え直そうと試みました。

　横糸は何かというと、沖縄と同じようなところは海外にもあるのではないかという視点です。海外の事例を紹介することによって空間的な広がりが出てくるのです。これは日本固有の特殊な問題ではなく、実は世界的に似たような事例があり、そこから学べるだろうと考え、海外を取材しました。

　海外取材では、まずパラオに行きました。人口約2万人の島がどのようにアメリカから独立できたのか。私が取材に行ったときは、ちょうど独立から20年でした。しかも、太平洋諸国の一つの島で、観光を主軸とした産業形態、島の文化という面でも非常に沖縄と似ているので、取材しました。

　ベルギーも取材しました。ベルギーはEUの本部機能がある国です。小さな国で、いつもフランスとドイツの戦場になっていました。沖縄と同じように大国に翻弄されている小国でした。ところが、小国だからこそ、フランスとドイツのようにいつも戦争ばかりしている国の仲立ちをして、平和の要になれたのです。ですから、なぜベルギーはそうしたことができたのかということを、EUのありようとともに取材しました。

　スコットランドも取材しました。ご存じと思いますが、スコットランドは2014年9月に独立を問う住民投票を実施しました。スコットランドもイングランドから差別を受けた歴史を持ち、ずっと自立を模索している地域です。ですからそこからも学ぶところがありました。ほかには、スイスにある国連の人種差別撤廃委員会も取材しました。

　そういった海外取材を通して、共通点をあぶり出し、沖縄の問題というのは実は普遍的な問題なのではないか、海外にも通用する問題がたくさんあるのではないか、ということを提起しました。沖縄の問題は国際法からどう見

えるかを，捉え返す試みです。

平和憲法に懸けた沖縄の願い

1972年に沖縄は日本に復帰しましたが，それまで沖縄では復帰を目指す強力な運動がありました。あまりにも米軍の人権侵害がひどかったからです。女性がレイプされたり，小学校に戦闘機が落ちたりするなど事件や事故が多発していましたが，犯人が基地の中に逃げ込むと免罪されて本国に帰ってしまうこともあったのです。犯人すら捕まえられないのです。いまも似たようなものです。日米地位協定が変わらない限り同じです。そうして被害者はやられ損で終わるのです。そのような治外法権のようなことが起きています。

ベトナム戦争のときは，沖縄からベトナムに米軍機が爆撃に行きました。ベトナムに枯葉剤をまいていましたので，その枯葉剤が沖縄の土地にも浸透して，耳の聞こえない障がい児がたくさん生まれました。そうした子のための学校が建てられたほどです。

このように米軍が沖縄を自由に使える状態は，「不沈空母」といわれてきました。沖縄は米軍がやりたい放題できる島という位置づけでした。そうした現状の中で沖縄の人々は，日本の平和憲法の下に属したいと考えたのです。日本復帰運動とはそうした運動です。日本との関係はいろいろありましたが，いまの米国の統治はもう我慢できないから，何とか人権や平和が守られるように日本の憲法を目指そうというのが日本への復帰運動でした。

最終的には沖縄の米軍全基地撤去も目指します。ですが，ほとんどの基地が残っただけでなく，日本に復帰して以降，本土のいろいろな基地が沖縄に再配備されて余計集中したわけです。その結果，「自分たちが目指した日本復帰ではないのではないか」という疑問が出てきます。

沖縄の自己決定権の拡大と平和の懸け橋

そこで「沖縄の自立論」が出てくるのです。そうした流れでしたので，沖縄の人たちには憲法への希求が非常に強いからこそ，護憲勢力が一定程度，勢力を保っています。私はそういった願いを一回捉え直して，国際的な視点から見てみようと考えました。「国際法から見たらいまの沖縄の問題はどう

映るのか」という問題意識です。

　結論から言うと，沖縄は将来，自己決定権を拡大すべきだと思います。軍事を背景にした外交・外圧ではなく，対話による，本当の平和を志向する地域として，そして住民を巻き込んだ地上戦を体験した地域として，アジア諸国をつなぐ平和の要となることを望みます。そのほうが日本の人たちにとっても利益が大きいはずです。沖縄が自己決定権を拡大するということは，何も大和と離婚しようということではありません。沖縄が日本と他国の懸け橋として沖縄らしい平和を模索することこそが，実は日本の平和にもつながるというのが私の主張です。

　ですから，沖縄はいま，自治体外交をどんどん行使したらいいと思っています。翁長知事は中国に行ったりワシントンの米国の要人に直訴したりするなど，アメリカとも自治体外交を行っています。すでにそうした実績があるのです。

自己決定権と新安保法制

　沖縄の自己決定権，すなわち「民意を守れ。もっと基地を減らして，軍事・外交を政府の専権事項とするのではなく，そこにいる人々の自治権や自己決定権を基本に考えてほしい」という考え方は，今回の安保法制とも関係する部分があると思います。

　ご存じのように，集団的自衛権の行使が，一内閣の憲法解釈の変更によって容認されました。これでは憲法が何のためにあるのかわかりません。権力者の暴走を抑える役割が憲法にはあるはずです。この政府のやり方は，立憲主義の否定だともいわれています。わかりやすく言えば，主権者である国民を無視して，自分たちの独断で決めているわけです。これに対してなぜもっと国民は怒らないのかと思います。

　いまのところ痛くもかゆくもないからかもしれません。しかし，集団的自衛権の行使によって，日本でテロが起きても不思議ではないのです。最近のパリやベルギーの事例を見たらわかると思います。日本人ジャーナリストもどんどん殺されています。こうした危機管理が非常に弱くて，「次はどこだろう。原発がある地域は本当に大丈夫か」「いや，もっと危機管理をするた

めに自衛隊を配備するんだ」と軍事を強化する口実にされていくのではないでしょうか。いまの日本の財政状況下で，そのように軍事力を雪だるま式で増やしていくゆとりは果たしてあるのでしょうか。

　日本の政治は「日米同盟」を完全に聖域化し，そこで思考を停止していると思います。貧しい人がいっぱいいるのに，救うべき人たちがいっぱいいるのに，そこに社会保障の予算を回さずに，国防やテロ対策などを集団的自衛権の大義名分にしているように見えます。

　そうした意味でもっと「主権は国民にあるのだ。こんな予算の使い方，安全保障の体制でいいのか。日米安保でアメリカに頼りきり，そのしわ寄せを沖縄にかぶせて，これでいいのか。もっと平和を築くための外交努力をすべきではないか」ということが，いまの日本に問われていることではないかと思います。

ジャーナリズムの使命

　基地をめぐる政府の論理と沖縄の論理は違います。きょう私は沖縄の論理を中心に話しましたが，現政権は，問題を沖縄の地域問題にローカル化・矮小化しているように見えます。日米安保以外の多角的安保や東アジア共同体などの発想はなく，アメリカ重視一辺倒です。

　いってみれば非常に偏狭な「国益」論を優先させて，その矛盾を沖縄だけにかぶせるという論理です。あるいはいま，沖縄の宮古・八重山に自衛隊をたくさん配置しようとしていますけれども，そういった軍事強化によって日本の安全保障を確保しようとする考え方です。さらに国家主義がどんどん蔓延し，沖縄の歴史教科書問題に見られるように，国の都合がいいように歴史の改ざんさえ，行われています。

　そういった論理のもとに政府は政策を発表しています。「発表ジャーナリズム」がよく批判されますが，これは国会などの記者クラブで，国が発表した政策をそのまま垂れ流すことが問題視されているのです。これはさきほどのメガネにたとえれば，記者たちがそういったメガネを政府から渡されて，それで物事を見て記事を書いているのです。すると自然と，記者までもが政府と同じ考え方，物の見方でニュースを捉えるようになってしまいます。そ

れが発表ジャーナリズムの危険なところだと思います。

　こういったことと対決するには，徹底的に「この物事はなぜ起きたのか。何が問題なのか」を調べ上げ，政府が隠したいものを暴いて，全然違うメガネを国民に提供しなければなりません。国民が民主主義や，人権，平和の問題をもっと直視できるようになるメガネを提供する，そういった報道が実は問われているのです。それには事実で勝負しなければいけません。ですから，まずは事実を掘り起こすことが，私たちジャーナリストには求められていると思います。

V　おわりに

　いまお話ししたこのような問題に取り組んでいくには，「虫の目，鳥の目」が大事だと思います。虫の目というのは，当事者に寄り添って，「当事者はいったいどういう気持ちなのか，どういった考え方なのか」ということをきちんと見ていくことです。それでいて，「なぜこういうことになったのだろう」ということを俯瞰して見る鳥の目も持つことが大切です。それには国際感覚を磨くことが非常に大事だと思います。「世界を妄想する」。これが大事です。

　最後になりましたが，失敗を恐れずにチャレンジを続けてほしいというのが私からのメッセージです。私の先輩が，私が大きな失敗をしたときに励ましてくれた言葉を結びの言葉としたいと思います。「チャレンジには二つの面がある。チャレンジしても失敗することはない。あとにあるのは，成功と，何かを学ぶということだけだ。もう一つ，チャレンジしても後悔することはない。後悔するのは，チャレンジしなかったときだ」。私はこの言葉が非常に好きで，いまでも記者生活の糧にしています。

　みなさんもぜひ日本・沖縄のためだけでなく，大きな志を育み，世界のために頑張ってください。

———— コラム ——

尊厳の闘い

　「また起きてしまった」と多くの沖縄の人々が打ちのめされた気持ちでいるでしょう。早稲田大学での講義の後に，沖縄県うるま市に住む20歳の女性の死体を遺棄したとして，米軍属の男が逮捕されました。この事件に，沖縄から強い抗議の声が上がりました。6月3日付の琉球新報が報じた世論調査では米軍関係者の事件事故防止策として最も多かったのは，沖縄の「全基地撤去」で，4割を超えました。

　というのも，沖縄が日本に復帰してから，2013年までの間，米軍人・軍属・家族の刑法犯は5833件に上るからです。そのうち殺人・強盗・放火・暴行の凶悪犯は570件もあります。沖縄の人からすれば，これらの事件は米軍基地がなければ発生せず，被害者が救われていたはずの「余計な」被害です。それでも日本政府の首脳は「米軍基地問題は人権問題ではない」などと発言してきました。

　事件を重く見た沖縄県議会は5月26日，事件に抗議し，在沖米海兵隊の撤退や，米軍普天間飛行場の名護市辺野古移設断念などを日米政府に求める意見書を全会一致で可決しました。県議会は，在沖米海兵隊の撤退要求に初めて踏み込みました。

　しかし日米政府は沖縄の要求に応えず，抜本策を示せないままでいます。日本政府は，罪のない沖縄をまた「処分」するのでしょうか。問題を放置した，冷たい姿勢には既視感があります。

　歴史の記憶がよみがえります。「琉球処分」（琉球併合），沖縄戦の「捨て石」，米国統治下での生命・人権侵害の数々，日本復帰の際の「米軍基地撤去」要求への裏切り……。「国益」の名の下で，沖縄を道具にし，命や人権をないがしろにしてきた歴史です。それは一言でいえば，日本の植民地主義の歴史です。

　私は，今年4月から東京に赴任して以降，多くの講演や大学の講義を頼まれ，講話してきました。そこで最も強調して訴えているのは「沖縄の自己決定権を認めること」とともに「日本人は植民地主義と決別せよ」ということです。日本政府は，米軍属による殺人事件の後も，名護市辺野古への新基地建設を進めようとしています。

　しかし，問われているのは日本政府だけではありません。この政権を誕生させた"結果責任"として，日本人有権者にも，重大な問題として突きつけられていると思います。決して人ごとではありません。日本人は植民地主義と決別し，植民者・差別者という立ち位置から自らを解放してほしいです。それこそが，沖縄と真に共闘できる，互いに"人間の尊厳"を勝ち取る闘いだと信じています。

⑤ 神戸が担った日米同盟

毎日放送報道局ディレクター
坪井兵輔

I "ローカル"にこだわり,"グローバル"に問う
II テレビドキュメンタリーとは何か
III 社会の襞(ひだ)に光をあてる
IV 知られざる最前線と隠された民間人の犠牲
V いま,自衛隊と私たちの暮らしに何が起きているのか
VI 究極のワンカットを目指して
コラム 蘇る最前線

I "ローカル"にこだわり,"グローバル"に問う

　私は神戸に住んでいます。みなさんは神戸というとどのようなニュースが頭に浮かびますか。最近では山口組の分裂でしょうか。STAP細胞を巡る騒動の舞台となった理化学研究所もあります。神戸は古くから関西の海外への窓口です。華僑や在日コリアンそれにイスラム教の人々も共に暮らす,海と山に恵まれた異国情緒に溢れる街に,私は心から魅力を感じています。

　一方,神戸から遠く離れた政治の中心地・東京では戦後日本の岐路となる憲法改正が焦点になり,国際的にはアメリカの現職の大統領が広島を訪れました。この日本最大の暴力団や最先端医療の研究,「戦後レジームの象徴」たる憲法の見直しや超核大国を率いるオバマ氏の被爆地訪問は,一見それぞれローカル,グローバルな動きですが,実は密接な関係があります。きょうはみなさんのごく身近な生活圏,即ちローカルを突き詰めると,日本のあり方を決定付けるグローバルな動きが見える,自分の住む町の過去から現在に

至る系譜を取材を通して検証することで未来が浮かび上がることをお話しいたします。

II テレビドキュメンタリーとは何か

映像をして語らしむ

私は大阪の毎日放送に勤務しています。毎日放送は民放で唯一，ローカルドキュメンタリー番組を何とか30年間続けてきました。扱うテーマにタブーはありません。この時代，いまの社会を切り取るべく原発の是非や戦争など，地元のみならず東京や世界に通底するローカルに逃げない番組づくりを目指してきました。

どのような思いを込めて社会に向き合っているかについてお話しします。いま，日本の戦後は岐路を迎えています。安保法制や武器輸出の解禁，ODAによる他国軍支援の先に何があるのでしょうか。ドキュメンタリーの使命は，国論を二分するテーマをできる限り市民の身近に引き寄せ，その是非を考える材料を提示することです。賛成，反対を情緒で訴えても意味はありません。私はTVディレクターとして「映像をして語らしむ」ことを目指しています。映像は嘘をつきません。活字なら1行で済む情報でも何ヶ月もかけてインタビューを申し入れ，資料を求め日米の公文書館を訪ね歩き，テーマを象徴する事実や思いを積み上げることを目指してきました。

託された思いを社会に伝える

取材とは「人と向き合う事」です。たとえば特定秘密保護法や原発輸出……，どのようなテーマでも必ず当事者がいます。誰がどのような思惑で推進し，誰の人生を変えるのか，そして声をあげられない人は誰なのか。徹底的に調べ考える必要があります。殆どのテーマには先行研究があります。できる限りの資料を集め，「何が明らかにされていないのか」を知らねばなりません。その上で向き合うべき当事者を定めます。一方でドキュメンタリーは影響力ゆえに取材対象の社会的生命を奪うこともあります。ディレクターは取材者である前に「人として向き合う」意味を常に自らに問い，何があっ

ても取材先の人生を背負う覚悟がなければ番組をつくる資格はありません。

　TVドキュメンタリーに公共性は欠かせませんが，個々の生き様には社会として共有すべき究極の瞬間というものが必ずあります。私はみなさん一人ひとりを主人公にドキュメンタリーをつくる自信があります。恋愛，受験，何でもかまいません。他人からはささやかに見えても，自身にとって人生を決定付けた究極の選択があったはずです。挫折，努力の実ったとき，誰にでも訪れる死など，人の生涯をかけた思いを伝える事がドキュメンタリーの役割だと思っています。

III　社会の襞(ひだ)に光をあてる

加害者家族の思いを伝える

　これまでの取材についてお話しします。私は昨日東京に来たのですが，上京する度に「生きていてほしい」と思いを馳せる人がいます。私が大学を卒業する直前に，通学で使用していた地下鉄で起きたサリン事件の首謀者の娘です。父が決して許されることのない罪を犯したとき，彼女は5歳でした。私は10年前から連絡を取り合っていますが，彼女は過去を隠し居場所もなく自殺未遂をくり返してきました。教団に保護されてきたことは知っています。しかし，22歳の女性の「死ぬことでしか償えない」との言葉を社会に問うのは自分の仕事だと思いました。放送後「娘も同罪だ。放送したディレクターは死ね」との批判を数多く受けました。それでも必要な仕事だったと自負しています。皮膚の色，国籍，親の犯した罪など，自分では変えようもない出自ゆえ蔑視される社会であってほしくないからです。

治療の選択肢を増やすために

　情報格差をなくし，多岐に亘る選択肢を提示するのも放送の使命です。耳の不自由な方へ向けた医療取材を紹介します。滋賀県の幼稚園に通うユリカちゃんは大好きな家族の声が聞こえません。彼女はある日，母の目の前で車のクラクションに気づかずひかれそうになりました。母の必死の叫びは届かなかったのです。その後，両親は医療方法を捜し求め人工内耳を知りまし

た。音が生み出す空気の振動を電気信号に変える装置で，耳奥に設置し脳に伝えるものです。しかし神経が密集する脳周辺の手術は，些細なミスで植物状態に陥るリスクも否定できません。手術中，両親は泣き叫ぶユリカちゃんを前に自らの決断が良かったのか悩みもがきました。1週間後，両親は病院を訪ねました。母親が震える手で顔中を覆う包帯を取り「ユリカ」と呼びかけます。最初，少女は無表情でした。ですが10秒後，かすかに口元が動いたのです。5年間の人生で初めて声を聞いた瞬間でした。私は涙でピントを合わせることができませんでした。耳が聞こえないことは障害ではなく個性とする考え方もありますので，人工内耳を否定する意見もあります。ただ，私は一つでも多くの選択肢を持って欲しいという両親の思いを，少女の表情の映像に込めました。

遺言を背負う

　生涯をかけた思いを託してもらうこともあります。カメラマンの頃，難病の子どもの夢を叶えるボランティアを取材しました。大阪で暮らす小学5年生の男の子は身体が徐々に動かなくなる病でした。夢は家族と海外旅行に行きたいというもので，私は両親と妹と共にアメリカ・ディズニーランドに向かいました。初めての飛行機，テレビでしか見たことのないアメリカ……男の子にとって一瞬一瞬がかけがえのない思い出になっていきます。しかし，時の経過は永遠の別れに近づく事でもあります。私はそばにいていいのかと悩み，何度もカメラを置きました。旅の最後に「夢が叶って良かったね」と話しかけると男の子はこう答えました。「僕が旅行することは夢じゃない。家族は僕の看病で外出もほとんどできなかった。みんなが楽しんでくれることが夢なんです」。私は打ちのめされました。少年の生涯の夢は，自分より家族の心からの笑顔だということに気づかない自分の浅薄さを突きつけられました。放送後，私は「旅行前から2ヶ月ずっと取材で疲れさせたね，ごめんね」と言いました。すると彼はこう答えました。「TVで夢を叶えるボランティアのことが伝わったら，難病の子どもが家族に喜んでもらえる。ありがとう」。最後の家族旅行は私に託した遺言だったのです。

IV　知られざる最前線と隠された民間人の犠牲

憲法改正・安保法制と私たちの暮らし

次にいまの日本社会の最大の関心事と言える安保法制，そして憲法改正をテーマにした番組についてお話しします。みなさんは自分に関わることとして考えたことはありますか。私はこの議論に触れたとき，決して自衛隊だけで完結しないと感じました。国の存亡に関わる事態に市民は無縁ではいられないと思ったのです。

政治の中心から遠く離れたローカル局ですが，ディレクターとして地元に引き寄せることにこだわりました。

身近にあった米軍とのかかわり

関西でも日米同盟の強化に向けた既成事実が積み重ねられています。滋賀県での日米合同演習にオスプレイが参加し，伊丹では戦後最大規模の日米による有事対応の机上訓練が行われました。2014年には関西で初めて米軍が常駐する基地が，京都の最北端の宇川地域に設置されました。かつて陸の孤島と呼ばれた集落で，人口は1700人ですが，ここに160人の軍人，軍属が駐留する予定で，すなわち隣人の約1割が米軍関係者になるわけです。一体，この基地は住民生活にどのような影響を及ぼすのかを見つめるなかで，知られざる関西と米軍との関わりに触れました。

安倍総理はアメリカに押し付けられたとして憲法改正に意欲的ですが，他方で日米同盟は「血の同盟」として，自衛隊と米軍の軍事的一体化を推し進めています。この矛盾をどう解釈し，伝えるべきでしょうか。

そこで，自衛隊創設のきっかけになり，戦後の日米同盟の起源となった朝鮮戦争と私の暮らす神戸について調べようと思ったのです。神戸港には戦後，米軍基地がつくられ六甲山にはレーダーが設置されました。この当時に何があったのかを見つめれば，改憲の系譜の先に何があるのか，見えてくるかもしれないと考えたのです。そして『知られざる最前線〜神戸が担ってきた日米同盟〜』というドキュメンタリーを制作しました。

ドキュメンタリー『知られざる最前線〜神戸が担ってきた日米同盟〜』

（番組概要）

「俺は人殺しの手伝いをしたんです。目の前で北朝鮮の若者が何人も黒こげになっていったんです。戦争に加担した胸の痛みは生涯癒えることはありません」

神戸から戦後，戦地に派遣された元船乗りが安保法制への憂いから70年の沈黙を破りました。神戸はかつて日米同盟の最前線でした。朝鮮戦争で米軍の出撃拠点になったのです。日本で生産した武器弾薬と2万人を超える海兵隊が終結し戦地に向かいました。その海上輸送を極秘で担わされたのが8千人を越える日本の民間の船乗りでした。日本は戦後を迎えたにも関わらず「戦死者」もでました。銃弾飛び交う上陸作戦では，記録で確認できるだけでも50人以上の死者がでていました。米艦船が次々に機雷で爆沈したことから掃海活動も要請され，北朝鮮の海で死と隣り合わせの活動も強いられました。しかし日米両政府は「この他国の戦争への参加は集団的自衛権の行使を禁じた憲法に違反する。決して公になってはならない」と遺族に沈黙を強いたのです。アメリカの言論統制は徹底していました。朝鮮戦争や占領政策に反する言動や，非人道な核兵器のもたらした惨禍は軍事機密として8千人の日本人を動員し手紙を検閲させ，不都合な情報を特定秘密にしたのです。神戸とアメリカの軍事戦略の関わりは続きます。ベトナム戦争でも後方支援拠点になり核兵器も持ち込まれたのです。1975年，市民は平和な港を取り戻したいと声をあげました。その結果，神戸市議会が寄航する外国艦船に非核証明書を求める「非核神戸方式」をつくりました。これを機に米艦船は一度も姿を見せなくなり，結果的に世界にも例をみない非核政策を続けてきました。しかしいま，非核神戸方式は揺れています。日本政府は外交や安全保障は国の専管事項であり地方自治体の権能を超えているので許されないと圧力をかけています。アメリカも否定的です。そして安倍政権が日米同盟の強化を進めるいま，その存続が危ぶまれています。

朝鮮戦争に参加した民間人

「間接的にでも家族が戦争に関わったことは誰にも知られたくありません。取材には応じられません」。戦後70年が過ぎても，戦地派遣された市民の遺

族のほぼ全てが口を閉ざしたままです。日本政府は公式に認めようとせず，記録もほとんど公開されない状況の中，取材の糸口は負の記憶の重さに耐えかねた当事者の証言でした。平均年齢は90歳近く。後世への遺言として取材に応じてくれました。「現在は過去の延長上に作られている。過去は蘇る。過去に学んで欲しい」との言葉は日本の未来への警告でした。取材を進めると，地方自治体が記録した資料の存在が浮かび上がって来ました。そこで情報公開請求を繰りかえし入手した記録には，朝鮮半島各地の港湾や戦争の最前線への物資補給に2万人以上の日本の民間人が派遣されていた事実が記されていました。

　日本は朝鮮半島を植民地支配していましたので，港や電力，鉄道など社会的インフラについて熟知していました。そこで米軍は日本の民間人を徹底的に活用したのです。気温マイナス20度の極寒の地で手足を失うほどの凍傷になったり，銃撃戦に巻き込まれ海に飛び込み難を逃れたりするケースは日常的でした。しかし命を落としても遺体を日本に戻すことはできませんでした。現在でも在日米軍基地問題のように，日本としてグローバルに向き合うべき問題は，沖縄をはじめローカルに押し付けられています。当時の地方自治体も遺族への対応に苦慮し，空の骨箱をお寺に収め，その写真を遺骨代わりにする措置を余儀なくされたのです。

　この朝鮮戦争時の民間人戦地派遣は，人知れず日米同盟が推し進められる戦後日本の自画像でした。現在，政府が公に認めている戦後の戦争参加は掃海活動です。安倍総理は安保法制の議論の際，有事における自衛隊掃海艇のペルシャ湾派遣に意欲的でしたが，既に朝鮮戦争ではアメリカの要請で1200人の日本特別掃海隊がつくられアメリカの戦争を支えたのです。太平洋戦争中，アメリカは飢餓作戦として機雷を日本列島周辺海域に敷設しました。関西の物流は7割の減少に追い込まれました。戦後，死の海と呼ばれた瀬戸内海の機雷除去は復興への最重要課題になり，日本の船員は79人が犠牲になった命がけの掃海活動のすえ，安全な海を取り戻したのです。この船員が行方も知らされぬままアメリカの航路を切り開くため北朝鮮に送られました。止むことのない敵からの砲撃と触雷で次々と米艦船が沈む中，21歳の若者が亡くなりました。しかし遺族は米軍の圧力により，口外したら親戚一同殺され

るかもしれないという恐怖心を抱いたまま世を去ったのです。

　取材はいまも続けています。神奈川県の資料などで56人の死亡は裏付けが取れましたが，今後情報開示が進めば闇に葬られたままの少なくとも500人以上の犠牲者の存在が明らかになる見通しです。

放送の限界

　ローカル民放局のドキュメンタリー制作環境はキー局に比べれば予算もスタッフ数も10分の1以下です。しかし嘆く暇などありません。熱意でカバーする以外ないのです。私たちは1本の番組をつくるのに通常3カ月間かけ取材し，最後の2週間で編集し放送します。全取材で45分テープを100本から150本程回すのですが，それを49分50秒に纏めなければなりません。カット数にすると250から300程度です。つまり編集とは削りに削りまくることで，精神的に辛い作業です。取材を受けて下さった方の多くが沈黙を強いられてきました。辛い記憶の証言は遺言でもありカットすることは許されるのかという逡巡の繰り返しです。その悩みを軽減するのは「学ぶこと」以外ありません。

　報道では「100取材して一つ伝える」という言葉があります。1行の原稿でも最低2冊の関連書物の精読は必須です。ですが，放送の中では時間的有限性ゆえ紹介できない事実も数え切れません。そのため伝えきれなかった事を紹介します。

軍機保護法と華僑弾圧事件

　2014年，特定秘密保護法が施行されました。私は別に批判したいがために番組をつくっている訳ではありません。しかし起源を明らかにし，浮かび上がる課題に学ぶことが議論の質を深めると信じています。

　同法のルーツは明治時代の軍機保護法ですが，この法律は神戸では華僑弾圧事件という冤罪事件をもたらしました。戦前から神戸には多くの華僑が暮らしてきました。日中戦争が始まると大半が中国大陸に戻りましたが，金銭的困窮から置き去りにされた人もいたのです。彼らを苦しめたのは市民による徹底的な監視でした。神戸は戦中，海軍の切り札と呼ばれた戦闘機，紫電

改の製造拠点でした。そのため政令指定都市の中ではアメリカに最も重点的に爆撃され，原爆投下目標としても検討されました。軍機に溢れた神戸では，市民間で諜報が奨励され相互監視が進みます。隣組をつくり，戦争に反対する言動はないか，若い夫婦は国力増強のため子育てに励んでいるかまで確認されました。このような空気の中，華僑は徹底的にスパイ視されました。山菜を採りに山に行くと防空壕や高射砲を視察していたとされ，田んぼを眺めていると農業生産力を調べていたとされ，港を歩くだけで艦船を数え攻撃能力を調べたと密告され，13人が謂れのない罪で大阪府警に連行され，拷問のすえに6人が亡くなりました。この冤罪事件がなぜ戦後70年経っても知られていないのでしょうか。それは日中両国を共に祖国とする華僑の遺族にとって，父を殺された怒りを自分の中だけにとどめておかないと，子どもや孫が，自らが暮らす日本を憎むようになるからです。だからこそ過去を封印してきたのです。いま，神戸の，日本の経済的浮沈は中国との貿易に大きく左右されます。遺族は補償も一切求めませんでした。この沈黙に私たちは耳をすますべきではないのでしょうか。

置き去りにされた日本人妻たち

海上輸送を担わされた人を苦しめ続けるのは，朝鮮半島残留日本人妻の悲劇です。日本は植民地支配の一環として内鮮一体政策を推し進め，日本各地から女性たちが朝鮮半島の男性に嫁ぎました。しかし，戦後彼女たちは支配する側から敗戦国の人間となり人生は暗転しました。

朝鮮戦争のさなか，日本の船員は朝鮮半島の港を転々としました。そのときに日本人妻が駆けつけ「船に乗せてくれ」と懇願したそうです。しかしどうしようもできず置き去りにしたそうです。その心の傷はいまも癒えません。

在日コリアン義勇兵の悲劇

苦しんだのは日本人だけではありません。神戸には在日コリアンが多く住んでいますが，彼らにとって朝鮮戦争は祖国の分断であり殺し合いでした。在日コリアンの若者は居ても立ってもいられず，600人を超える義勇軍をつ

くり玄界灘を渡りました。しかし彼らは日本や米ソ，そして祖国に望まれない存在だったのです。激戦地に送り込まれ大半が亡くなり，戻ろうとした日本には拒絶され，生き残ったのは3分の1以下でした。この在日コリアン義勇兵の悲劇はいまもほとんど知られていません。

姿を消した混血児たち

次に，米軍基地が神戸に何をもたらしたかをお話しします。沖縄の米兵による犯罪は後を絶ちませんが，神戸でも数多くの事件が起きました。生活のため体を売る女性たちが射殺された記録が残っています。米軍が，港湾に戦場で死亡した米兵の遺体保管のために冷蔵庫を設置し，日本人が洗浄を担いました。遺体の戦地搬送の際の梱包に使用された寝袋を洗って，闇市で売却する闇商売も強いられたとの証言もあります。労働環境の劣悪さから日本最大の労働争議も起きましたが，米軍は徹底的に封じ込めました。その中で最大のタブーとされたのが米兵と日本人女性の間に生まれた子どもたちです。数多くの望まれない命が闇に葬られました。子どもと共に座敷牢に入れられ，社会との隔絶を強いられた女性もいました。当事者の方にお会いしましたが「決して言えない。あの世まで持っていく」と取材を峻拒しました。

後方支援の現実

知られざる神戸の過去はどのような未来を映し出すのでしょうか。

安保法制の議論では後方支援という言葉が頻繁に使用されます。私は2003年から3年半，特派員としてイラク戦争や自衛隊派遣を担当しました。取材よりも危険地域のクルーを後方支援するのが主な担当で，隣国クウェートが拠点になりました。具体的に何をするかというと，連日テロで米兵が亡くなりジャーナリストが誘拐される中，同僚のクルーへの襲撃に備えるのです。つまり戦闘地域からの救出手段の確保です。しかし「戦地には行かない」と言う自衛隊や臨戦態勢の米軍に頼ることなどできません。

そのため民間警備会社と連日交渉し，輸血用血液の確保に奔走します。死への備えは精神を磨り減らし，いまもクルーが銃撃される悪夢を見ます。

神戸も朝鮮戦争で米軍の後方支援の拠点になり，市民は献血を呼びかけら

れたのです（実際に提供はされませんでしたが）。この役割はいま実質的に強化されています。

戦後，神戸市は山を削り海を埋め立て空港もつくりましたが，震災の不況から抜け出せずにいます。経済復興の切り札として埋立地に先端医療施設や企業，研究所を誘致し，空港と一体化する医療産業都市構想に期待を寄せています。STAP細胞研究もこの流れと言えそうですが，そもそもこの計画はアメリカが描きました。世界最大のアメリカの建設コンサルティング会社，ベクテル社です。沖縄や世界中の米軍基地建設を担い，元大統領や国務省や国防総省高官が関与する会社ですが，神戸市は破格の1億円のコンサルティング料を支払い，多くの市議会議員がアメリカを視察しています。米軍も神戸港に注目し後方支援能力を分析していました。機密解除された資料には医療体制や物資補給能力，それに売春施設まで調べ上げられており，休息に適した世界最高の港と高く評価されていました。この米軍にとって行動を制約する非核神戸方式は不都合な存在です。大阪・神戸アメリカ総領事は不快感を示し，米軍は姫路港や大阪港など近隣の港への艦船寄港を行ない，圧力をかけています。アメリカの友好国カナダの艦船は証明書の提出を拒み，神戸の自衛隊基地に接岸しました。日米同盟が強化される中，非核神戸方式の存続が危ぶまれています。

核兵器は持ち込まれていた

米軍最大の後ろ盾は核兵器ですが，神戸も無縁ではいられませんでした。原爆や水爆が持ち込まれていたのです。特に水爆は沖縄と神戸をつなぎました。ベトナム戦争中，アメリカの空母から水爆搭載機が核もろとも沖縄の海に転落しましたが，その直後にその空母が神戸に入港していたのです。

持ち込みは神戸港だけにとどまりません。ヒューマンエラーを避けるために核兵器は二つ以上のパーツに分けて保管され，有事の際に組み立てて使用されます。ワシントンで見つかった資料によると京都と奈良の境付近，いまは自衛隊基地になっている祝園に米軍が核兵器組み立て部隊を駐留させていました。

権力と暴力団の親和性

　戦後，神戸では多くの民間人が他国の戦争に翻弄されていました。しかし何故明らかにならなかったのでしょうか。その理由は暴力団です。

　最近分裂した山口組は神戸を本拠地としてきました。その3代目が組織発展のため三つの柱を掲げました。公共事業，芸能活動，そして港湾業です。特に米軍基地のあった神戸港は利権だらけです。水や物資補給を一手に担い，荷役労働者の派遣元締めとして労働争議を封じ込めたのです。米軍に不都合な情報，証言も一切表面化させません。また港湾以外からも利益も得ていました。薬物です。私がイラク戦争で垣間見た米兵も，戦闘状態の緊張に耐えるため精神を高揚させる薬物を常備していました。神戸の米軍基地周辺でも薬物流出に暴力団が介在し，いまの三宮から神戸駅に連なった戦後最大の闇市でヒロポンや大麻が出回ったとの証言があります。

沈黙の理由

　取材過程の中で最も大事にすべき指針は，「寄り添うべきは声を上げられない弱者」ということです。今回取材に応じてくださった方々の多くが発言が招来する不利益や危険を恐れ沈黙してきました。

　そのような中，何故，取材に応じてくれたのでしょうか。それは戦争の重たさです。日本の戦後が変容する中，結果的に戦争の手伝いをしたこと，人殺しに関わった事実の重さに耐えきれなくなり，もう誰も自分のような経験をしてほしくないとの社会に向けた思いを託してくれたのです。

V　いま，自衛隊と私たちの暮らしに何が起きているのか

進む自衛隊海外派遣

　ここまでは過去の話ですが，次に，神戸や関西で何が起こっているのかをお話しします。まず安保法制や日米同盟をグローバルに最前線で担う自衛隊です。私は自衛隊がなければ日本は守れないと思っていますし，命懸けで災害支援にあたる隊員に心から頭が下がる思いです。だからこそ個々の隊員の人権を守るためにも，自衛隊を率いる政治から目を離してはならないと思っ

ています。神戸には海上自衛隊の掃海艇基地があります。安保法制成立前に基地司令に海外派遣について聞いたところ「可能性は否定しない」との回答でした。しかし2016年3月の同法施行後、堰を切ったかのように軍事的緊張が高まる南シナ海に艦船が派遣され、フィリピンやベトナムの軍事拠点に寄港しました。神戸で建造された潜水艦もかつて戦火を交えたオーストラリアを訪問しました。

駆けつけ警護の最前線

陸上自衛隊の近畿や中四国など2府19県を管轄する中部方面総監部指揮下の隊員が南スーダンで活動しています。今後駆けつけ警護を担うことになると見られています。私たちの日々の生活を守る隊員が他国で銃を向けるか向けないかを問われるのです。自衛隊は24万人もの組織ですから、みなさんにも知り合いの方がいると思います。しかしイラク派遣後の隊員の自殺率は一般の平均値を大きく越えています。今後、個々の隊員が背負う任務が何をもたらすのか懸念しています。この陸自の海外派遣は本格化しています。海賊対処行動を目的に、2011年アフリカのジブチに海外基地を設置しました。

沖縄の事件を契機に日本にとり不平等な日米地位協定の改定が議論されていますが、政府は自衛隊イラク派遣時の対クウェートと同様、日米間の不平等性を上回る日本に有利な地位協定をジブチとの間で締結しています。

慰安婦合意の舞台裏

近畿最北端にミサイル防衛を担う米軍レーダー基地がつくられ、隣接する空自基地との一体運用が進んでいます。2015年末、安倍総理が韓国のパク大統領と会談し、従軍慰安婦問題解決に向けての道筋をつけました。この背景には中国の軍事的台頭に抗する為、日韓米のミサイル防衛網の構築に向けた布石を敷く狙いがあると見られています。今後日韓米でミサイル防衛演習が予定されています。ミサイル防衛には撃墜能力が欠かせません。アメリカは高高度迎撃ミサイルの韓国配備に意欲的ですが、中ロは京都の基地と一体化して運用されると猛反発し軍事的緊張を高めています。

進む自衛隊の民間活用

神戸は自衛隊の民間活用の現場です。熊本地震でも神戸港から民間フェリーが被災地に隊員を輸送しました。しかし有事の際も武器弾薬や隊員を民間の船員が運べるという制度が導入され，年間10日間程の訓練だけで予備自衛官補として戦地派遣が可能になったのです。神戸は船会社や船員養成に向けた大学がありますが，衝撃が広がりました。2万5千人が加盟する海員組合は「事実上の徴用で許されない」と声明を公表しました。民間人の戦地派遣の忌まわしい記憶は多くの船員に刻まれています。戦中の軍人の死亡率16％に対し，民間船乗りは43％でした。何の護衛も無く南太平洋や台湾へ派遣されたのも反対の理由です。

武器輸出のさきにあるもの

過去は蘇るのでしょうか。神戸はいま，現政権や経団連が国策として推し進める武器輸出の最前線です。その主要装備である潜水艦や離島防衛の要である水陸両用飛行艇を建造するのは神戸だけです。防衛装備産業は裾野が広く護衛艦1隻で2500社，戦車1両で1300社の民間会社が関わります。この民間会社は装備のメンテナンスも担います。自衛隊イラク派遣では，少なくとも50人が守秘義務を誓約させられ，危険地域に極秘で派遣されていました。潜水艦のオーストラリア輸出は実現しませんでしたが，これまで専守防衛のためのものだった装備が他国で使われることに戸惑う会社員もいます。しかしその声は特定秘密保護法により社会に届きにくくなり，取材も困難になっています。

VI 究極のワンカットを目指して

映像との対話

私は赴任先のベルリンであるドキュメンタリーをふと目にし，惹きつけられました。孫を訪問したおばあさんが思いつめた表情で話し始めます。孫は突然両親を失いおばあさんが親代わりに育ててきたようです。突然声が震えます。「壁が崩壊したいまだからこそ罪に向き合う時が来た。自分が生き延

びるためにあなたの両親，つまり私の息子夫婦を西のスパイだと密告したの」。撮影は編集なしのワンカットです。ナレーションもテロップもBGMもありません。最初カメラはおばあさんを遠く離れた背後から追い，少しずつ距離を縮めて表情に迫り，後は孫の表情だけを撮り続け，いつしかカメラの存在が溶けていきます。この番組で私は初めて，理解したいと願い続けてきた冷戦に触れることができた気がしました。そしてどのような深遠なテーマでも，目指すべきものは市井で生きる人々に宿る究極の瞬間だと改めて思い至ったのです。

問われる覚悟

いま，TVはナレーションやテロップなど情報で溢れています。しかし，ドキュメンタリーディレクターとしては，視聴者に対する冒瀆だと思っています。私はTVの人間ですので，文字で表現できない事を伝えることでTVの可能性を追求したいと思っています。即ち「映像をして語らしむ」です。テーマが凝縮し表出するのはどこなのか，いつなのか，自分の全人格を導入してその瞬間を追い求めます。しかしそのような放送には未だ至らず，道半ばです。ドキュメンタリーは生涯を捧げるに値する仕事です。いつか託された思いを1カットで社会に問う日を目指しています。

———— コラム ——

蘇る最前線

「もう話はできん」神戸で生まれ育った船員が振り絞るような声で訴えます。「家族を養う義務がある。会社に逆えへん。間接的に戦争を支えるかもしれない事への恐怖はTV局には決して理解できへん」。私には返す言葉がありませんでした。

安保法制，憲法改正……，安全保障をめぐり日本の戦後が岐路を迎える中，私の地元にどのような影響があるのかを見つめたい，そのために"日米同盟の起源"であり"戦後レジームの原点"と考える朝鮮戦争との関わりを紐解き，いまに至る系譜を踏まえ今後を展望したいと取材を始めました。

しかし国際色豊な港町・神戸は既に日米同盟の最前線でした。武器輸出が解禁され，日本唯一の潜水艦製造拠点である神戸港でつくられた潜水艦が緊張高まる南シナ海へ派遣されました。かつて戦火を交えたオーストラリアにも寄航し，同国の潜水艦も戦後初めて神戸を訪れました。市民も安保法制と無縁ではいられません。

神戸には戦前から多くの防衛装備メーカーがありますが，自衛隊のイラク派遣時にはその社員もメンテナンスのため人知れず危険な地域に派遣されていました。そして2016年，有事の際の民間船員による自衛隊の部隊，装備輸送が公に制度化されたのです。年間数日の訓練で自衛官補として活用するものですが，神戸では負の記憶から動揺が広がりました。かつての商船大学もある神戸は船員ゆかりの街ですが，戦時中は全ての民間船舶，船員が総動員され海軍の3倍近い死亡率となる2人に1人が亡くなりました。そのため海員組合は「事実上の徴用」との反対声明を発表しましたが，船員は会社員でもあります。社命やチームで運行する仲間に一人背を向けることはできません。

取材の羅針盤となったのは神戸港の生き字引とも言われる船員でした。朝鮮戦争で米軍の海上輸送を神戸の民間人が極秘で担わされた事実や，神戸に核の軍事利用の象徴・核兵器を搭載した米空母が寄航したこと，一方で神戸が原子炉や原子力船や，使用済み核燃料運搬船の開発拠点の一つとして核の平和利用の最前線だった系譜を教えてくれました。しかし特定秘密保護法が成立した時期から取材を拒むようになり，この講義の直後，冒頭の電話が最後になりました。

取材を通して感じたのは，権力にとり不都合な事実は徹底して隠されるという事です。歴史の社会の襞に封印された声なき声や諌死にTVは応えているのでしょうか。

問われているのは放送人の覚悟です。

6 中国報道から日本社会を考える

朝日新聞社編集委員
吉 岡 桂 子

Ⅰ 大きな組織の小さな個人
Ⅱ 反日デモの記憶
Ⅲ 中国の言論弾圧とリテラシー
Ⅳ ジャパン・バイアスの罠
コラム 空気に水をさす

Ⅰ 大きな組織の小さな個人

　私は1989年秋，実家のある岡山の山陽放送から朝日新聞社へ移りました。仕事もアナウンサーから新聞記者に変わりました。転職の理由は，大きく分けて二つあります。一つは，放送局内のドキュメンタリー制作チームの仕事を見て，私も自分で企画し，現場に出て取材し，人々の声を掘り起こして伝える仕事をしたいと考えたことです。もう一つは，女性の職場環境です。私は男女雇用機会均等法が施行されて二年目の大学卒業生です。当時，私がいた放送局では女性は結婚とともに退職することが暗黙の了解とされていました。すぐに結婚の予定があったわけではありませんが，長い時間軸で考えて仕事に取り組みたいと考えました。朝日新聞社で同期入社の女性記者は10数人。新人記者全体の１割ほどでしたが，結婚退職のしばりはもちろんありませんでした。

中国経済報道は社内ベンチャー？

　朝日新聞に入って中国報道にかかわるようになったきっかけをお話しします。母方の祖父は中国の東北地方・旧満州の撫順で商社マンとして駐在していました。母もそこで生まれました。幼いころから中国での生活や戦争の話をきく機会が多くありました。私にとって中国はなじみ深い存在でした。だいぶ大きくなってから，日本の家では一般的に焼き餃子なのだと気づいたのですが，我が家では母が中国で食べていた水餃子をつくっていました。

　私が朝日新聞に入った1989年は，中国では民主化運動が武力で弾圧された天安門事件の年です。その後，鄧小平が改革開放政策を強めるなかで，経済が注目され始めました。入社して和歌山支局を経て大阪経済部に配属された90年代前半，取材先の中小企業の人たちが現地を視察し，「これからは中国の経済がおもしろい」と言うのを耳にしました。変化の速さに興奮する口ぶりでした。

　改革開放政策がうまくいってもいかなくても，隣国日本への影響は経済にとどまらず，広範囲に非常に大きいはずです。中国語を使えれば取材の幅も広がります。そこで会社の語学研修を志望し，北京で１年間，中国語を学んだあと，2003年以降，上海と北京に通算で７年間，駐在しました。

　朝日新聞の中国報道体制は，いま中国総局に４人，上海と東北の瀋陽，香港のそばの広東省の広州，そして台湾にそれぞれ１人ずつ特派員をおいています。朝日新聞が戦後，中国特派員として経済担当の記者を置いたのは90年代に入ってからです。経済担当の特派員は私の前に４人，ちなみに後輩は３人です。初めは大企業の中のベンチャーのような気分でしたが，2010年には，中国の国内総生産（GDP）が日本を抜いて米国に次ぐ２位になりました（のちに，統計の改訂で2009年に逆転）。私が北京に駐在していた時期と重なり，現地から伝えました。脅威論と崩壊論が常に併存し，成長も停滞もこれほど注目を集めるようになるとは思っていませんでした。2013年に中国駐在を終えてからも，東京を拠点に中国にかかわる取材を続けています。

大きな組織のちっぽけな個人

　2016年２月には香港に出張し，『書店主が消えた街で』というコラムを書

きました。香港で2014年に起きた「雨傘運動」はご記憶かと思います。香港の自由を圧迫しようとする中国共産党の一党独裁による言論や社会活動の弾圧に対して反発して，若者を中心とした市民が街を占拠したり，デモをしたりした運動です。2015年10月には香港で中国の発禁本も扱う銅鑼湾書店の関係者が次々消息を絶ち，中国当局による拘束が判明した事件も起きました。強硬な中国の態度を受けて香港には，1997年の英国から中国への返還にあたって高度な自治，自由を約束した「一国二制度」がゆらいでいるのではないか，と重苦しい空気がたちこめています。

そこで出会った，小さな本屋の店長と，『十年』というオムニバスの自主制作映画をつくった香港の監督の話がとても印象に残りました。2人とも30代です。「自分たちが大きな組織ではなく，小さい組織だから中国を気にせず率直に動けるのだ」と言います。映画監督は「自分たちはハリウッドや香港の商業映画と違って中国市場での上映を考えていないので，中国の検閲を意識しない映画を自由に作れる」と言います。本屋さんも「大きな書店は中国当局の目を意識して発禁本は扱わなくなったが，我々のような小さなビルの一角の数十㎡平方の書店ならできる」と言います。

香港の問題として，コラムを書きました。しかし，香港と中国にとどまらないメッセージを感じました。私が所属する会社は，朝日新聞という大きなメディアかもしれません。その中にいる小さな個人であるところの「私」は1人の記者としてどのような仕事をしているのか。会社のなかで，日本のなかで，どのように権力と向き合っているのか。香港の人たちの言葉から，自らが問われたような気がしました。記者の仕事は，質問を取材先にぶつけているようで，常に自分にも問いが戻ってくる仕事だと思います。

II 反日デモの記憶

2005年の反日デモ

私が最初に上海に赴任した2003年は，中国が世界貿易機関（WTO）に加盟して間もないころでした。日本社会全体が中国の活力や経済の力を取り込めるのではないか，もっとわかり合えるのではないかと期待していたころでし

た。その空気が変わったのは，2004年ごろからです。私の中国取材を通じて印象に残っている二つの反日デモについてお話します。

小泉純一郎首相が靖国神社へ参拝したことをきっかけに，日本の歴史認識に反発した人々が2004年，中国で開かれたサッカーのアジア杯の日中戦で暴動を起こしました。日本の外交官が乗った車も壊されました。翌年2005年には北京や上海など各地で反日デモがありました。

日本は当時，国連安保理の常任理事国入りを目指して外交活動を繰り広げていました。中国は，戦勝国の既得権益である安保理の常任理事国に日本が入ってくることを阻止しようと，首相の靖国参拝を理由に日本の歴史認識を批判していました。首相がＡ級戦犯をまつる靖国に参拝する国を常任理事国にするわけにいかないと，世界中で宣伝していました。

中国では通常許されないデモを当局が認めたのは，中国国内の若者による反発を民意として世界に示したいという思惑があったからです。若者の反発がしだいに当局自身へ向かう可能性が見えてきたとき，当局はデモを抑制する方向に動き，デモはあっというまに鎮まりました。「官製」とは言い切れませんが，コントロール可能な「民意」だったのです。

2012年の反日デモ

2012年の反日デモは，尖閣諸島の領有権をめぐる対立がきっかけでした。日本が国有化に踏み切ったことを「現状変更」とみなして，中国が激しく怒りをぶつけたのです。中国は次のトップを誰にするかという権力闘争，胡錦涛政権から習近平政権への移行期にあり，政治的に不安定な時期でした。

中国ではふつうデモはできません。たとえば公害に反対するデモ，あるいは土地を安い値段で政府に奪われた農民が怒ったデモ，こうしたデモは群衆事件

反日デモによる日系デパートに対する投石や放火（2012年9月15日，湖南省長沙）
（提供）朝日新聞社

と呼ばれて取り締まられます。大人数で街を練り歩くことはできないのです。政府が仕掛けたデモでなくても，認めていなければデモはできません。

2012年のデモでは，バスで運ばれてきた農民たちもデモに参加していましたし，うさ晴らし的な参加者が増えていました。いっそう過激にもなっていました。中国南部の湖南省長沙では日系スーパーが経営する百貨店が燃やされました。発展が遅れた内陸に進出した日系企業で，地元政府から大事にされてきた店でした。パナソニックの工場や日系の自動車メーカーの販売店も放火されました。

報道の外の風景

2005年と2012年とも，私は北京の日本大使館の前で取材をしました。2012年のときには，大使館の門の前に長縄を張って記者コーナーがつくられ，私はそこにいる担当でした。デモ隊が北京の大使館の日本の国旗をめがけてジャガイモや，ミカン，ペットボトル，石などを投げてきました。デモ隊は大使館前の道路数百mを指定され，公安に囲まれながら行進しています。毛沢東の看板を掲げたデモ参加者に，日本へ反発する民意とは関係ない思想や政治的な対立が背後にあることを感じました。

デモには時間制限がありました。夕方取材を終えて会社に帰る途中，猫耳をつけてメイドカフェの店員さんのようなコスプレをして歩いている女の子や，ドラえもんのおもちゃを持って歩いている子ども，日本のアニメのTシャツを着ている子ども，『ONE PIECE』の漫画を読んでいる人と，普通の生活が普通に営まれてもいました。反日を叫んでいる人の声を報じながら，こうした日常をどう汲み取ったらよいのか，悩みました。

中国で暮らす日本人からの批判

「犬が人を嚙んでもニュースにならないけれど人が犬を嚙むからニュースなのだ」という例え話は，多くの方が聞き覚えのある報道が持つ基本的な側面です。暴徒化する反日デモは，21世紀になって中国以外では起きていません。これを伝え，その背景を分析することはとても重要な仕事です。

ただ，しばらくたって中国に住んでいる日本人からいろいろな意見を頂戴

しました。なかには批判もありました。

　代表的な声はこのようなものでした。「放火など同じ場面を何度も何度も報道するものだから，日本にいる人たちは中国じゅうがこうなっているのではないかと思っている。東京本社はリスク満点の中国の事業は拡張できないのではないかと心配している。これでは他国のライバル企業に負けてしまう」。「中国で暮らす自分も家族も，近所の中国のおじいさん，おばあさんに大事にしてもらっているし，現地の学校に行っている子どもは『大丈夫か』と声をかけてもらった。そうした部分をなぜ伝えないのか」というものです。

　大きな事件が起きれば，集中豪雨的な報道になることがあるかもしれません。けれども，その事件が示すものとは，違う考えや行動をする人もいれば，そんなことを気にもかけていない人もいます。こうした多様性を意識していなければ，日本人と中国人の間にある認識のギャップを埋めるために仕事をしているにもかかわらず，ギャップをさらに広げかねないのではないか。中国で暮らす日本人の方々からのご批判には共感する面も多かったのです。

もっと違う声がある

　中国の多面性をどう伝えるか。1人の記者ができることは限られます。それでも読まれる形を工夫して，こつこつとやれることもあるのではないか。最初の赴任時からずっと考え，悩みながら始めたことがあります。中国の問題点を自分の言葉で率直に批判的に話してくれる知識人のインタビューです。2012年1月，改革派経済学者，呉敬璉氏の記事から始めました。国家主導の経済，国家が養成する愛国史観，言論統制など非民主的な政治……。こうした問題を批判的にとらえ，当局からにらまれるリスクを冒してでも広く伝えたいと考えている人の発言を，インタビュー記事としてオピニオン面で紹介することを始めました。

　自らの国家や社会を批判すると日本では最近「自虐的」と批判されかねない残念な状況がありますが，中国では売国奴と非難されかねません。それでも，「自らの国家や社会をよくしたい」と考える人は中国にもいます。記事

には想像以上の反響があり，『問答有用　中国改革派19人にきく』（岩波書店）という本にまとめることもできました。帰国後も続け，新聞にはすでに30人を超える知識人の声を掲載しています。

怖いのはセルフセンサー

　そのうちの1人に，胡舒立という人がいます。官製メディアが主体の中国で，彼女は「財新」という独立系のメディア集団を立ち上げました。経済報道という道具を使ってリベラルな報道の枠を広げてきました。彼女は高級官僚の娘で育ちがよく，共産党の幹部に友だちがいるという背景もありますが，彼女の仲間たちは新型肺炎SARSのときには情報隠しを暴いたり，インサイダー取引を暴いたり，公害で現地に行って被害者を取材したりしながら，独自の情報を中国共産党機関紙「人民日報」などとは違う角度でずっと報道しています。

　「限界を感じませんか」と彼女に問うたことがあります。答えはこうでした。「外にいる人は困難ばかり強調する。中国で一夜にして西洋と同じ言論の自由は手にできない。中国に身を置く私たちは，管理と制御，圧力のなかでも機会を探しています。取材しても最後のところでうまく発表できなければ，次の機会を探る。完全な条件が整わないと仕事をしないというのでは，何もできません」「もっとも大きな壁は，セルフセンサー。つまり，記者自身が置かれた環境にあわせて，自分で自分を管理してしまうことだと思います」

　同じ仕事に向き合う者として，より厳しい環境でこう言い切る彼女を尊敬しています。

　中国の中には，中国共産党を打倒して革命を起こそうというわけではないけれども，体制内にあっても自分の身の回りから少しずつできることをしながら民主的な社会を築いていきたいと考えている人たちがいます。過激な変革を求めず体制内にいることを批判する人は中国内外にいますが，のちほどお話するように彼らが置かれている言論環境を考えると，私にはとても批判はできません。

「日本第一」

日本の戦後の繁栄の秘密を分析して大ベストセラーとなった『ジャパン・アズ・ナンバーワン』の新しい中国語版が今春,『日本第一』というタイトルで出版されました。1979年の著作がなぜ,いまごろ復刊し,4万部近い売れ行きをみせているのでしょうか。著者,米国のハーバード大学名誉教授のエズラ・ボーゲルさんにインタビューしたとき,彼はこう話していました。「中国のなかには,尖閣諸島,中国語でいうと釣魚島の領有権をめぐる対立や歴史問題では中国政府が言うことが絶対に正しい,しかし,日本の生活はすばらしい,その強みと足跡を学ぶ必要があるのではないか,と気づいている人たちがいる」と。確かに,彼らは日本にとても興味を寄せているのです。70年間平和だった戦後の日本を評価する声もあります。

好奇心の不均衡のゆくえ

中国から日本へはたくさんのお客さんが来るようになっているのに,日本から中国へ行く人は激減しています。日本を訪れた中国人は2015年に約500万人に達し,この5年で3倍強に増えました。これに対して,中国を訪ねた日本人は3分の2に減り,2015年は250万人です。円安,公害や食品の安全といった問題に加えて,尖閣諸島をめぐる対立や歴史認識まで国家同士の問題が山積とはいうものの,旅行に限らず,日本人の隣国の人々に対する好奇心は,しぼんでいるようにみえます。

この好奇心の不均衡は将来,日中関係にどのような影響をもたらすのでしょうか。相手がなにを考えているかを知らなければ,外交やビジネスでの交渉も不利になるでしょう。相手への関心はあらゆるつきあいの基礎です。中国に対して幅広く関心を寄せてもらえるような,多様な記事を工夫していきたいと思います。

III 中国の言論弾圧とリテラシー

広場と居間のネット攻防

中国というと,独裁政権で,情報が管理されていて,みんな同じことしか

知らないのではないかとみられがちです。特別な器具を使わなければツイッターもフェイスブックも基本的に使えませんし，ニューヨーク・タイムズのサイトも見られなければ，天安門事件の武力弾圧を検索しても画面には表示されません。チベットやウイグルについてもネットを含めて知ることができない歴史がたくさんあります。習近平政権になって報道統制も厳しくなるばかりです。しかしみんなが同じことを考えているとは限りません。

　中国は人口約13億7千万人のうち，7億1千万人がネットユーザーです。そのうち6億5千万人以上がスマホでアクセスしています。スマホであっという間に情報が広がっていく社会です。ツイッターは使えませんが，ツイッターとミニブログを兼ねたような微博（ウェイボー），それからLINEのような微信（ウェイシン）というサービスがあります。微博は数千万人ものフォロワーを抱える人も生まれ，相互に転載や評論をしあって情報の結節点になっていました。アカウントを何度閉鎖されても名前を変えて再開する転生党と呼ばれる人もいました。仏教の輪廻転生という言葉をもじったものです。当局とのいたちごっこで500回ぐらい転生した人もいるほどでした。しかし，見知らぬ人同士が共有できる価値観でつながる公共空間がネット上にうまれ，広く社会に影響を及ぼしかねなくなり，当局は規制と監視を強めました。その結果，以前ほどは活発ではなくなりました。

　それに代わって情報のやりとりの主流になっているのは微信です。限られた，知っている人同士の中で情報をやりとりしています。微博は広場で叫んでいる感じでしたが，微信は誰かの客間や居間に入って知り合い同士で話しているような感じです。人権や民主活動家は「自分のアカウントは透明だ」と言います。当局に「透けて見えてる」という意味の皮肉です。ネットは監視の道具にもなっているのです。

削除された「くまの習さん」

　この写真は，しばらく前の朝日新聞にも掲載されたものです。クマが車に乗っている写真です。紙面では左側に習近平が車に乗っている写真も掲載されています。こちらは去年9月3日の抗日戦勝70年を記念した習近平国家主席による閲兵式のときの写真です。

抗日戦争勝利70周年の軍事パレードを車から閲兵する習近平国家首席
（2015年9月3日，北京）

削除されたくまのおもちゃの写真

（写真）ロイター／アフロ

（提供）傅景華氏

　クマが車に乗っている写真がネット上にポンと出たとたんものすごく転載されました。みんなただのクマだと思わなかったからです。車に乗って閲兵した習氏の姿にそっくりだと皮肉と批判をこめて話題になりました。書き込みから約1時間10分後に削除されてしまったのですが，その間に6万5千回以上もシェアされました。

　日々，ネットを舞台にネット民と当局のこうした攻防が続いています。この「ゲーム」は現時点では，技術力も動員力もある当局が優勢にある，と知り合いの中国の知識人は残念がっています。ただ長い目でみれば情報の広がりは社会の成熟と変革につながる可能性を秘めていると思います。勝負はまだついていません。

言論弾圧とリテラシー能力

　そもそも人民日報を個人でお金を払って買っている人は，非常に少数でしょう。私自身は知りません。人民日報に書いてあることは，共産党員も疑いを持って意図を探りながら読んでいます。たとえば，先日，人民日報に「権威人士」（権威のある人という意味）という名前で，いまの中国の経済政策の問題点を指摘する記事が載りました。友人たちはその内容そのものよりも，「この内容が筆者匿名でこの場所に出た。意図はなにか。中南海（中国政府や

共産党の幹部が執務し，暮らす場所）の奥の院で何が起きているのか」という読み方をしていました。「ニュースを疑う」姿勢を強く持ち，ネットの中に転がる情報も吟味して事実を見いだそうとしています。だからこそ中国政府はネットを統制しようとして情報を削除したり，自らに都合の良い情報を広めようと積極的に利用したりしています。人を雇って世論誘導のための書き込みを依頼してもいます。

弁護士いっせい拘束

中国は2015年7月9日，約250人の弁護士や活動家をいっせいに拘束しました。18人が起訴され，うち14人は重い罪とされる国家安全にかかわる罪です。私の知人の弁護士も対象になっています。その後も「弁護士制度改革推進に関する指針」というものがだされ，より容易に違法処罰を下せるようになっています。また，2016年4月には海外NGO国内活動管理法が成立しました。中国のNGOを支援する海外のNGOからの資金の流れや中国人スタッフに対する監督が強化されました。1月にはあるNGOの中心メンバーだったスウェーデン人が拘束され，「西側の反中勢力のスパイ」とされ，追い出されました。

習政権になってから，市民活動や言論の封殺には枚挙にいとまがありません。大学では密告が横行し教室にはカメラが設置され，書店などで開かれていたそれなりの人数を集めて自由に議論するサロンのようなものも，非常に開きにくくなっています。反骨精神のある雑誌などメディアは停刊になったり，幹部を入れかえられて骨抜きにされたりしています。

鳥かごのなかの市民社会

中国では，市民社会も中国共産党の体制という「鳥かご」の中にあるようです。かごを壊さない範囲であれば，市民の活動も許されます。経済成長につれて中産階級が増え，いわゆる籠の中の鳥，つまり批判的な目をもつ市民が目覚めつつあります。それが怖いから，当局は籠を強化し，がんじがらめにしようとしているのです。こうしたなかで，中国の民主化や自由のためにたたかう弁護士や知識人は「日本から関心を寄せてほしい」と言います。国

際社会の関心が，強硬な中国の政権に対してプレッシャーになるからです。

　天安門事件から25年が過ぎた2014年5月に，知人同士10数人で集まり食事をしながら議論しただけで1カ月も拘束された学者，徐友漁さんに，7月，ニューヨークで会いました。徐さんは事件後に体調を崩し，自由に発言したいと昨年暮れに北京を離れ，ニューヨークのニュースクール大学に客員研究員として2年間の予定で身を寄せています。彼は「日本人に中国の言論状況や人権問題にもっと関心をもってほしい」と言っていました。「中国共産党・政府が国内で人権をないがしろにし，強権をふるうということは，さらに力が強くなれば国際社会でも外国に対して強硬姿勢でのぞむ。その事例が，南シナ海の領有権をめぐる係争への態度にすでに現れている」と。隣国の政治体制は自分たちにもかかわる問題としてとらえ，報道したいと思います。

IV　ジャパン・バイアスの罠

二つの高速鉄道事故

　2011年の夏，中国の高速鉄道が衝突事故を起こし35人が亡くなりました。私は北京から政府や鉄道会社の動きを追う記事を書きました。連日，メディアが報じていましたので，ご記憶の方も多いと思います。中国が先頭車両を穴に埋めて隠したという情報隠しが判明したことで，ますます注目を集めました。

　2013年夏にスペインでも高速鉄道事故があり，約80人が亡くなりました。この日の夕刊1面，翌日朝刊に1面と2面で報道されたあと，ベタ記事になり，紙面からはあっというまに消えていきました。中国の事故より最近ですし，被害者数は多

中国高速鉄道の事故現場
（2011年7月24日，浙江省温州）

（提供）　朝日新聞社

いですが，この事故をおぼえている方はそれほどいらっしゃらないのではないでしょうか。この差はどこからくるのか。中国が情報を隠そうとしたことはとても大きな理由です。しかし，それだけでしょうか。

　2011年に事故が起きて以降，中国の高速鉄道では大きな事故は起きていません。いま日本の新幹線網は3000km弱ですが，中国では2万kmの高速鉄道網をつくっています。日本の鉄道専門家の間では，運行や管理の総合ノウハウでは日本がリードしていても，車両などハード面では一部の部品を除いて追いつかれつつある，と認識していました。

不都合な可能性にこそ目を向ける

　しかし，多くの日本人の中国の高速鉄道に関する記憶は2011年夏の事故で止まっているようです。その後，世界一長い距離の高速鉄道網を建設し，運行するうちに，技術も進歩したという可能性から目をそむけた議論が目立ちます。製造業は繰り返しつくっていると技術がこなれていくものです。相手がどの水準で，どこに強みがあって，どこに弱みがあるのか。それを認識して議論し，競争しなければ，日本の技術が本当の意味で，どこで勝ってどこで負けているのかを判断できません。

　高速鉄道を例にあげましたが，自分の見たいものだけ見ていると，いずれ見たくない現実が立ち現れてくる可能性があります。競争に勝ちたいのであればあるほど，相手はどういう視点で何を考えているかを冷静に考えるのは，自らのためだと思います。劣っている所を見つけて喜ぶだけでは得るものはありません。

アジアインフラ投資銀行（AIIB）をめぐる論争

　次に，アジアインフラ投資銀行（AIIB）をめぐる認識ギャップについてお話ししたいと思います。習政権のもと中国が主導して2016年に発足したAIIBは，道路や橋などインフラを造るプロジェクトにお金を貸す国際機関です。日本の高度成長期に日米がリードして約50年前につくったアジア開発銀行（ADB）の向こうをはる形でつくられました。ADBは日本人がずっと総裁を務めていますが，AIIBは中国人が総裁に就きました。

日本は当初，無視を決め込んでいました。政治家や政府の関係者を取材すると「中国が世界標準の銀行をつくれるはずがない。どうせ中国の得になるようなものにしかお金を貸さないはずだ。不良債権がつみあがってつぶれるに違いない」「中国人がトップを務めて，中国が最大出資者で，中国に本部を置く，そんな銀行に多くの国が集まるわけがない。せいぜいカネがほしい途上国や新興国が参加するぐらいだろう」とみていたのです。

　中国がつくろうとしている AIIB に対して，他国は日本が思っているほどには警戒や懸念を抱いておらず，あるいは疑心暗鬼の国でも参加したほうが自国の利益になりうると考えている国がけっこうあり，中国とのバランスをとるためにも日本にも入って欲しいと言っている，という記事を書いたことがあります。

　そうしたら，想像を超えた批判を浴びました。「おまえは中国の味方か？」「朝日新聞は親中だからね」と。ネットでは売国奴とも言われました。

　しかし結果的には，英国が参加を表明したのをきっかけに，日米を除く先進国もそろって加盟することになりました。加盟を待たされている国も含めると，80ヵ国を超えます。67ヵ国・地域が加盟する ADB よりも多くの国を集めることになりました。

　日本は，「先進国は中国を抑止する包囲網に加わるはずだ」と思い込んでいなかったでしょうか。あるいは，思い込んだふりをしていた人もいたかもしれません。ヨーロッパにとっての中国経済の重み，ロンドンのシティーやルクセンブルクといった金融都市にとって人民元という通貨がもつ戦略性から目を背けていました。ある代議士はこう言っていました。官僚の多くは安倍晋三政権なら中国主導の銀行を好まないと忖度し，議論を避けたがっていた，と。

　私はここで入ったほうがよかったとか，入らないほうがいいと言う議論をしているのではありません。加盟の是非以上に，中国がかかわる問題について議論をする前から，その幅を狭めがちな傾向を懸念しています。

視点の相対化

　米国の研究所，ピュー・リサーチ・センター（本部・ワシントン）の興味深

いアンケートがあります。2015年6月の発表です。

　各国に中国への好感度を問うと，日本は突出して低いのです。好きは9％に対して好ましくないが89％。各国の平均は55％が好き。米国は38％，仏は50％，英国やイタリアも4割を超えます。中国が米国を超えて将来スーパーパワーになりうるかどうか，という問いに対しても，日本は「なる」は2割だけ。平均が48％，欧州はのきなみ5割を超え，米国も46％です。日本と似た傾向があるのは，ベトナムです。隣国同士は歴史や領土問題を抱えて摩擦も多いし，安全保障の問題も抱えています。欧米より日本の方が中国について正しく判断している，と自信を持つ方も多いでしょう。

　しかし，私が申し上げたいのは，どちらの見方や感じ方が正しいか，ということではありません。日本社会に映る中国とは，違う目線を持って中国を眺めている人が世界にはたくさんいるということを気にとめておくべきではないか，ということをお話ししたかったのです。競争するにも融和点を探すにも，自らを相対化して見るということが必要なのではないかと思います。私は記者として情報を発信する立場にあります。視点の相対化に役立つよう，多様なものの見方を提供していきたいと考えています。

——— コラム ———

空気に水をさす

　日本人の中国に対する親近感は，2003年をさかいにはっきりと悪化している。それ以前の約15年間は親しみを感じる人とそうでない人が拮抗していた。さらに前は親しみを感じている人の方が圧倒的に多かった。

　03年は，私が中国に駐在し始めた年だ。それ以来，日本人が中国をどんどん嫌いになっていく空気を感じながら取材をしている。感情は人それぞれ。好きになれ，と言われてなれるものでもないし，なる必要もない。ただ，感情と分析や判断，対応は分けて考えたほうが良い。自らのためである。だから，判断材料を幅広く示すことは，私の大事な仕事の一つ——。内閣府の調査結果を示すグラフを教室で見てもらいながら，そんな話をした。

　質疑のところで手が上がった。「中国に親しみを感じるかどうかと聞かれても，国に対してか人に対してか。はっきりしない問い方は，疑問です。国家と人は分けたほうがいい」。

　『ジャパン・アズ・ナンバーワン』『現代中国の父　鄧小平』と日中双方をテーマにした世界的ベストセラーをもつエズラ・ボーゲル・ハーバード大学名誉教授がこんなことを言っていた。「中国の人々は，政治と日常生活を分けて考えられるように思います。過去の戦争や現在の東シナ海の問題では日本が悪いと考え，中国政府の立場を絶対に支持する。しかし，日本の国民の生活や社会にはいい面もある，と。かたや，日本人は中国への好奇心が消え，おそれに変わってしまったようですね」。一党独裁の中国の経済規模の拡大に伴う軍備増強を見ていれば，隣国で暮らす者として「おそれ」は当然わいてくる。ただ，それは国に対してなのか，人なのだろうか。手をあげた学生と同じ視点の指摘である。

　中国は経済的にはグローバリゼーションのどまんなかに座りながら，独裁体制のもと国家臭をむんむんに漂わせる。それに違和感を持ちながらも，日本の中でも中国と同じように国家をまとって対抗しようとする空気が濃くなっていないか。

　南シナ海の領有権をめぐる仲裁裁判で中国の言い分を否定する判決が出たあと，中国では日米やフィリピン製品の不買運動が起きた。「マクドナルドやケンタッキーの前で文句を言えば愛国人士になれる。我々の社会はなんてちゃちなんだ」。中国のある知識人はミニブログでそう，皮肉っていた。

　立ちこめる空気に水をさす。「ちゃちな愛国」には，なおさら。これも，私の大事な仕事だと思っている。

第3部　身近なテーマから考える

7　「エロス」と「セックス」と「表現の自由」

講談社週刊現代編集部編集次長
花 房 麗 子

I　はじめに
II　週刊誌とは何か
III　「エロス」と表現の自由
IV　女性が幸せになれるヌードグラビア
V　セックス特集と雑なるものを伝える週刊誌の使命
コラム　グラビア記事にも編集者の人格が表れる

I　はじめに

　学生の皆さんの中には「週刊現代」を読んだことがないという人もかなりいると思います。特に女性はほぼないでしょう。私も正直言って，入社するまで目を通したことがありませんでした。

　そんな私ですが，女性誌編集部にいたのは入社25年のうち最初の1年半しかありません。あとはずっと「FRIDAY」や「週刊現代」といった男性週刊誌を中心にして働き，そんな中で，どうしたら世の中の男性が興味を持って買ってくださるかということをずっと考えてきました。

　現在，日本には，発行部数の大きな週刊誌が四つあります。私の所属している「週刊現代」，それに「週刊ポスト」「週刊文春」「週刊新潮」です。どれも「男性週刊誌」という言い方をされますが，このうち前者二つには，女性のヌードグラビアが載っています。文春と新潮はヌードがありません。じつは「週刊文春」は女性読者が半数を超えているとも聞いていますので，7

〜8割が男性読者の「週刊現代」と「週刊文春」では，かなり読者層は違うでしょう。

　週刊誌というとスクープについての話題がまず頭に浮かぶかもしれませんが，「週刊現代」においては，セックス特集やヌードグラビアも，雑誌の特徴を決める一つの重要な位置づけです。と同時に，セックスやエロスというのは権力が非常に手を突っ込んできやすいところでもあります。そのため，あえてここで学生の皆さんにお話しすることにしました。

II　週刊誌とは何か

週刊誌は公正でも中立でもない

　ヌードグラビアやセックス特集についてお話しする前に，まず「新聞と週刊誌の違い」についてお話ししておきます。新聞と週刊誌のいちばん大きな違いは，週刊誌は公正でも中立でもないというところです。それはもうはっきりと言えますし，編集部の人間もそれは認識しています。

　週刊誌の裏表紙には発行人と編集人が必ず書いてあります。発行人は週刊誌編集部が属している局の局長，そして編集人というのが，いわゆる編集長です。編集長が持っている権限は週刊誌の中では絶大です。ひとことで言うと，森羅万象の出来事について自分（＝編集長）の考えはどうであるかを世の中に向けて投げかけていくのが週刊誌です。そして，「この考えは誰のものであるのか」が発行人と編集人として週刊誌には必ず明記されているということなのです。

　たとえば，現在，「週刊現代」では薬と手術の危険性を訴えかける特集を，10週以上にわたって掲載しています。「飲み続けてはいけない薬」「やってはいけない手術」，あるいは「内視鏡・腹腔鏡手術は本当に安全なのか」など，医薬品の過剰投与になっている現状について警告を発したものです。

　特集を掲載しはじめたときに，大変に大きな反響，支持がありましたが，それと同時に「週刊現代の宣伝を見て，うちのおばあちゃんが薬を飲まなくなった，どうしてくれるんだ」というクレームや，「診察室に週刊現代を持ってくる患者がいて，いちいち説明しなくてはいけない。診察が滞って大変

に迷惑だ」といった声も寄せられています。

「飲んではいけない薬」という言葉はその薬の一面を表しているだけで、「いけない薬」とされた薬によって助かった人もいるでしょう。それでも、その薬には、効能と裏腹な危険性もあるのですよ、ということを強調してとりあげているわけです。実際、私たちの薬特集について、「週刊文春」は批判記事を載せています。

ですが、このように様々な雑誌が違う観点から主張することによって、物事の見方の選択肢が増えます。たくさん雑誌が出て、それぞれがそれぞれの立場で主張をすれば、そうした雑誌の数だけの「ものの見方」が出てきます。1誌しかなかったら、たった一つの「ものの見方」しか届けられないことになります。

週刊誌は「考え方」を伝える

雑誌は許認可制ではありません。テレビは許認可制ですので、ある程度の枠がかけられますが、雑誌は違います。雑誌はすごく小さい単位です。編集長には絶対の権限があると言いましたが、その絶対の権限がある編集長は何人の編集者をまとめているのかというと、せいぜい20〜30人です。もちろんそのほかに契約記者や、外部の書き手の方、カメラマンさんなどがいますけれども、その人たちはふだんから「週刊現代」の名刺を持っているわけではありません。企画ごとに寄稿していただいている方々ですから、そうした点で言うと「週刊現代」は非常に小さい所帯なわけです。

「週刊文春」も小さいですし、「週刊ポスト」も小さい。「週刊朝日」だって、「サンデー毎日」だって小さいです。その小さな中で「自分はこういうふうに思っています」「うちの意見はこうです」と責任を持つのがこの編集人である編集長なのです。

もう一つ、新聞やテレビには速報を届けるという役割があります。新聞はまず第一報を伝えます。しかし週刊誌は、さきほどもお話ししたように考え方を伝えるメディアです。考えを伝える以上、中立ということはありえない。何かについての意見に中道はあっても中立などないでしょう？ ある事象に対して「私はこう考えていますが、あなたはどう考えますか」というこ

とを伝えていく，それが週刊誌です。

　ですから，編集部に配属された新入社員は，まず最初に「おまえの考えは何なのか」「読者にどのように思ってほしいのか，読者に何を伝えたいのか」と必ず聞かれます。つまり事象そのものを伝達するのではなく，その出来事をどう考えるかということを投げかけるのです。

　学生　両者の言い分のどちら側に立って報道するかを決める際には，「週刊現代」が独断で決めているのか，それとも他誌との間で裏で話し合いがあるのかをお聞かせください。

　花房　週刊誌各誌が話し合っているかというと，それはまったくありません。講談社では「週刊現代」編集部のすぐ上の階に「FRIDAY」の編集部がありますが，この二つの間でも，言い分が真逆なことがよくあります。なぜなら，自分たちはこれが最適解だと思って記事を出すわけですから，そのいちばんいい切り口をよそにはとられたくないわけです。

　立ち位置に関しては，これはもう編集長の判断です。私は，グラビア部門を担当する編集次長ですから，編集長に提案をすることはありますが，最終決定権は編集長にしかありません。ですので，週刊誌というものは非常にパーソナルな出版物だと思います。

　では，部下の編集者たちにはまったく自由裁量がないのかと思うでしょう。編集部ではプラン会議がありまして，各編集者が面白い，記事にしたいと思ったプランを提出します。そのプランを採用するか否かは編集長だけが権限を持っていますが，それでプランが通れば，そのページに関しては，プロデューサー役であり監督役であるのは担当の編集者なのです。

III　「エロス」と表現の自由

ラリー・フリントと報道の自由

　わいせつと表現の自由について皆さんに考えていただくのに最も適していると思う映画『ラリー・フリント』(1996年公開)についてお話ししましょう。プロデューサーはオリバー・ストーン，そして監督はアカデミー各賞を総なめにした名作『アマデウス』で有名な，ミロシュ・フォアマンです。

　主人公のモデルとなったラリー・フリントという人は，アメリカのポルノ

雑誌「ハスラー」をつくった人です。

　ケンタッキー州の貧困家庭に生まれたラリー・フリントは，男たちがたむろするクラブの経営で資金を貯め，「プレイボーイ」や「ペントハウス」よりさらに過激な雑誌「ハスラー」を創刊します。「プレイボーイ」などには一般の記事も載っていますが，「ハスラー」誌はセックス関連の記事がほとんどです。同誌は，パパラッチが撮ったジャクリーン・ケネディのヌード写真を掲載したことで大きく売り上げが伸びました。フリントは，巨万の富を得ましたが，売春斡旋罪や猥褻罪などでたびたび罪に問われ，あるとき狙撃されて下半身不随になっています。

　映画では，実際にあった，「ハスラー」誌と全米で人気だったテレビ伝道師ジェリー・ファルエルによる名誉棄損裁判が中心に描かれます。「ハスラー」には，大量のヌード写真のほか，過激なセックス描写の風刺漫画などが掲載されており，そこでファルエル師を揶揄したパロディ広告（母親との性体験を語る架空のインタビュー仕立て）を載せたことが問題となりました。記事をめぐって両者は争い，最後は連邦最高裁判所にまで持ち込まれ，そしてフリントと「ハスラー」誌は完全勝利します。

　映画のハイライトシーンは，フリントの顧問弁護士による最終弁論でしょう。エドワード・ノートンが演じる弁護士はこう訴えます。

　「フリント氏はたしかに下品で感心しない趣味をもっているかもしれません。ですが，その人間が悪趣味だからといって，その発言によって刑務所に送られる筋合いは，誰にもないのです」

　おそらく，この言葉こそ，ミロシュ・フォアマンが描きたかったことなのでしょう。ちなみにフォアマン監督は，第二次大戦の折，チェコスロバキアでナチスの抑圧にあった体験を持っている人物でもあります。また，ラリー・フリント役を演じたウディ・ハレルソンは，フリントの「憲法修正第一条が俺の権利を守ってくれないんなら，誰の役にも立ちゃしないさ」という言葉に強い印象を受けたと語っています。

　多くの人から「正しい」と思われる意見は誰でも言えるものです。ですが，人々の反発を呼ぶような意見や建前を排除したあからさまな発言であっ

ても、それに対して反論する自由はありますが、それを封殺する自由はありません。それがアメリカにおける表現の自由であるということを描いたのが『ラリー・フリント』という映画です。

「エロス」はもっとも権力が介入しやすい部分である

この映画の中にはいろいろ考えさせられるところがあります。

権力からいちばん封殺されやすいのが、エロスの部分だということを、皆さんにはぜひ記憶にとどめていただきたいと思います。

一般社会において、下品な人は尊敬されません。そして、尊敬されない人を弾圧することは、わりと賛同を得やすいのです。政治において反対意見を言っている人を封殺するのは、いかにも「言論弾圧」となるのでなかなか難しいですが、下品な人を取り締まるのは簡単です。そうした点で言うと、エロスの部分には非常に権力が介入しやすいということになります。

実際に日本で権力が介入した事件として有名なのは、1972年にあった「四畳半襖の下張り」事件です。このとき、この作品を掲載した雑誌の編集長をしていた作家・野坂昭如氏に対して下された判決は、「わいせつは、その時代の社会通念に照らして、それがいたずらに性欲を興奮または刺激せしめ、かつ普通人の正常な性的羞恥心を害し、善良な性的道義観念に反するものと言えるか否かを決すべきである」というものでした。

ここで重要なのは、「性欲を興奮または刺激せしめ」というところではありません。いちばん上の「その時代の社会通念に照らして」の部分です。つまり社会通念に照らしてわいせつかどうかを判断するということは、その時代その時代によっていくらでも線引きを変えられるということです。

ちなみに、皆さん方は、もう幼少期からヘアヌードを見ることができたと思いますが、つい最近までヘア、いわゆる女の人の下の毛は見せてはいけないものでした。

写真家の篠山紀信さんは、世の中を切り開いていこうというパワーと意欲を持った方で、彼が樋口可南子さんとタッグを組んで、1991年に日本で初めてヘアヌード写真集(『Water Fruit』(朝日出版社))を世に出しました。それを権力が黙認したことによって、ヘアヌードに対するそれまでの線引きが崩れ

たのです。

「春画展」特集

次に，私が担当した「春画展」の特集についてお話しします。2015年に「春画展」が日本で開催されました。そもそもこの春画展には前段があります。2013年10月から2014年1月にかけて，大英博物館が「Sex and Pleasure in Japanese Art」というタイトルで「大春画展」を開催しました。

大英博物館は「国民や全世界の人たちの教養を高める」という使命がありますので，基本的には全部無料なのですが，この春画展に関しては有料で開催したにも関わらず，9万人が入場しました。一応16歳以下は入場禁止となっていましたが，保護者同伴ならば可でしたので，実際は高校生ぐらいの人たちも入っていたそうです。

ちなみに「週刊現代」は2013年10月14日号，大春画展が大英博物館で始まる直前のところから取材をして，準備の段階から，開催の主旨なども学芸員にインタビューして，大英博物館の春画コレクションを載せています。

このように大春画展は天下の大英博物館が開催して大成功を収めたのに，日本ではまだ1回も開かれていませんでした。大英博物館や関係者は，まず日本の公立の博物館に巡回展を持ちかけたのですが，大英博物館でヒットした展覧会の開催を，すべての日本の公立の美術館，博物館は断りました。

その中で，細川護熙元総理が理事長を務める永青文庫が手を挙げ，2015年6月16日から「春画展」を開催しました。18歳以下は入場禁止でしたが，会期が延長になって19万人もの人が訪れ，連日すごい行列ができていましたので，記憶に残っている人も多いでしょう。

そして「週刊現代」は2015年6月19日号でこの「春画展」を特集しました。「日本初公開！殿様が愛した『春画』」という袋とじ記事をつくったのは私です。その結果，警視庁から呼び出しを受けました。

これは類推になりますが，警視庁は何とかしてブームになっていく春画というものを止めたいと思ったのだと思います。後に関係者に聞きましたが，「春画展」の事務局も何度も地元の警察に呼ばれていたそうです。

そもそも春画というのは笑い絵としてつくられたものです。また，細川護

熙さんがインタビューで明かしていますが、永青文庫のコレクションの中にも春画がありました。つまり大名家がお姫様の輿入れのときに嫁入り道具として持たせるという機能もあったわけです。

　深窓のご令嬢であるお姫様は性生活の方法を知りません。彼女たちが、これからどこかの大名の若君様のところにお輿入れになるというときに、「こういうふうに男性と女性というのは性交して子供をつくるのですよ」という、いわば指南本のような形で持っていった側面もあるのです。

　そうした点で言えば、春画はいま言うところの保健体育のテキストのようなものでもあったのでしょう。ただ、それはやはり世をはばかってこっそり持っていくものであって、それを展覧会に出すというのはけしからんとお上は思ったのかもしれません。

　「春画展」に関連して春画を載せた週刊誌は各誌のきなみ呼び出されました。こうしたときは担当者が呼び出されるのではなく、編集人である編集長が呼び出されます。うちの編集長は、「はい、わかりました。ご意見承りました」という体で帰ってきましたが、「週刊文春」はふだんヌードを載せていないのでたぶん免疫がなかったのでしょう。文藝春秋社の中で編集長の更迭が決まるということに発展していきました。警視庁は、してやったりと思ったことでしょう。

IV　女性が幸せになれるヌードグラビア

ヌードの理由は千差万別

　さて、春画展の場合はすでにある絵を持ってきて掲載したのですが、撮り下ろしのヌードグラビアも「週刊現代」では掲載しています。

　こうして偉そうにお話ししていますが、実際のところ私はヌードグラビアをずっと担当しているわけではありません。ヌードグラビアの担当もたまにはやりますが、主に男性の編集者が日夜、一生懸命いろいろな女性を口説いています。

　とはいえ私も実際にいくつか写真集や特集をつくりました。澤山璃奈さんの写真集（『I BELIEVE』（講談社））ではバストトップは出していませんが、

杉田かおるさんのもの(『REBORN』(講談社))はヘアヌード。それから変わった形式ですと、石田えりさんの記事があります。石田さんは、以前、ヘルムート・ニュートンという世界的巨匠によるヘアヌード写真集(『罪 immorale』(講談社))を出されていて、その写真集を再掲載するにあたって、なぜ当時脱ごうと思ったのかというインタビューを新たにお願いして記事をつくりました。

よく皆さん方が考えるのは、ヌードになる人というのはお金が欲しくて脱いでいるのではないかということだと思います。

『I BELIEVE』
（提供）　講談社

「お金に困っているんだな」と短絡的に考える方が多いですが、実際に接してみると、いろいろな理由があるものです。意外と多いのが「カラダがきれいになったから」という理由です。新しいことにチャレンジしたいという人もいるし、現在の自分を記録しておきたいという人もいます。

ですから、つい「ああ、あの人ヌードになっちゃって、かわいそう」というように思われたりするようですが、必ずしもそうではありません。私が現場でヌードになっている人を目の当たりにしていても、経済的にお金がないから脱ぎますという人は、少なくとも私においては会ったことはありません。

もちろんそのような脱ぎ方をする人もいるでしょう。ですが、私が女性であるということもあるのでしょうけれど、私は対象の方たちとお話しをするときに、お金が入るから脱ぎませんかという話の仕方はしませんし、実際のところ、それほどすごい金額のギャラが入るわけでもないのです。

それぞれの「ヌードになったわけ」

杉田かおるさんの写真集は、ヘアヌード写真集でしたのでビニールで密封されて、表から見えるところにバストトップが出ないように帯がまいてあり

『REBORN』

（提供）　講談社

ます。帯を外すとバストトップが見えるようになっています。杉田かおるさんの場合は，さきほど言った「カラダがきれいになったから」が理由でした。すごくダイエットしてきれいなカラダになったので，現在の自分を記録しておきたいということでした。杉田さんは若いときに一度ヌード写真集を出していましたが，年齢を重ねてやわらかな表情になっていました。

石田えりさんの場合は，私がお伺いして記事にまとめたインタビューをそのまま読むのがいちばんよいかと思います。

「果たして自分はこのままでいいのだろうか，そんな不安の中で，自分をさらけ出さなければ女優として正々堂々と生きていけない，そう強く感じ始めていたのです。裸になるのであれば，ただ脱ぐのではなく，世界一のヌード写真集を目指したいと思っていました。そして，そのときの私が世界一のカメラマンだと思っていたのがヘルムート・ニュートンだったのです。この写真集を経て，私はやっと普通に生きていけるという感覚を得られました。私は，自分の中の醜い感情や恐怖心，そういうものに興味があります」（「週刊現代」2013年1月4日・11号）

　ヘルムート・ニュートンは，第二次大戦下のドイツでユダヤ人として生まれ，迫害のためにドイツを離れてシンガポールに逃げました。シンガポールでカメラマンになって，戦後，欧州に戻り，アメリカやヨーロッパを拠点にしてハリウッドの著名人のポートレイト，耽美的な，芸術的なヌード写真などで名を馳せました。「VOGUE」の専属カメラマンだったこともあります。そんなヘルムート・ニュートンが撮った石田えりさんの写真集は，日本人の女優さんが海外の一流カメラマンと組んだ最初の写真集でした。

　石田えりさんはたった一人で撮影場所だったモナコに乗り込んで行って，縛られたり，倒錯的な体験をしながらヘルムートと作品をつくり上げまし

た。ちなみに当時、この写真集は50万部以上売れました。日本のヘアヌード史、写真史に残る、芸術性の高い、素晴らしい写真集だと思います。

学生 女性が幸せになれるグラビアというのは、女性が自分の性を肯定できる写真という意味でしょうか。
花房 そのとおりだと思います。少なくとも撮られてよかったと思ってもらえるような写真、グラビアにしたいと考えています。たとえば澤山璃奈さんはフィギュアスケーターなのですが、彼女の場合は非常にすばらしい筋肉を持っていました。プロアスリートである人間しか持てないようなヒップとか太ももの発達した筋肉、背中の美しい筋肉を持っているわけです。しかもフィギュアスケート選手ですからバレエの素養もあり、美しいポーズができます。そういったものを存分に使って自分の美しさを前面に出すものにしましょうとお話しして一生懸命口説いたという経緯があります。

学生 ヌードグラビアや春画を扱ったことで、周囲から誹謗中傷をうけたりしたことはありますか。
花房 誹謗中傷ということに関して言うと、私が女性なので少し誹謗中傷しづらいのだと思います。男性の編集者は、よく言う「女を食い物にして」という言い方をされると思うのですが、私は女性なのであまり言われたことがありません。ときどき編集部には「担当者を出してください！ ヌードなんて子どもの教育に悪い！」という苦情電話がかかってくるのですが、「私が担当です」と言うと、「女性なんですか……」と絶句する人がけっこういたりします。

　先ほどお話ししたように、「お金を積んで脱げ」というやり方はその人を幸せにしないと思っていますから、そうした形でお話をするような案件に、少なくとも私は関わったことがありません。

　グラビアに出ていただく方々とは、ともに手を携えて何か一つのものをつくる関係であって、それがカラダを見せるという表現形態だっただけのことだと思っています。それに関しては、私は誹謗中傷を受けたこともないですし、担当者だというのを恥ずかしいと思ったこともありません。

V　セックス特集と雑なるものを伝える週刊誌の使命

セックス特集とは何か

　ここから先は「セックス特集」の話をしたいと思います。いままでは「ヌ

ードグラビア」の話でしたが，もう一つの柱である「セックス特集」を週刊誌が載せることについて，そしてヌードグラビアとセックス特集の違いについてお話ししていこうと思います。

　ヌードというものは，男性読者に女性の裸を見てもらう企画です。ですが，セックス特集は，たとえば「60歳過ぎてもセックスはうまくなる」といったような内容のものです。

　セックス特集は何も不倫を勧めているわけではありません。さきほどの春画に通ずることですけれども，奥さんとセックスをするときにどうしていいかわからない，こんな方法でいいのだろうかと思う人は意外と多いはずです。こればかりは隣の人になかなか聞けません。ですが，性生活は人生を豊かにするはずだし，それがないと人類は続いていきません。そうであれば，世の中の人たちが，夜，奥さんや旦那さんとセックスをするときに，より自信を持ってもらえるようにしよう，と考え始めたのです。

セックス特集と週刊誌の使命

　つまり人間には，どんなすばらしい人にも，そうした少し「秘めたる部分」というものがあるわけです。その「秘めたる部分」をあからさまにする，というと言い過ぎかもしれません。ですが，少なくともそれは「ないもの」ではありませんので，みんなが恥ずかしくてなかなか聞けないようなことを代わりに取材して，記事にしているのが週刊誌なのだと思っていただけると，私たちとしてはやりがいがあると考えています。

　つくっていると，正直，恥ずかしい部分もあります。皆さん方だってなかなか聞けないと思います。ですが仕事だから聞けるという部分もあるわけで，このことを世の中の人たちは聞けないだろうけれど，きっと興味を持っているはずだから教えてくださいと，いろいろな人たちに聞いて回って，それを載せているというのが「セックス特集」であったりします。

雑なるものを許容する日本社会

　ヌードグラビアは日本とアメリカなどの外国では扱いが違っています。
　アメリカやイギリスは，ヌードの載っているものはイエロージャーナリズ

ムという言い方をしまして，そのような媒体には国家元首の話などは載りません。ところが日本は，「週刊現代」や「週刊ポスト」にたとえばカルロス・ゴーン氏のインタビューが載ったりしますし，つい先日も，「週刊現代」には小泉純一郎元首相のインタビューが載りました。

　そうした点では，日本というのは「雑なるもの」を許容する範囲が広い国なのかなと思います。おそらくそれは日本社会に確たる階級がない，労働者階級とエスタブリッシュメントのような形で分化されていないということも原因のひとつにあると思います。それは決して悪いことではないと私は思っています。

　余談になりますが，「週刊現代」の連載陣のお一人に，明治大学「野生の科学研究所」所長で人類学者の中沢新一さんがいらっしゃいます。「アースダイバー」という日本の古層を探る中沢さんの連載シリーズは根強いファンを獲得し，単行本にもなって現在まで版を重ねています。その中沢さんが，先日，南方熊楠賞を受賞された折に，本誌でこんなことを話されていました。

　南方熊楠という人は，レオナルド・ダ・ヴィンチと比較される万能の天才である。ただ，熊楠はよりあたたかく，人類の心や文化の深いところを見据えていた。民話や伝承を集めるには銭湯がいいんだと言って，地元・和歌山の人たちと一緒に風呂に入りながら研究材料を集めており，しかも熊楠は同時代に活躍した柳田國男とは違い，「下ネタ」にも興味津々だった，と。

　〈マジメでエリートの柳田は，手紙や論文で熊楠があけすけに「下ネタ」を書くことに，引いていた節があります。しかし，熊楠は人間という存在の全体をとらえようとしたので，「セックス抜きの人間観」というものを信じていなかった。その点，政治経済からセックスまでカバーする週刊現代は「熊楠的」な雑誌と言えます（笑）。〉（2016年5月28日号より）

　南方熊楠は昭和16年に亡くなっていますが，昭和天皇に強い影響を与えたことでも知られています（昭和天皇は1962年に南紀白浜町を行幸したさい，「雨にけぶる　神島を見て　紀伊の国の生みし　南方熊楠を思ふ」の御製を詠んでいる）。たしかに，南方熊楠的なる混沌の世界こそ私たちが生きている世界の実相だと私も

思いますし，また，それを誌面で指摘してくださった中沢新一さんのような連載陣がいることは，本当に心強いことなのです。

性を題材とするときの線引きはどこにあるか

ここで「線引き」の問題をお話ししておきます。いまお話ししたように，「週刊現代」は「セックス特集」や「ヌードグラビア」を掲載しているわけですが，少なくとも「週刊現代」としてやらないようにしているのが，レイプのような合意のないセックス描写を掲載することです。

レイプはセックスでもエロスでもなくて犯罪です。セックスというのは，恥ずかしいことかもしれないけれど，合法なことであり幸せなことであるはずです。そうした点で言うと，相手の合意のないセックス，相手の合意のないヌードというのは載せてはいけないと思っています。

それは，お上がどうのこうのではありません。冒頭の部分に戻りますけれども，報道の自由，表現の自由の中には，相手の人格を徹底的に傷つける自由は含まれていないのです。相手と意見が違うのは仕方がないですが，相手の人格を破壊するようなことまでしていいわけはないと思っています。ですから，レイプであるとかリベンジポルノ的なものは載せません。

学生 男性誌，女性誌は扱っている内容が違います。たとえば男性誌はジャーナリズム的なことが多いけれど，女性誌はどちらかというと芸能界のスキャンダルや皇族系のお話が多いと思います。私自身は女性ですが，見出しだけ並べれば女性誌より男性誌のほうに興味ある内容が多いと思いつつ，やはりヌードグラビアがあると手が出しづらくて買ったことはありません。べつに女性も買いやすいようにヌードグラビアを外してほしいという話ではないのですが，扱うトピックの棲み分けはどのようになっているのか気になりました。

花房 「週刊現代」は，やはり男性の読者を第一に考えていますから，毎週毎週いろいろなことをやってみて，タッチアンドエラーを繰り返しています。

新聞は定期購読で，黙っていても毎日配達されてきますが，週刊誌，雑誌は，日本においては定期購読はほとんどありません。毎号毎号，手にとって買ってもらわなければいけません。今週買ってくれたからといって，来週も買ってくれるかというのは何とも言えないので，そのたびごとに少しでも購買を習慣づけてもらえるように，当たった企画は第2弾，第3弾と続けますし，手を

変え品を変え少しでも読者が好きなものを載せ続けるように考えています。
　以前，若い編集者が「女性読者をどうするつもりなのか」と編集長と局長に聞いたことがありました。そのときに，編集人と発行人である彼ら2人が「男性というのは気が弱いものなんだ。女性が入ってくることによって気後れして買えなくなってしまうことだけは避けたい」と言ったことがすごく印象に残っています。
　私も長年，「週刊現代」を担当してきて思うのですが，「週刊現代」は男性にとってのアジール（避難所）なのではないかと思います。世の中の男の人は，社会に出ると自分の身をある程度律して生きていかないといけません。女性のほうがその点は自由で，「私は私」という感じで生きていられている気がします。ですが，男性は組織の中に入ってしまうと「俺は俺だ」とはなかなか言えないのです。
　そうした男性たちに，せめて「週刊現代」を開いているときだけは，少し気を抜いてリラックスしてもらおう，と思っています。いわば「週刊現代」は，襟を正してつきあわなければならない高嶺の花のような美人ではなく，「俺のわがままを聞いてよ」と甘えられる心やすらぐ女の子みたいなものなのではないかと想像しています。

「表現の自由」と「他者への寛容」

　前出の野坂昭如氏は，「四畳半襖の下張」事件の最高裁判決（1980年）で，有罪になりました。野坂氏は当時インタビューで「世の中には，はたからみると卑屈で，人でなしで，やっちゃいけないとされることがある。それをあえてやる。弱い人間が強い人間に立ち向かうには，それしかないんじゃないですか」と語っています。
　自由という言葉は，民主主義のなかで最重要な言葉であると思いますが，「表現の自由」は，どんな人でも自分の思いを世界に向けて発信することができることです。ヌードとは，自分の身体一つで思いを表現する，ある意味弱者の究極的な方法ともいえるように思います。
　これから社会に出て行く皆さん方にとって，これからは見たことも聞いたこともない世界が広がっていくでしょう。そのとき，どうか他者に対して寛容であってほしいと思います。寛容とは許す許さないということではなく，すべての人間は自分と違っていると認識することではないでしょうか。

―― コラム ――

グラビア記事にも編集者の人格が表れる

　自身のキャリアで大変に役に立ったと思うことは，FRIDAY編集部で先輩方から「写真の"読み方"」を教わることができたことでした。ある人物のインタビューショットを撮るにしても，下から煽ったアングルにすると人格的迫力を出すことができますし，思索的に撮りたければ，人物の背景を暗く沈み込んでいくようにしてみる。背景を落とす（＝暗くする）ためには，ある程度の奥行きが必要ですから，編集者は撮影のために，撮影場所の確保もしなければなりません。ですが，残念ながら，こうした約束事や，その写真によってどんな印象を読者に与えたいと思っているのかの指示を出すことができない，いわゆる「写真が読めない」編集者は，実は少なくないのです。

　百聞は一見にしかず，という言葉がありますが，写真の与える影響が，万の言葉より有益なこともありますし，印象的な写真に言葉が乗っているからこそ，手にとった読者の方が「保存しておこう」と購入してくださることだってあるわけです。

　「その写真はどんな意図で使うつもりなのか。強くたくましい印象を与えたいのか，ささやかな休息を慈しむ素の顔を届けたいのか，神々しい美しさを見せたいのか――」。

　事前にカメラマンと打ち合わせるときには，結局のところ，言葉がとても重要です。わかりやすく，しかも相手の想像力，アイデアを引き出すようなリクエストができるようにと心がけています。

　グラビアは知恵の宝庫です。1990年から私が撮影の参考のためにと私費で買い続けている「Vanity Fair」誌に載っていたエリザベス女王の写真やアトランタ五輪米国代表選手の写真は今も目に焼き付いていますし，写真家アニー・リーボヴィッツの人物グラビアにはいつも驚嘆させられています。そのリーボヴィッツも，ダ・ヴィンチが描いた「最後の晩餐」や，マネの「草上の昼食」，あるいはギリシャの神々の彫刻をモチーフにしたりしています。人類の知恵はメディアが変わっても連綿と続いているのですね。

　報道写真やスポーツ写真には一瞬を切り取った躍動感がありますし，緻密な構成で強い印象を与える人物グラビアもあります。そして人体の美しさを見せるヌードにもまた，写真家の思いが込められています。写真は不思議なぐらい写される被写体だけでなく，写すカメラマンや編集者の人格までが現れます。それだからこそグラビアは面白いのです。

8 劇映画はどのように社会と向き合っているのか

映画監督・株式会社松竹映像センター代表取締役副社長
阿 部　　勉

I　はじめに
II　映画を観るとその国が見えてくる
III　マイナスの情報が想像力をかきたてる
IV　『京都太秦物語』のフィールドワーク
V　地域から映画をつくる
VI　「100万人に観せること」
コラム　講義の感想文から

I　はじめに

観る人の心を揺さぶる作品こそ価値がある

　今年の2月，ドイツで開催された第66回ベルリン国際映画祭で，『ファイヤー・アット・シー（Fire at Sea）』というイタリア映画がグランプリ（金熊賞）を獲りました。私もまだ観ていませんが，アフリカなどからの難民を乗せたボートがやってくるイタリアの小さな島を舞台に，難民の置かれた非人間的な境遇を島民の側から描いた作品として話題となりましたので，ニュースをご覧になった方も多いのではないかと思います。

　今年のベルリン国際映画祭は難民問題を大きなテーマとして掲げ，映画祭ディレクターのディーター・コスリックは，「いま，難民と取り組んでいることに，ベルリン映画祭は良心が咎めることは全くない。難民の悲劇を引き起こした上に，それで金を儲け，いまになって難民に罪を着せ，テロリストと罵る政治家，武器商人，投機家，冷淡な人々こそ，良心の痛みを感じなけ

ればならないはずだ」と語っていました。ですから『ファイヤー・アット・シー』の受賞は順当と捉える向きも多かったようですが，実はドキュメンタリー映画がグランプリを獲ったのは，ベルリン国際映画祭始まって以来の出来事だそうです。

　その映画祭の審査員長は，女優のメリル・ストリープです。彼女はこの映画に対して「ストーリーテリングに長け，ニュアンスに富み，観る者の心をつかむ優れたドキュメンタリーだ」とコメントしています。

　メリル・ストリープは，『クレイマー，クレイマー』や『ソフィーの選択』などでアカデミー賞助演女優賞や主演女優賞を受賞している大女優ですが，その彼女が「私が心をいちばん揺さぶられた映画だ」と言っています。

　私は，映画は観る人の心をどれだけ揺さぶることが出来るかというところに作品の価値をはかる尺度があるのではないかと思っていますので，この『ファイヤー・アット・シー』を日本で観ることが出来る日をいまから楽しみにしています。

斬新さだけでは人の心は動かない
　もう一つ，私がなぜこの映画に注目しているかというと，ここ数年，映画祭やコンクールで審査員を務める機会が多かったのですが，映画のテーマや題材はいいけれど対象に対する詰めが甘いと感じることが多かったということがあります。

　映画のつくり手には，こんなテーマは誰も思いついたことがないだろうと発想する人も多いのですが，それが観る人の心を揺さぶるような作品に昇華しているかというと，残念ながらそうではないことのほうが多いように思います。『ファイヤー・アット・シー』がどのような仕上りになっているのか，このベルリン映画祭のニュースを聞きながら，期待をふくらませているところです。

II　映画を観るとその国が見えてくる

ヒューストン国際映画祭での体験

　私は大学卒業後，松竹の大船撮影所に入り，主に山田洋次監督の助監督などを務めてきました。いちばん最初に就いた作品は，『男はつらいよ　柴又より愛をこめて』という映画です。それ以来，ほとんど劇映画の世界で仕事をしてきました。

　助監督の仕事をしながら2000年に『しあわせ家族計画』という映画で監督を務めたのですが，この映画をつくったとき，アメリカのヒューストン国際映画祭から招待状が届きました。

　なぜ私の映画を選んでくれたのか，少し驚いたのですが，その映画祭は新人監督の作品を集めた映画祭だったのです。ヒューストン国際映画祭はアメリカでも歴史の古い映画祭で，フランシス・フォード・コッポラやジョージ・ルーカスが初めて賞をもらったのがこの映画祭だというのが自慢のようでした。

映画を観るとその国が見えてくる

　その映画祭の期間中，いろいろな映画を観ました。新人監督の作品を集めた映画祭ですから，聞いたことのある名前の監督はいません。初めて聞くような国の映画もありますし，映画に登場している俳優たちも知らない俳優ばかりです。

　そんな映画を何本も観ていくのですが，言葉はよくわからないのに，その映画の登場人物たちが何を考え，悩み，何をやろうとしているのか，だんだん見えてくるようになりました。同時に，その映画がつくられた国の歴史的な背景や現状が自然と理解できるようになりました。映画の，メディアとしての特性に気づかされた貴重な体験でした。

受賞を通じて感じた日本映画の問題点

　映画祭の最終日に賞の発表があったのですが，なぜか私の映画が金賞に選

ばれました。

『しあわせ家族計画』は，小栗旬君と平山あやちゃんが中学生の役で，三浦友和さんや渡辺えりさん，片岡鶴太郎さん，名取裕子さん，いかりや長介さんなどいろいろな人が出てくるファミリードラマです。

審査委員長はジョークで「私の娘がいちばん気に入った映画なんだ」と受賞理由を語ってくれましたが，あの映画を観ると日本という国がよくわかると褒めてくれました。「いまの日本映画，特に若い監督の映画を見ても，いったい日本という国はどんな国なのか，日本にはどんな若者がいて，何を考えているのかということがまったくわからない」との言葉が印象に残っています。

アメリカのプロデューサーからも「なぜ日本の映画を志す若い人たちは，ルーカスとかスピルバーグばかり尊敬するんだ。日本には小津安二郎，黒沢明がいるではないか」と言われました。

ちなみに，この『しあわせ家族計画』には面白いエピソードがあります。映画が公開された後，国際交流基金から，英語圏の国で日本語を学ぶ人たちの語学教材にしたいという申し出があったのです。

「なぜ教材に」と思ったのですが，映画の中で描かれている家族関係，生活，暮らしの様式，食べるもの，触れるもの，日本映画をいろいろ探してもそうしたことがきちんと描かれているものはないと言うのです。それは私が映画をつくった意図，狙いとはまったく違いますが，映画にはまた違う価値があるのだということに気づかされたのでした。

「自分の国で自分たちの映画をつくる」ことの大切さ

『男はつらいよ』には，数は少ないのですが海外が舞台になった作品もあります。私がスタッフとして参加したのは，オーストリアのウィーンでの撮影でした。寅さんがウィーンと湯布院を間違えてオーストリアに行ってしまうという，駄洒落のような苦しい展開でしたが，その撮影には，現地のスタッフが何人か参加してくれました。

撮影しながら彼らと話をしていると，みな日本がうらやましいと言うのです。ウィーンは音楽の都，芸術の都として世界中から憧れの目で見られてい

る街ですから，そこに住む彼らがウィーンより日本のほうがいいと言うのは意外な感じがしました。

　しかし，よく話を聞いてみると，当時ウィーンでつくられている自国の映画は年に2本か3本だったのです。映画産業がないわけではありません。アメリカを含めヨーロッパ中の映画・テレビの撮影が，ウィーンで頻繁に行われています。中世の町並みが残り，撮影機材や衣装などのインフラが整っているということもありますが，ウィーン市内はどこでも撮影ができます。街をあげて外国の映画を誘致し，盛んに映画がつくられているのです。ただ残念なことに，その国自身の映画はほんのわずかしかないのです。

　ですから，「日本はアメリカに次いでたくさん映画をつくっているそうじゃないか。そんな国へ行ってみたい」と言われたのが，いまでも鮮明に記憶に残っています。

III　マイナスの情報が想像力をかきたてる

映画づくりの三つの工程

　映画の撮影現場は，映画づくりの中では「プロダクション」といわれる部分になります。その前に「プリプロダクション」があり，撮影が終わったあとに「ポストプロダクション」と，大きく3工程に分かれています。そして，撮影する工程，プロダクションが実はいちばん期間が短いのです。

　日本映画の撮影期間は，概ね1カ月から2カ月です。ところがその前のプリプロダクションは，数カ月から数年に及ぶこともあります。

　このプリプロダクションには，シナリオ・ハンティングとロケーション・ハンティングという仕事があります。映画界ではシナハン，ロケハンと言っていますが，きょうはこの話を少ししたいと思います。

とりあえず行ってみるところから始まる

　この講座のテーマとして「取材過程論」という表現がありました。取材と言われて私たち映画人がいちばんピンと来るのは，このシナリオ・ハンティングとロケーション・ハンティングです。映画は，机やパソコンに向かって

ひたすら構想を練っているかというと、そうではありません。実際にいろいろな場所を自分の足で歩き、見ていきます。「とりあえず行ってみようか」というところから始まるのです。まさしく取材と言ってもいいと思います。

『息子』のシナリオ・ハンティング

私は、このシナリオ・ハンティングをするようになってから、自分は何も知らなかったと思わされることが何度かありました。

山田洋次監督の『息子』という映画の助監督に就いたときのことです。東北の農村に住む初老の父親が息子を訪ねて東京へやって来るという物語ですが、その父親はいったいどこに住んでいるのか、家族はいるのか、何で生計を立てているのか、若い頃はどんな仕事をしていたのか。映画はそうしたディテールを埋めていかなければなりません。

この『息子』のときは飛行機で三沢空港へ飛び、レンタカーを借りて八戸の方へ南下しながらいろいろと見て歩きました。最初に訪れたのは岩手県の久慈市です。山間部の集落などを中心に見て歩いたのですが、廃村同然の集落と緑豊かな景色のコントラストがとても印象に残りました。

国から見放された自治体の憤り

久慈市長に面会したときのことです。私たちが見てきた山間の集落の話を切り出すと、市長はあいさつもそこそこに、「あんな集落はなくなったほうがいいんだ！」と、不機嫌そうな声を上げました。市長がそんなことを言っていいのかとびっくりしたのですが、われわれが訪れたのはいわゆる限界集落といわれるところだったのです。

東北自動車道は人間の背骨のように東北地方の真ん中を走っている。新幹線もそれと平行するように線路が繋がっている。岩手県の北東のはずれに位置する久慈市は、その恩恵にあずかれないだけでなく、見放されたような気がする。

「いったいこの国は、ここをどうしようとしているのか」

市長の怒りは、そうした問いだったのです。国の無為無策で放置されながら、その住民の福祉は守れと言う。下からは突き上げが来る。しかし行政と

しては限界があります。町から10キロ以上も離れたところにある1軒の家のために，行政は電気や水道を維持しなければいけない。そのコストはいったい誰がみるのか。それを行政が負担することによって市全体の住民福祉はどうなるのか。そのような話を聞かされ，妙に納得した記憶があります。

つまり，その市長の怒りは，限界集落にしがみついている老人に向けられたものではなく，国から見離され，地方が抱える問題をすべて丸投げされている自治体の長としての告発の言葉だったのです。

寅さんのシナリオを求めて瀬戸内海へ

『男はつらいよ』シリーズのシナハン，ロケハンでも，面白いエピソードがいくつかあります。『男はつらいよ　寅次郎の縁談』は，吉岡秀隆君演じる満男が就活をめぐって両親とけんかをし，家出するというストーリーでした。

いつもは寅さんが旅に出てマドンナと恋をするのですが，満男が家出して，見知らぬ土地で地元の女の子と恋をしたらどうなるか。そんな発想からスタートしたのですが，候補地は瀬戸内海の島でした。

とりあえず行ってみるというのがシナハン，ロケハンだと言いましたが，何も準備をしないわけではありません。図書館でその土地に関する本や資料を読み込んだり，地方紙の縮刷版に目を通したりします。このときは，香川県で出版された写真集をよりどころにしました。瀬戸内海の島々の暮らしを写真家が記録したその本には，見たことのない情景がたくさん写っていました。

瀬戸内海の島々を行脚する

『二十四の瞳』の舞台となった小豆島からシナハンをスタートさせた私たちは，香川県観光課の案内で本島という島に向いました。

船が着いた港には立派なリゾートホテルが建ち，巨大な瀬戸大橋が目の前に聳えていました。寅さんの映画には合わないなと思っていたら，伝統的建造物群保存地区といわれている一角に案内されました。電柱も取り払い，昔ながらの歴史ある家並みを再現している地区でした。

この保存地区というのはどこへ行ってもありますが，いずれも生活のにおいがまったくしません。古い町並みを再現しているのですが，そこから住人の息づかいや暮らしが見えてこない。そこもまったく無味無臭で，何も感じるものはありませんでした。困ったなと地図を広げると，その島はかなり大きな島であることがわかりました。

「何もない」ところにこそ魅力的な出会いがある

「島の裏側には何かありませんか」と観光課の人に尋ねると，「何もないです」と即座に返ってきました。それでもまだ時間があるので海沿いに車を走らせたのですが，確かに何もない。島のちょうど反対側にまわったあたりで，荒れた畑と家が見えてきました。こんな場所にも集落があるのかと思って車を停め，カメラを向けていると，「何をやってるんだ！」と怒声が聞こえてきました。

映画のシナリオ・ハンティングは，ジーンズにTシャツといった格好でうろうろしていますから怪しまれても仕方がないのですが，顔を出したご老人に事情を説明し，写真を撮らせてもらいました。

写真を撮りながらいろいろ話をしていると，息子さん夫婦が大阪にいるとのことでしたので，「こんなに海が近くて広々したところにお孫さんがやってきたら喜ぶでしょう」と言ったら，「もう二度と来てほしくない，あの孫には！」と吐き捨てるような答えが返ってきました。

映画の脚本としては，結論を先にズバッと言うのはいい展開です。その老人はなぜ孫に二度と来てほしくないと言ったのか，興味が湧きます。

息子夫婦に連れられてやってきた孫も，最初の半日ぐらいは楽しそうに走り回っていたらしいのですが，すぐに「テレビゲームがしたい」「ハンバーガーが食べたい」「早く帰ろう」と騒ぎ出したそうです。

老人は，いまさらここの自然は素晴らしいだろうと押し付けるつもりはないが，そんな思いやりのない孫たちを見るのが悲しいと話してくれました。

そんなおじいさんと寅さんを向き合わせたらどうなるか。島田正吾さん演じる頑固な島の老人が映画に登場することになったのは，このときの出会いがきっかけでした。

地元の人が気付かない魅力

　宮崎県日南市の油津という港町に『男はつらいよ』のシナハンに行ったときのことです。
　「ちょっといい町並みがありますので，ぜひ見てください」と案内されたのですが，地元の人がいいと言うところで実際に撮影に使えるところはなかなかありません。そのときも案内された町並みを歩きながら，困ったなと思っていると，古い家と家の間に人が1人通れるか通れないかぐらいの隙間があって，奥にキラキラしたものが見えたのです。
　「この裏側って何があるんですか」と聞くと，県の担当者は「何もないですよ」と言います。何もないと言われると，これは何かあるなと勘ぐりたくなります。狭い路地を通って裏へ出ると，ゆったりと水を湛えた運河が目の前に現れました。
　その運河は，江戸時代に油津の奥にある飫肥という町で切り出された杉の木材を川に浮かべて港まで運ぶためにつくられたとのこと。いまはもちろんトラックで運ぶので，近々埋め立てて市の駐車場にする予定だと言うのです。
　見ると立派な石の橋もかかっている。もったいないなと思いながら，ここを寅さんが歩いて来るとしたらどっちからだ？　あっちから歩いて来るとして，ここでマドンナが日傘をさしてたたずんでいたらどうなるか。その場でイメージが次々に湧いてくるのでした。
　やがてその運河を中心に映画の撮影が行われたのですが，渥美さんが撮影の合間に「子どもが水を見て育つのと，そうじゃないのとでは違うんだろうね」とつぶやいたことが地元新聞に掲載され，大きな話題となりました。そして映画が封切られてしばらくすると，東京のテレビ局がドラマの撮影にやって来たり，CMの撮影が行われるなど，一躍有名になったそうです。
　翌年，運河の埋め立ては中止になり，いまは町を代表する観光スポットになっているようです。

「本当のリアリティ」を伝えるために

　さきほどの『息子』の映画もそうですし，瀬戸内海の島や宮崎県の運河の

話もそうですが，実際に足を運んで行うシナハンやロケハンは映画製作にとって不可欠な作業です。いまはスマホでも地図を確認できますが，当時はロケハンで現地に入ると，駅前の書店で2万5千分の1の地形図を買い揃え，それこそなめるように見て歩くのです。

どんなにすばらしいストーリーを思いついたとしても，その背景，バックグラウンドがいい加減では説得力のある画にはなりません。本物のリアリティが映画には必要なのです。

最近はロケハンに行かなくても，パソコンのストリートビューで見られるじゃないかとか，ネットで検索すれば写真がたくさん出てくるからわざわざ出かけなくてもいいと言う人がいます。しかし，そうやって得られるものは単なる情報であり，映画の題材や脚本をふくらませられるようなヒントは手に入りません。

葛藤が見る人の心を揺さぶる

これまでお話してきたように，地元の人たちが価値を見出していないもの，見せたくないもの，いわばマイナスの情報や負の情念といったようなものの中にこそ映画の，物語のヒントがあると言えます。

限界集落に独り暮らしの老人がいることを自治体は宣伝しません。それは行ってみないと見えない，わからないことなのです。そこを見つけられるかどうかがカギなのです。

冒頭の話に戻りますが，メリル・ストリープが，観る者の心をつかむ，揺さぶる，そういう映画だからいいんだと言った事を紹介しましたが，ドラマの核となる葛藤をつくり出すためには，正と反，あるいは善と悪，相反するものを含めて社会を見ていく必要があります。

頭で考え，ネットの世界で得られる情報だけで物語を構築しようとしても限界があります。そこには出てこないもの，もっと言えば隠しているもの，そうしたものまで含めてつかんでいかなければ力のある映画にはならないのです。

IV 『京都太秦物語』のフィールドワーク

学生と共同で挑んだセミドキュメンタリー

　数年前に立命館大学の学生たちと一緒に映画をつくる機会がありました。山田洋次監督と共同監督での仕事だったのですが，どのような映画をつくろうかという話になったとき，セミドキュメンタリータッチでという話になりました。
　たとえば台湾の侯孝賢(ホウシャオシェン)監督，イランのアッバス・キアロスタミ監督らがドキュメンタリーのような，劇映画のような，独特の世界を構築しています。日本ではそうした映画が少ないということもあり，実験的なアプローチをしてみたいという想いがあったのです。

実在の商店街を舞台に選ぶ

　映画の舞台には，京都太秦にある大映通り商店街を選びました。かつて東洋のハリウッドと呼ばれた時代に，大映，松竹，東映の撮影所スタッフや俳優らで賑わった商店街です。まずシナリオ・ハンティングですが，これもいままでやれなかったことをやってみようということで，1年かけて取材を試みることになりました。
　通常のシナハンは，数日から数週間程度の時間があてられます。その場所に本当に入り込んでの取材なのかというと，そうとは言いきれない制約があります。それは商業映画の限界だと思うのですが，時間のある学生なら違ったアプローチができるのではないかと考えたわけです。それぞれ担当する商店を決め，1年かけて取材するというのは，シナハンというよりはフィールドワークの手法に近いと思います。
　最初は店の手伝いをするところから始まります。しかし，一日手伝って，翌日すぐにノートを広げて，「このお店でいちばん問題になっていることは何ですか」などと聞いたところで，たいしたことを答えてくれるわけはありません。しばらくすると，「きょうは晩ごはん食べていきなよ」となり，そのうち「お風呂に入っていったら」「泊まっていきな」となって，そこから

大学に通う人たちも出てきたと言います。そうするうちに，機械を購入して借金が大変だと嘆かれたり，息子に店を継がせたいがどう切り出せばいいのか相談されたりと，身内になったかのような関係が築かれていきました。こうして集まった材料をもとに脚本がつくられ，商店街の人たちも出演するという形で映画の撮影が行われました。

ベルリン国際映画祭へ参加する

『京都太秦物語』はこのようにしてつくられた，日本でも非常に稀な形の映画だと思います。この映画はいくつかの海外映画祭から招待されたのですが，その一つ，ベルリン国際映画祭では上映が終わると大きな拍手とスタンディングオベーションが起きました。そして，その後に行われた Q&A という質疑応答はとても興味深いものでした。日本でも映画祭などで Q&A が行われますが，たいてい一つか二つ質問が出たところで，「そろそろお時間なので」となります。しかしベルリン国際映画祭では，質問があるうちはいつまでも Q&A が続けられます。

さて，ベルリンでの最初の質問は，「なぜ Kyoto Story なのに，この映画には環境問題が出てこないんだ」という問いでした。つまり彼にとっては，KYOTO＝京都議定書＝環境問題だったのです。私が答えようとすると，別の観客が立ち上がって，「それは違う。この映画は伝統と将来をめぐってヒロインが苦闘する映画だ。お前にはそれがわからないのか」と意見を述べる。観客同士のディスカッションの始まりです。

その後も，これは日本の知らない商店街の話だがヨーロッパの商店街もまったく同じ状況で，後継者問題やチェーン店に押されて個人商店の経営が圧迫されている，といった話になっていきます。監督に対する質問というより，みんなが映画の感想を語り，意見を述べ合っている。私たちもそこに割り込んで答えるという，非常に面白い体験でした。日本ではまずこうはなりません。

ベルリン国際映画祭はカンヌ，ベネチアと並ぶ世界三大映画祭の一つですが，映画祭の観客数はこのベルリンが一番多い。40万人以上の来場者があると言われていますが，そのほとんどは地元の人たちだそうです。そこに世界

中からクオリティの高い映画が集まってきて，日夜 Q&A が行われている。なんて素敵な国なんだろうと思います。

シドニーで感じた自分たちの映画をつくることの大切さ

この『Kyoto Story／京都太秦物語』は，オーストラリアのシドニーで開かれた日本映画祭にも招待されました。上映後，日本映画大学学長で映画評論家の佐藤忠男さんが壇上でこの映画を褒めてくれたのは嬉しかったのですが，「君たち，ハリウッドの下請けなんかやめなさい！」と言ったのには驚きました。

いまはすこし下火になりましたが，かつては『マッドマックス』や『スーパーマン』『スターウォーズ』などのハリウッド映画がオーストラリアで盛んに撮られていたのです。最初にお話ししたウィーンと同じです。自国で映画を撮るより海外の大作を招き入れたほうが儲かるのです。

「君たちはそんなことでいいのか。自分たちの映画をつくらなきゃいけないんじゃないか」との佐藤さんの言葉に観客が大きな拍手で答えたということは，オーストラリアの人たちもそう思っていたのだということでしょう。

V　地域から映画をつくる

すべてを地元の人たちでつくる試み

私はここ数年，地域で映画をつくる試みも始めています。

批判を恐れずに言えば，日本の大学教育の中では映画というのは教えることが出来ないものとされています。映画の歴史や理論，カメラの操作方法は教えられるけれど，何をつくるか，どうつくるかという映画の根幹のところは，「自分たちで考えろ」というのが日本の映画教育です。

しかし，お隣の韓国もそうですし，ハリウッドもそうですが，「そこを教えることがいちばん大事なんだ」というのが世界の映画教育です。日本でもそれができないかと思っていたところに，あるときワークショップの依頼があったので，「すべて参加者の手で映画をつくってみませんか」と提案しました。

地元の人たちを集めて，まず何をつくるか，この町はいったいどんな町なのか，そこからディスカッションを始めます。手間もかかりますし，非常に面倒な作業です。だから何カ月もかかります。そうしてみんなで脚本をつくり上げ，監督もカメラマンも出演者も全部自分たちでやります。プロも何人かサポートでつきますが一切手を出しません。「何も教えないでください」とお願いするとみなさんキョトンとした顔をしますが，それが狙いなのだと説明すると納得してくれます。

プロがつくる映画とは違う面白さ

　私も大学生に映画づくりを教えていたことがありますが，脚本を書くというのは大変なことで，半年たっても1年たっても書けない学生がたくさんいます。ですが，ある時，小中学生で映画のワークショップをやっていたら，「脚本，1週間で書きます！」と言う子どもが出てきました。そう言いながら，その子は脚本というものを見たこともない。「どう書けばいいんですか」と聞くので，カバンの中の脚本を見せたところ，「じゃあ，借ります」と言って帰りました。次の日，サポートの人から連絡があって，「スマホで書きたいと言っているのですが，いいですか」と連絡があり，1週間後，30分の短編の脚本が見事に出来上がってきました。

　中身もたいしたものでした。簡単に言うと，自分はお母さんに愛されていないと思い込んでいる少女の悩みがテーマの物語です。あるとき，母親と喧嘩して田舎の祖母の家に行くのですが，そこで友達ができて元気になっていくという話で，子どもたちの心情表現や友達同士の会話などは，大人が考えるよりはるかにリアルな描写になっていて驚きました。きっと彼女たち自身の中にそうしたものがあったから面白いものが出来たのだと思います。

　大人対象のワークショップでは，子育てに悩む人，夢を追い求めている人，リストラされた人，定年退職になった人など，いろいろな境遇の人たちが集まってきます。そうした人たちが集まってつくる映画には，プロがつくる映画とは違う発見や不思議な魅力があります。

VI 「100万人に観せること」

多くの人を振り向かせるために必要なこと

　きょうはいろいろお話ししてきましたが，私は劇映画の仕事をしているということもあって，「この映画は100万人に観てもらえるだろうか」というところから考え始めます。

　100万人というのは，興行収入で言うと約10億円です。2〜3億円の製作費で映画をつくり，宣伝費をかけ，映画館の入場料でリクープ（回収）しようとすると，最低でも100万人の観客に観てもらわないと採算が合いません。

　100万人に見せるとなると，テーマがブレたり，売れる要素を並べたりというマイナスのイメージがあるかもしれませんが，そうではありません。ドキュメンタリーも同じだと思いますが，このテーマは面白いとか，これを訴えたいというものがあっても，作品の内容が独りよがりであったり，単なる自己満足に終わってはだめなのです。「これは100万人に通用するか」と考え，突き詰め，練り込んでいかなくてはなりません。いま自分が試みているアプローチは対象に迫る唯一の方法なのか，普遍的な問題や本質をきちんと捉えられているのか。そうしたことも含めてもっともっと追い込んでいく必要があります。そして100万人の人に見てもらえるものをつくらなければいけないと思って仕事をしています。

　斬新な企画，奇抜なアイデアで映画をつくろうという人はいっぱいいます。けれども，ワンアイデアだけでは人を感動させることはできません。実際に自分で足を運び，未知なる世界の情報も含め自分でつかみとり，つくり上げていかなければいけません。

　ジャーナリストを目指すみなさんには，やがて何かを世に問いたいという瞬間が訪れると思いますが，「正しいことを言っているのだから，誰も振り向いてくれなくてもいい」と考えるのではなく，ぜひ100万人の目を見開かせるものを目指していただきたいと思います。

―― コラム ――

講義の感想文から
　映画監督は案外小心者が多いのではないかと思っている。小津安二郎監督も，自作映画の公開初日にお客さんが入っているかどうか気になって電信柱の陰から映画館の入口を覗いていたというエピソードがあるくらいだ。
　講義を終えたあと，学生のみなさんの感想文が送られてきたとき，私は読むのが怖かった。ジャーナリストではない私の話が果たして通用したのかどうか。
　　　　　　　＊　　　　　　　　＊　　　　　　　　＊
　　「報道が社会を変える」という授業で映画に携わる方が登壇されるということで，最初は少し懐疑的でした。
　　　　　　　＊　　　　　　　　＊　　　　　　　　＊
　正直な感想だと思う。私も学生の立場なら講義を欠席していたかもしれない。しかし，その後に続くレビューはとても興味深いものだった。劇映画もまた社会と向き合いながらつくられているのだということを，それぞれの発見や理解として綴られていたからだ。
　ネットの間接情報ではなく直接足を運ぶことの大切さやアイデアだけで満足せず対象を突き詰めること，独りよがりにならず多くの人に伝える努力などを，ジャーナリズムの問題として捉え直してくれたことは嬉しい限りである。
　　　　　　　＊　　　　　　　　＊　　　　　　　　＊
　　テーマ性のある劇映画の制作を試みる映画監督の方々が，なぜドキュメンタリー映画という手法を採らないかという疑問が残りました。
　　　　　　　＊　　　　　　　　＊　　　　　　　　＊
　日本の映画人は，ヨーロッパなどと比べて劇映画とドキュメンタリーの両方を手がける人の割合が少ないと言われている。こうした指摘は，今後の私の仕事を考え直すきっかけになりそうである。

⑨ 地域雑誌「谷根千」から「新国立競技場」まで

作家・谷根千記憶の蔵主宰・東京大学客員教授
森　まゆみ

I　男女雇用機会均等法以前の女子大生の就職の実態
II　パブリック・リレーションとは何か
III　サイマル出版会で編集を学ぶ
IV　地域雑誌「谷中・根津・千駄木」を立ち上げる
V　水平のコミュニケーションをつくり出す
コラム　新国立競技場問題でジャーナリズムが取り上げるべき10の問題

I　男女雇用機会均等法以前の女子大生の就職の実態

早稲田大学へ入学

　私は，子どものころから活字が大好き，本を読むのが大好きな子どもでした。絵本も簡単には手に入りませんでした。講談社のゴールデンブックスと岩波少年少女文庫くらいで，いまのように地域に図書館はありませんでしたので，とにかく活字に飢えていました。親に怒られて押し入れに入れられたときには，押し入れの裏に張ってある新聞紙を一生懸命読んでいるような子どもでした。

　そのときは，とくに何になりたいという気持ちはなくてね。一時は歌手になろうと思っていたことがありましたし，また一時は，指揮者になりたいとも思っていました。尊敬していた指揮者の齋藤秀雄先生が亡くなってしまったので，芸大を受けるか，そうでない大学を受けるか考えた末，国立大学は数学ができなくて1973年に早稲田大学の政治経済学部に入りました。

73年というと，もう全共闘運動や学園闘争は収束していたので特に面白いことはありませんでした。ただ，大隈銅像前辺りには昼休みにスクラムを組んでシュプレヒコールを上げているデモの人たちがいたり，芝居をしている人たちが白塗りに裸で踊っていたりしていて，何が何だかわからない学生生活でした。
　政治経済学部のあった3号館には女子トイレがなく，教育学部の7号館などにトイレを借りに行っていました。そのころは，クラスに女の子は私1人しかいませんでしたので，生き延びるのがすごく大変でした。いつも1人で50人ぐらいの男子学生を相手にしていました。
　私は，藤原保信教授のゼミで政治思想史を勉強していましたが，そのゼミは女の子は3人でした。先生は女が1人入ると男子学生の気が散ってやりにくいとおっしゃいましたが，それは差別だと無理にお願いして，どうにか3人まとめて入れてもらいました。藤原ゼミはわりとよく勉強するゼミで，現在，全国に30人ぐらい大学教員をしているOBがいます。テレビ局や新聞社，出版社にもゼミのOBがいて，いまだに情報交換をしています。

四大卒女子への就職差別
　やはり女性差別はあるのだ，と私が思ったのは就職のときです。男女雇用機会均等法ができたのは私たちの10年後。みなさんは本当に幸せな世代です。あの法律をかち取るまでにたくさんの闘いがあったと思いますが，私たちはその前の世代で，四大卒の女子にはまったく就職先がありませんでした。
　賢い友人たちは，女でも差別されずに生きていける職業はないかと考えていました。私の高校は一学年120人の女子校でしたが，30人近くの医者と7，8人の弁護士がいます。女の人で，高給をとって，ある程度社会的地位があるという職業は当時は医者と弁護士ぐらいしかなかったのです。
　ただし，私の友だちの医者でも，家庭に入って専業主婦になっている人もいますし，すばらしく優秀なのにもかかわらず，男性ほどの出世はできていない人もたくさんいます。
　ですが私の場合は本を読んだり歌を歌ったり踊ったりするほうが好きでし

たので，結局特に職業訓練もせず，大学の4年間を過ごしてしまいました。

ジャーナリズムの現場で女性が働くことの難しさ

　企業の採用はいまのように青田刈りではなく，4年生の秋でした。男の子たちがどんどんいいところに決まっていくのを指をくわえて，というか見上げながら，まったく就職口はない。当時，私の恋人は学生運動家で，活動ばかりしていて勉強をしていませんでしたが，彼のところにはたくさん就職案内が来ました。しかし，私のところには一切案内が来ませんでした。結局，私が自主的に受けたのは銀座のシャンソン喫茶・銀巴里のオーディションだけです。

　もう一つ，朝日新聞にも出願はしました——実は，いまだに私は新聞記者に向いていると思っています。それとは別に，父の知人が心配して，出版社の筑摩書房を紹介してくれました。しかし両社の試験日が重なってしまい，紹介してくれた人の義理がありますので，義理のない朝日新聞の受験を諦めました。

筑摩書房を受験する

　筑摩書房は最終面接では4人のうち2人採用するという話でした。神田のすごく古い建物の中で，インテリっぽいおじさまたちが並んでいて質問をしてくるのですが，最後に「あなたは校正をやりますか」と聞かれました。

　校正とは，本をつくる途中のゲラ刷りを直して間違いがないようにする作業です。字の間違いも直しますが，内容的な間違いも直します。この作業を校閲と言います。これをするかと問われたわけです。当時私は校正という言葉がよくわからなかったこともありますが，自分は本が好きで本をつくる編集の仕事をしたいという気持ちが強くありました。そこでもっと枢要な仕事だと思っていた「編集の仕事がしたい」と答えたのです。その結果，落とされてしまいました。

　でも，その後すぐに筑摩は倒産しました。その後サイマル出版会に私が入ったときに，社長が，「森君，よかったな，筑摩に行かなくて。筑摩，倒産したぞ」とニュースを伝えてくれたのを覚えています。

II　パブリック・リレーションとは何か

銀座のPR会社へ入社する

　私が最初に入ったのは銀座のPR会社です。PR会社とはパブリック・リレーションズの略です。私が入社したのは1977年、いまから40年ぐらい前です。パブリック・リレーションという言葉ができたばかりでした。

　電通のように宣伝広告をするわけではありません。企業ないしは行政と組織、そのほかの人々をどうすればよい関係に持ち込めるかがPRの目的です。そのためにはあらゆることをします。

　私が担当したのは明治乳業と日立でしたが、いろいろなことをしました。たとえば新製品の発表会、工場見学や安売りの特別販売セールを地域の人に向けて催します。そうすると地域の人とその会社との関係がよくなります。もし工場と周りの住民の関係が悪いと、その会社は必ず悪口を言われます。そして、その悪口は、口コミを通じてどんどん広まっていきます。いまのようにネットメディアがない時代でも、本当に口コミの力は大きかったのです。

　また、顧客とその企業の関係をよくするために、アンテナショップのようなものをつくりました。明治乳業はレストランも経営し始めたところで、明治乳業の製品を使ったデザートなどのメニュー構成を考えたり、新製品の発表会を開いたり、ヨーグルトを使ったデザートのレシピを考えたり、メディアとの関係をよくするためにもさまざまなことをして大変面白かったです。

PR会社で学んだこと

　私は7ヵ月しかこの会社にいませんでしたが、大変勉強になりました。私はいま市民運動をしていますが、このPR会社にいた時代のことをフルに活用しています。たとえば協力者をどうしたら増やせるか、あるいは一見私たちと対立するように見える官庁や行政組織の中にどう味方を見出していくか、あるいはどのようにしてジャーナリズムを味方につけるか、こうした戦術・戦略については、PR会社で勉強したことが生かされていると思います。

よく,「大きな会社でないと」とか「給料のいい会社でないと」と言う人がいますけれど,世の中には本当にたくさんの仕事があって,中には知られていないけれど面白い仕事もたくさんあります。ですから,まずどこかに入ってみて,そこで知り合う人たちとのご縁を大事にして転職していくというのもいいと思います。名のある大きくて給料がいい会社だから仕事が面白い,スキルが身につくとは限りません。

III　サイマル出版会で編集を学ぶ

消費者問題との出会い

　PR会社での仕事を通じて消費者問題に興味を持つようになりました。最初は上司から言われて,「スパイ」と言っては何ですが,情報収集のために消費者運動の集会に参加をしていました。食品メーカーにとっては,食品添加物や安全性の集会の情報を集めることは重要ですし,家庭電機でも冷蔵庫や洗濯機の使い方や,安全性についての集会があれば参加して話を聞いていました。そのうちに,どうもこの人たちの言っていることのほうが正しいし,私の考え方に近いと思い始めてしまったのです。

　それこそ原発事故後,その先見性が大変よく知られるようになった高木仁三郎さんの原発の話や,高橋晄正さんの食品添加物の話を聞いているうちに,こちら側の仕事がしたいと思うようになりました。そして,探したところ,サイマル出版会という出版社がかなりいい本を出していました。

出版業界は「手に職」

　デイヴィッド・ハルバースタム（David Halberstam）を知っている人はいますか。70年代のニュージャーナリズムの旗手で,『ベスト＆ブライテスト』という,いかにしてベトナム戦争に頭のいいアメリカのエリートたちが絡みとられて泥沼にはまっていったかという調査報告を書いた人です。私がサイマル出版会を志望したのは,そうした本を出している出版社だったからです。倍率は500倍ぐらいでしたけれどどうにか入れてもらって,それから2年間こんどは編集の仕事をしました。

みなさんの中でもし出版を志す人がいたら，どこでもいいから入ったほうがいいです。仕事を覚えたら，そこから転職が利きますから。名前が知れて良書を出していると言われている出版社に最初から入ろうと思うと難しいですが，いま出版は不況で競争率が低い，なりたい人が少ない現場になりつつありますので，本当にやりたい人はきっとどこかに入れます。

　また，1人で出版社を起こして頑張っていい本を出している人たちもたくさんいます。でもその人たちは，元々，有名で難しい本を出している出版社にいたというわけではありません。仕事さえ覚えてしまえばそれは「手に職」なのです。

文筆業で生計を立てることの大変さ

　本を出すといくら儲かるか知っていますか。私も友だちに，「森さんなんて，さらさらっと書くとウン万円でしょう」というようなことを言われますけれども，そのようなことはありません。

　たとえば1500円の定価の本を5000部刷って売るとします。5000部刷ってくれるとしたらいいほうです。いまはなかなかそれほど刷ってくれません。売り上げの10％が印税です。そうすると，計算すると75万円，これが正規にもらえる印税です。

　でも，ここから7万5000円，税金で先に引かれます。それに友だちや評論家に書評をしてもらおうと思って本を買って送ったりしますから，また7万5000円ぐらいがなくなります。そうすると60万円しか手元に残りません。これが文筆業者の生活費ですので，もし本を書いていい暮らしをしようと思う人がいたら，とりあえずやめたほうがいいです。現在，日本の中で文筆業だけで生活している人は，おそらく100人か200人だと言われています。あとはだいたい大学の先生になっています。実は私も1回大学の先生になりましたが，合わなくて3年で辞めました。高橋源一郎さんとか，中沢けいさん，川村湊さん，藤沢周さん，堀江敏幸さんなど，作家はほとんど大学の先生も兼ねています。

　そうでないと，食べられません。本1冊書くのに私は20年ぐらいかかるときがあります。資料を集めて，インタビューに行って，旅行して取材して，

そんなことをしていたら経費は75万円ではすみませんから、はっきり言って本そのものの印税は赤字です。

では、どのようにして生計を立てているのでしょうか。本としてまとめる手前で原稿を連載します。その連載の原稿料があります。こちらのほうが、はるかに収入になります。

たとえば原稿料が400字詰め原稿用紙一枚5000円とします。それを毎月必ず10枚書きましょうと約束します。そうするとこれで5万円が入ります。20回連載させていただいたら100万円入ります。これを足すとどうにか本1冊で160万円になりますが、これでもたぶん赤字です。

では、次はどうするのでしょうか。本が出たら何年か後に文庫化されます。これがうまくいくと、ホップ・ステップ・ジャンプになるのです。原稿料の次に印税をもらって、さらに文庫の印税が入れば、どうにかしのげるということになります。お金の話ばかりしてすみませんが、食べないと生きていけませんから、これは非常に大事なことです。

サイマル出版会の変質

そもそも私がサイマル出版会に入った理由は、新聞記者になるという夢は無理だと諦めたので、次はジャーナリズムで生きている人たちを応援する立場で本にしていこうと思った、ということです。

実際に、すぐそばに共同通信がありましたから、共同通信の記者に翻訳を頼んだり書いてもらったりして、2年間で30冊くらい本をつくったと思います。私が担当した本の中でみなさんが知っていそうな本は、たとえば筑紫哲也さんの主著と言われている『総理大臣の犯罪』です。

ところが、サイマル出版会の出す本がだんだん体制寄りになっていった。サイマル出版会の母体はサイマル・インターナショナルという通訳の会社で、その会社はサミットの通訳などをたえず担当していました。そうすると、どうしても官僚や政治家寄りの仕事が増えてきて、反体制的な本を出すのを怖がるようになったのです。

実際、政治家は、いまもいろいろな形でメディアに圧力をかけています。この間まで私はBPO（放送番組向上倫理委員会）の委員として、弁護士たちや

是枝監督，斎藤貴男さんなどと一緒に放送倫理を担当していましたが，本当に公然と行われています。当時はまだそれほどあからさまにはなっていませんでしたが，何か世の不正をただすような本を出すときは，政治家から出版社に電話がかかってきて，「ちょっと話があるから」といって，出版の取り止めや内容の変更を求めて来ていたのを覚えています。

そうしたわけで『ベスト&ブライテスト』のような本はなかなか出せなくなってきたので，私はサイマル出版会を辞めました。ただ，社長にかわいがられていたし，なかなか辞めると言い出せませんでした。そこで東京大学の新聞研究所がちょうど研究生を募集していましたので，もう一回勉強したいということにして，1979年に円満退社しました。

学生 出版業界での転職について，とくに女性として転職しづらかった経験はおありでしたか。

森 社内でセクハラがありましたね。うちだけじゃないけれど。そのころはセクハラという言葉がないので，みんな泣き寝入りしていました。私もそうしたことはありましたが闘いました。辞めるということを社長に言いに行く日は，みんな帰って一人残されて，ポケットにハサミとカッターを入れて，いざとなったらこれでやってやろうと思って談判したくらいです（笑）。

いまはそのようなことは少なくなりました。私は出版社から出版社には移りませんでしたが，私の周りには4，5社変わっている人もいます。最初によほど大きくて給料の高いところに行けば別ですが。

いまは中途採用のほうが多いですね。一から教えている暇がないのです。有名な出版社が2人ぐらい募集すると1000人くらい応募が来てしまうでしょう。その人たちを公正にテストしたり選抜したりするエネルギーも，新人に全部を教える体力も，いまの出版社にほとんどありません。みなさんも求人をご覧になれば「経験者求む」だと思います。

ですから，どんなところでも，アルバイトでもいいから入って仕事を覚えれば，社風の違いはあっても仕事そのものにはそれほど違いはありませんので，どんどんよい待遇のところに移ることができ，自分のやりたい仕事に近づいている人もいます。頑張ればできますから，大丈夫です。

Ⅳ　地域雑誌「谷中・根津・千駄木」を立ち上げる

結婚・出産・再び女性差別に出会う

　ですから、私は1973年に入学して、77年に卒業して、79年に会社を辞め結婚したわけです。これが大きな間違いでした（笑）。もう一回、新聞社を受け直そうと思ったのに、たまたま結婚して子どもができてしまいました。でもいま思えば、あのとき子どもを産んでおいたのは大正解でした。

　そのときは私も子どもを産むのをやめようかと思いました。うちの伯母に泣きながら電話をして、「子どもができちゃったの」と言いました。そうしたらおばが、「何を言ってるの。あなたね、女性史なんて子供産まなくちゃ書けないわよ。子どもなんて小指の先で育てられるわよ」と言ったのです。「そうか、子どもって小指の先で育つのか」と思ってうっかり産んでしまいました。それぐらいの勢いでないと子どもなんて産めませんし、結婚なんてできません。結婚や出産というのは若気の至りでしかできませんから。ただ、私は反省はするけれど後悔したことはありません。

　お腹が大きいので朝日新聞を受けても受からないと思い、再び新聞社の受験を諦めました。そして本当に珍道中ですが、次は東京大学の社会学の大学院を受験しました。ですが、試験には受かったのに、面接で落とされてしまったのです。そのときはもう赤ん坊が産まれていたものだから、「赤ん坊がいるのにどうやって研究するつもりなのか」とか、いまでは考えられないことをさんざん言われました。後にも先にも試験に受かって面接で落ちたのは私だけだそうですから、これは一つの誇るべき記録だろうと思っています。

　ただ、落ちてよかったと思っています。そのまま大学院に行ってマスターやドクターを取っても大学の先生になれたとは限りません。

「谷中・根津・千駄木」を立ち上げる

　悔しいから自分で仕事をつくることにしました。地域雑誌「谷中・根津・千駄木」（谷根千）という雑誌を1984年に立ち上げたわけです。谷中、根津、千駄木で「谷根千」ですが、知っていますか。いまはたくさんの人が訪れる

人気スポットになっていますが、それはこの雑誌があったからということを知っている人は少ないです。

　要するに、子どもがいて地域に縛りつけられていたので、地域で仕事をつくるしかなかった。たまたま保育園で一緒だったお母さんが雑誌の編集をしたことがあるというので、二人で自分たちのメディアをつくろうと、もう一人、うちの妹とさらに5万円ずつ出し合って地域雑誌「谷中・根津・千駄木」を発行しました。

「谷根千」をつくった二つの理由

　「谷中・根津・千駄木」を始めた理由の一つは、地域で育児と両立できる仕事をつくろうということでした。もう一つの理由は、ここにある文化を継承したいと思ったことです。私たちの地域は関東大震災にも、戦災、空襲にも焼かれておらず、関東大震災前の建物が残っていました。建物が残ると位牌、美術品や文書も残っていますし、そこに住む人たちも残っています。職人さんがいて、お寺があって、お店屋さん、商店街があるような町でした。ですからこの環境を壊したくないと思いました。

　さらに64年のオリンピックは東京の西のほうが会場になりました。駒沢や神宮です。そのときは羽田にお客さんが来ましたから、青山通りの辺りは、道が拡幅されてビル街になっていきました。私はその様子を10歳で見ています。ですが谷根千地域はそうした開発にまるで関係なかったので、そのまま街並みが残されていました。

　この地域には、瓦屋根の木の家、庭から仏壇にいたるまで、そして暮らし方もふくめて日本文化がまだまだ残っていましたから、まずそれをみんなに知ってもらい、それを大事にしながら、いまの暮らしに合った形でそうしたものを残していけないかと考え始めたのです。

記憶を記録に変える

　いま谷根千はしょっちゅうテレビや雑誌に登場しますが、それまでは誰も谷根千なんて知りませんでした。谷中といったらバス停のほかはお寺と墓地ぐらいしかなかったのです。

始めるのは大変でした。ですが，とにかくまだビルが少なくて空が広く，大きな木がたくさんありました。人間にとって非常に大きな力を持っている木がたくさんあり，そして谷中の墓地には日本の国の歴史をつくったような人たちがたくさん眠っていました。そして大工さんや左官さん，さまざまな手に職を持った人がいました。

　目指したのは「記憶を記録に変える」ことです。このフレーズは私がつくったと思いますが，最近ではいろいろなところで使われるようになりました。当時の歴史学では文書だけが第一次資料で，オーラルヒストリー，人の話というのは信憑性がない，あるいは資料批判ができないと言われて，ほとんど顧みられませんでした。ですが，私たちは「聞き書き」を重視してきました。

　なぜなら，みんなが原稿を書いてくれないからです。「私はこんなことを知っている，あんなことを知っている」とたくさん話してくれるのに，原稿に書いてくださいと言った途端，字を書くのは嫌だとか，作文は不得意だとか言われて，最初のころは全然書いてもらえませんでした。しょうがないのでこちらから，赤ん坊を抱いて，オムツとテープレコーダーやカメラを持って，いろいろな方を訪ねてお話を聞く，というのがこの仕事の初めでした。

記録されないものは記憶されない

　ジャーナリズムには，もちろん一般的に思い浮かべるような，大きな新聞社の特派員であったり，スクープをとったり夜討ち朝駆けをしたりという形のものもあります。ですが私は，庶民の暮らしをきちんと記録していくことも一つのジャーナリズムだと思っています。

　私の場合，子どもが3人もいて，オムツを抱えて走っているような状態ですから，いわゆるルポルタージュや事件記者のようなことは務まりっこありません。ですので，一歩引いた形で地域から暮らしを見つめ直し，そこにどのような人間の生活の変化があるのかを記していく，そうしたジャーナリズムを担っていくのだという気持ちがあって，この仕事を続けているわけです。それにこれが自分に合ってるし，好きなんです。

　この間，安野光雅さんという画家にインタビューさせてもらいました。彼

は大正14年生まれで，戦争に行ったというのです。細かく聞きました。まず身体検査をされて，甲種合格になって，兵隊にとられることが決まります。入営すると奉公袋というものがあって，着てきたものを全部脱いでそれに入れて家元に送り返します。そうして，兵隊の靴とか服とか銃剣をもらうのだそうです。

　こうした細かなことはいままで聞いたことがありませんでした。驚きながら聞いていたのですが，終戦の日は何をしていましたかと尋ねると，外地まで行かなくて済んだけれど，四国だかどこかの兵営で歩哨，つまりガードマンのようなことをしていたというわけです。すると，自分の前を将校たちがみんな隠匿物資を持てる限り持って出ていくのが見えたそうです。ですが，彼は二等兵で歩哨でしたから「それをどこに持っていくのですか。持っていってはダメですよ」とは言えなかったとおっしゃいました。

　こうした細部の事実は，記録しないと伝わりません。「昔は徴兵検査というものがあった。二十歳になると兵隊にとられて，兵隊の服を着て訓練したのだ」といった曖昧なところまでは伝わりますが，もっと細かなことは誰かがそれを書きとめないと伝わりません。

　覚えておいてもらいたいもう一つの言葉があります。宮本常一という民俗学者の「記録されないものは記憶されない」という言葉です。つまり誰かがきちんと細かい体験なり事実を聞いて書いておかない限り，それはなかったことになってしまうのです。宮本はそう言って，日本中の津々浦々を歩き回り，いまではなくなってしまったような古い習俗や習慣，衣食住や人々の気持ちのようなものを記録しました。

V　水平のコミュニケーションをつくり出す

送り手優位のメディア構造

　東京大学の新聞研究所にいてよかったことがあります。稲葉三千男先生という，後に東久留米市の市長になった人がいます。もうかなりのお歳でしたけれども，その先生が私の心を見透かすように言ったのです。ちょっと女性差別でもある言い方ですが，「最近は，就職がないからといって女子大生が

やたら文学賞の新人賞とかに応募して作家になりたがるけれど，それは受け手の大衆だった女子大生が突然送り手に成り上がるだけで，世の中のジャーナリズムなりメディアの在り方は全然変わらない」「メディアというのは乗り物である。送り手は，新聞なりテレビの番組を乗り物として，自分の送りたい情報を受け手に伝えるのだ」と。

　送り手は少ないわけです。受け手は，日本で言えば1億2000万人の読者なり視聴者なりがいます。戦後の日本には，非常に少数の送り手がたくさんの受け手に対して何かを伝えるというシステムができました。では受け手は送り手になれたかというと，なれていません。

水平方向のコミュニケーションを目指して

　こうした構造を変えなければいけないと，稲葉三千男先生は言いました。私もそうだと思いました。本当に図星で，就職もできそうにないし，自分で小説でも書こうかなと思っていた矢先でしたので，これを言われたときはすごくショックでした。

　私はこの構造をひっくり返そうと思いました。受け手が送り手であり，送り手が受け手でもあるようなメディアの形を考えない限り，支配・被支配の関係は崩れません。受け手が送り手になり，送り手が受け手にもなるような水平の双方向のコミュニケーションをつくろう，等身大の「小所低所」に徹しようと考えて「谷根千」を始めました。

　ですから，できるだけ地域の人たちに書いてもらいたいし，発信してもらいたかったのです。ですが，それを自覚的にしてくれる人は少なかったので，私は聞き書きという方法を考えました。そして地域の問題を語れる広場になることを30年間目指してきました。

ネットワークを駆使して闘う

　「谷根千」ではあまりジャーナリスティックな動きはしませんでしたが，古い建物の保存や，地域の環境の保全といったことに取り組んできました。

　もし私たちがこうした活動をしなかったら，いまごろ東京駅は超高層ビルになっていたし，上野の奏楽堂という日本最古のコンサートホールも壊され

ていましたし，不忍池の下には2000台の地下駐車場ができていたはずです。
　私たちは運動を立ち上げてそれを阻止しました。言えることは，一人では勝てないということです。私は，衆を頼むのは嫌いです。同じような考えの人が集まって気炎を上げているように見えるのは嫌だ，という気持ちを持っています。ですが１人では勝てません。いざというときには１人でもやりますが，１人だけでは私たちが思うことはなかなか実現できません。壊されるのを止められません。そうしたときは必ず会をつくって，規約をつくって，組織をつくって，署名を集めて，正攻法で議員なり，議会なり，行政に持っていって，陳情もして，ときには裁判も辞せずに闘ってきました。2013年からは「神宮外苑と国立競技場を未来へ手わたす会」をつくり，巨大で歴史無視で，高コストで環境にも負荷のかかる当初案を政府に撤回させることができました。
　そうした意味では，私はジャーナリストだけをしているわけではありません。ジャーナリストであれば利害関係者と一緒にごはんを食べてはいけないとか，お金を払ってはいけないとか，中立を保たなければいけないなどいろいろな決まりがありますが，私は基本的には運動をしながら著作も書いてきましたので，圧倒的に「ある立場」に立っているのは確かです。中立の論評が欲しいときには自分では書かないで，信頼できるジャーナリストに頼んで書いてもらいます。そうしたネットワークも30年のうちに大変広く持っていると思っています。

アーカイブ化とこれからの展望
　これまでは30年間，こうした地域資料をためる一方でした。いまこれをどうにかアーカイブとして整理しようと，「谷根千　記憶の蔵」をつくって，さまざまな活動をしています。
　始めたころは，まだ８ミリヴィデオぐらいしかなくて映像を撮ることは非常にお金がかかりましたが，いまは小型ヴィデオでとても安く撮れるようになりました。ですから，むかし話を聞いた方のところにもう一回行って，ライフヒストリーを映像で撮るという取り組みをしています。
　これはもう私たちだけではできませんから，みなさんもぜひ，自分のおじ

いちゃん，おばあちゃんのライフヒストリーぐらいは，ハンディカムか何かを借りてでも撮ってほしいです。それはきっと役に立つし，すばらしいアーカイブになると思います。ただ，こうしたアーカイブは，プライバシーの問題や，いま生きている人たちに対する配慮もありますので，いつ公表するかというところには難しい問題があります。

　ぜひ見てもらいたいのですが，私たちは「映像ドキュメント」というグループも持っていて，自分たちで撮ってきたものをどんどんアップしています。アーティクルナイン（Article Nine）というハンドルネームでユーチューブにも出しています。

　いま「憲法9条を守る」という目的で集まった地域の仲間で，みなさんたちを戦場に送らないように私たち知らぬまに年を重ねた人々も取り組んでいます。たとえば震災の年の3月27日に初めて一般の人による反原発デモを実施しましたが，メディアはどこも来ていませんでした。映像は私が撮ってウェブにアップしました。短いもので編集もうまくありませんが，見ることができます。市民たちによる最初の動きとしてとても重要なものなのですが，フランスのカメラが1台来ていたぐらいで，あとは私しかいませんでした。

　そうした意味で，人によってはハンディカムを持ち歩いて，街で何か面白そうなことが起こったらすぐ行って撮るという人もいます。みなさんも，もうすこし軽くなったら持って歩くといいと思います。私が買ったときは14～15万したのに，いまは安くなりましたので6万ぐらいで買えるでしょう。

　私はこの2年間，岩上安身さんが主宰する「インディペンデント・ウェブ・ジャーナル（IWJ）」とか，「デモクラシーナウ」，「アワープラネット」といったたくさんの独立メディアの人たちと知り合いになりました。彼らにこそ希望の芽があるのではないかと思っています。ジャーナリストになるというのは有名な新聞社やテレビ局に就職することだとは，夢にも思わないでください。

---コラム---

新国立競技場問題でジャーナリズムが取り上げるべき10の問題

講義の最後に簡単に触れました，本文中に入らなかったことを述べます。

1. そもそも臨海部の他の競技施設についてほとんど報道されていない。もうゼネコンで決まり済みか。築地市場移転問題も絡む。
2. 霞ヶ丘都営住宅の強引な住民移転は居住権の侵害。都の土地をなぜ競技場に差し出すのか。売るのか貸すのかもはっきりしない。
3. 解体をめぐる官製談合疑惑。事前に JSC が開封，国会で下村文科相は警察に通報したと述べたが，その後，続報なし。
4. そもそもの神宮再開発問題。2004年から電通主導で三井不動産，日商岩井などがからんで進める。都市計画家はほとんど発言していない。
5. 明治神宮は何を考えているのか？　ここの了承がなくては新国立はできないはず。元氏子総代は石原慎太郎元都知事。
6. 外苑ハイツ問題。1964年東京オリンピックの時の記者クラブはそのまま分譲マンションになり，なぜか政治家が多くもっている。与党政治家の家族が理事で，今回，建て替える方向。
7. そもそもの国際コンクールをめぐる疑惑。来なかった英国人審査員。審査の途中でザハ案を不正に変更。
8. ゼネコンが金をつり上げた，という説もある。1300億でなければいけないと押し切れば，ザハもゼネコンもそこで減らせたのか。新コンペの情報公開不足。
9. オリンピックは終わったイベント。IOC も FIFA も腐敗。招致をやめた欧米都市（ウィーン，ミュンヘン，ボストン，シカゴ）の賢さ。
10. 招致をめぐる電通経由の2億を超える有力者への口利き疑惑。フランスの司法当局が捜査を進めるも，日本では報道，ほとんど無し。

こうしたことを調査し報道するのがジャーナリストだと思います。

(注　2016年9月現在，築地市場の豊洲移転がジャーナリズムを賑わしている。ずっと前からわかっていたことなのに，ジャーナリズムの怠慢といわざるを得ない)

第4部　ジャーナリズムにできること

10　ジャーナリズムの「責任」と
ドキュメンタリー映画の可能性

映画監督
ジャン・ユンカーマン

Ⅰ　知識人の責任
Ⅱ　チョムスキーと9.11
Ⅲ　憲法改正論と『映画 日本国憲法』
Ⅳ　沖縄戦・米軍基地と『沖縄 うりずんの雨』
Ⅴ　観客を尊重する
コラム　ドキュメンタリー映画の客観性と主観性

Ⅰ　知識人の責任

知識人の責任

　まず「知識人の責任」というエッセーをご紹介します。このエッセーを書いたのはノーム・チョムスキーという，世界的に有名な先生です。実は言語学者なのですが，同時に，アメリカの中でアメリカ政府の外交や政策に批判的な声を上げてきた，アメリカの反体制派の第一人者，リーダー格の人物です。

　彼は1967年に「知識人の責任」というエッセーを書きました。1967年というと，ベトナム戦争がかなりエスカレートしていた時期です。50万人ぐらいのアメリカ兵がベトナムで戦っていたころです。

　チョムスキーがこのエッセーを書いたそのさらに20年前，第二次大戦が終わったばかりのときに，アメリカの評論家であるドワイト・マクドナルドが雑誌に市民の責任についてエッセーを書きました。

その中でマクドナルドは，ドイツ人も日本人も，そしてアメリカ人とイギリス人も，第二次大戦での政府の行為に対して責任があるのではないかと書いています。第二次大戦中，イギリスとアメリカは無差別の爆撃をしましたし，その延長線上で日本に対して空襲をし，広島と長崎には原爆を落としました。そのことについては普通のアメリカ人にも責任があるのではないか問題提議したのです。

そのころチョムスキーは20歳ぐらいの大学生でした。彼はそのとき必死にその文章を読んでいたのでよく覚えていたのです。そして，それから20年後にこの「知識人の責任」というエッセーを書きました。

「責任」の意味の違い

エッセーの中にはこのようなことが書かれていました。もともとは市民すべてに責任があるのですが，その中でも知識人には重い責任があります。特にアメリカのような裕福な国では自分の生活に余裕がありますから，知識人はいろいろな情報を手に入れることができ，いろいろなことを勉強できます。ですから，事実や政府の行動を検証することに，知識人は特に重い責任を持っています。

しかし，このエッセーのいちばん面白いところは，「責任」の意味の違いです。「責任」の使い方には二つの別の意味があったのです。

知識人が普通に考える，正直に事実を検証する・伝えるという責任だけではないのです。実際にベトナム戦争の中で知識人はどのような「責任」を果たしているかというと，「責任を持って発言する」という考えを持っている人たちは，政府をあまり批判しないようになっていたのです。彼らはいろいろな分野で権威のあるエキスパートなのです。そうした知識人は普通の人たちが持っていない情報を持っていますので，自分の判断に責任があり，結果，政府の行為を正当化するわけです。「政府の行為は正しい」と伝えていく役割は本当は無責任なことなのですが，そうした責任を持っていると。それがチョムスキーの分析でした。

ちょうどそのころ，ベトナム戦争に対する反対運動が盛り上がり，多くの人々が参加をしていました。そうした人たちは，専門家ではありません。チ

ョムスキーも言語学者で政治学者ではありません。ですから，そうしたところで発言することは無責任だという声があったのです。

　チョムスキーから見れば，エキスパートに任せること，政府の言うことを単純に受け入れることはやってはいけないことなのです。「普通の人たちにはわからない，情報が足りない，エキスパートではないから発言できない」ということは世の中にあり得ないことなのです。

　なぜかというと，自由な社会の中では情報は簡単に手に入ります。探せば手に入るのですから，それは誰にでもわかるような情報ですし，誰でもそれに対して声を上げることができるのです。逆にそれがわれわれ市民また知識人の責任である，ということを書いたのです。

　しかし，当時のアメリカの中では，戦争への疑問の声は草の根からは湧きあがってきていましたが，マスメディアの中にはほとんど疑問の声を上げる人はいませんでした。実際にベトナム戦争にマスメディアが疑問の声を上げるようになるのはその後，1968年～70年ごろです。ベトナム戦争はテレビで映された最初の戦争ですから，テレビでベトナムの映像が流れる中で，普通の市民から「この戦争は本当に正しいのか」という声が上がり，そのうねりに応えて，やっとマスメディアが疑問を持ち批判的な声を上げるようになったのです。

　チョムスキーが政治的な発言をしたのはこれが最初です。すでにそのときから50年近くたっていますが，この間，彼は100冊ほど政治についての本を出しています。ベトナム戦争後は，中南米，東ティモール，コソボなどいろいろな場所でのアメリカの行為について批判的に書き続けてきました。アメリカの戦争，アメリカの行為は本当に正しいのかどうかということについて疑問を持つべきだ，アメリカは国家テロや，中南米はじめ同盟国の残酷行為に加担しているのではないか，と検証を続けています。

II　チョムスキーと9.11

アフガン攻撃への疑問

　そして，「知識人の責任」を書いてから30年ほどのちに，9.11テロ攻撃が

起きました。2001年9月11日です。そのときアメリカは大きなショックを受け，すぐ後にアフガンに報復攻撃をしたのです。

しかし，そのことを疑問に思うアメリカ人はほとんどいませんでした。世論調査の中では，9割以上の人が政府の行動を支持したのです。特に新聞，テレビからは，「ちょっと待った」という声が一つも聞こえてきませんでした。その例外がチョムスキーです。

チョムスキーがすぐに「ちょっと待った」と声を上げたのは，それ以前の中南米や東ティモールなどいろいろな場所でのアメリカの行為から考えて，アメリカが純粋な目的で攻撃をしているとは考えられなかったからです。そのような声を上げた人は本当にほんのわずか，一握りの人たちでしたが，チョムスキーはその中心人物の一人でした。

逆に，そのような声を求めていた人たちはいっぱいいました。だからチョムスキーは9.11のすぐ後にたくさんの電話インタビューを受けたのです。そこで，そのインタビューを書き起こして本にしました。9.11から1カ月たたないうちに，『9-11』という本が出版され，これが爆発的なベストセラーになったのです。これは歴史的な内容の本でしたが，本屋のレジの隣に置いてあってボンボン売れました。11月になって日本語の翻訳が『9.11－アメリカに報復する資格はない！－』というタイトルで文藝春秋から出版され，日本でもベストセラーになりました。

チョムスキーに取材を申し込む

私もこの『9-11』を読み，私が一緒に仕事をしているシグロのプロデューサーも日本語版を読んでいてチョムスキーを取材しようと考えました。そこでまずはチョムスキーに，「あなたの本を読んで映画をつくろうと思った」とEメールを送りました。

どのように書けば彼を説得できるか，3週間ぐらい考えてからEメールを送ったのですが，その翌日にはチョムスキー自身からメールが返ってきました。これはすばらしいことだと思うのですが，彼にはゲートキーパー，門前払いをするような役割を担っている人がいないのです。依頼を受けたら自分で判断して返事を書いてくるのです。

10　ジャーナリズムの「責任」とドキュメンタリー映画の可能性　　*175*

　しかも，それがちょっとしたEメールではなくて，2ページぐらい続いていました。私たちが送ったメールをちゃんと読んで，それに反論やコメントをつけて書いてきたのです。チョムスキーはそうしたところがすごくオープンで平等です。誰にでも応えるという体制をとっているというところが，彼の人間性であり，思想であると思います。

　私たちは，3〜4回の取材と，できれば自宅でくつろいでいるところや家族とのつき合いのような，人間性を描くようなところも撮りたいと頼んだのですが，彼はそんなことはできないと断わりました。結局とても忙しいのでインタビューは1回，しかも90分ということになりました。

　依頼したのは1月でしたが，インタビューのスケジュールは5月まで空きがないというほど，本当に忙しい状況でした。しかし彼は，これからアメリカ中を回ってあちこちで講演をするから，それは自由に撮影して構わないと言ってくれたのです。

　私たちは早速アメリカに行って彼の講演を撮影し，5月に彼のインタビューを撮りました。2002年の2月から5月，緊急性のあるテーマでしたから，とても急いで制作しました。彼のインタビューと彼の講演，つまり言葉だけで映画をつくったのですが，早く出す必要があったからそれで構わないと考えたのです。そして編集して，字幕をつけて，2002年9月11日，テロ攻撃から1周年の日に東京で映画を発表しました。

トーキングヘッズから見えてきたもの

　これは，アメリカの対テロ作戦に対する批判的な映画としてはいちばん最初に公開されたものでしたので，アメリカの中でもかなり注目されました。ヨーロッパでも何カ国かで上映されて，好評を博しました。ドキュメンタリー映画をつくる人たちは，この映画のような話ばかりの映画を「トーキング・ヘッズ」と呼びます。とてもつまらないという意味で使われますが，この映画はまさにトーキング・ヘッズばかりです。映画として成立するかどうか自信はなかったのですが，この映画をつくってみていろいろな発見がありました。

　一つは，チョムスキーのような人がゆっくりと話している姿を紹介するこ

とで，彼の思想だけではなくて，彼の姿勢や人間性が見えてきました。結果として，全然つまらないことではなくて，逆にとても面白くなったのです。

　もう一つは，チョムスキーの文章は読むとかなり難しいのです。彼が言語学者ということもあるかもしれません。文章がとても複雑なので何を言っているのか理解するのにすこし苦労します。ですが，ライブで見ると，皮肉を言ったり，ユーモアを兼ねて話したりするので，わかりやすくなります。チョムスキーに興味がある人たちにとっては，逆に映画を見たほうがずっとわかりやすいということもあるのです。

　もう一つ，チョムスキーの面白いところなのですが，プロパガンダ的な発言はせず，とても静かに話すのです。声を上げないので，じっくり見ても疲れません。彼の分析の仕方がとても面白いのは，きれいごとや理想的なことは言わず，ただ事実を並べているだけなのです。逆に，CIAや政府の発言がどれほどの事実を伝えているのか，それがどれほど偽善的なものだったか，そうしたことを並べて，とても説得力のあるいい話し方をするのです。

チョムスキーエフェクト

　映画を撮影したころ，チョムスキーはカリフォルニアで集中的に講演をしていました。3日の間に6カ所で講演をしていたのです。彼の講演はかなり長く，2時間ぐらい話します。1000人，2000人といった人たちが参加し，そこでは立ち見も出ていました。しかし，チョムスキーの講演が終わって出てくるときには，疲れた顔ではなく，元気な顔で出てくるのです。チョムスキーの周りの人たちは，それは"チョムスキーエフェクト"だと言っています。

　それはなぜかというと，自分が疑問に思いながらもはっきりと言えなかったことを，彼がかわりに言ってくれたからです。物事を理解する，整理することが出来て，聴いている人たちには力になり，元気づけられるのです。

　講演を撮影した場面では人々の頭の後ろからチョムスキーを眺めているシーンがあります。特に映画館で見ると，不思議なことに映画館に来ている人はその延長線にいて一緒に聴いているように感じるのです。さきほど言ったように，トーキング・ヘッズという手法の中であっても，チョムスキーは特に説得力のある人なのだということを感じました。

日本の観客は，チョムスキーの講演を見て，彼のような意見がアメリカの中から出てきたことが意外だったようでした。
　その当時，日本は遠くからアメリカを眺めていました。あの国は狂ってしまったのだ，誰も戦争に「ノー」と言わない，あのような変な戦争をする国は怖いという声が多かったのですが，この映画を見て，アメリカを見る目が変わったという人たち，一安心したという人たちがたくさんいました。
　それと同時に，映画を観た人たちの多くは，言語学者としてのチョムスキーは知っていても，このようにアメリカの政策に批判的な意見を持っていることは知りませんでした。これがすこし不思議なことで，チョムスキー自身も不思議がっていたのです。チョムスキーは講演するために日本によく来ていました。60年代から5年に1回ぐらい日本に来ていたのです。
　彼は世界中を回っていたのですが，政治的なインタビューを受けたことがなかったのは日本だけだったそうです。映画を撮った当時（いまは違うけれども），日本では政治的なインタビューの依頼が一つもなかったと言っていました。不思議なのですけれど，日本では政治評論家としてのチョムスキーはほとんど知られていなかったのです。
　これは私の想像ですが，チョムスキーのアメリカへの反体制的な姿勢が，もしかしたら日本のメディアの中では危険視されていたのではないかと思います。アメリカを批判する発言を，日本の中で発表するのは危険ではないかとする考えがあったのではないか，そうしたチョムスキーの姿を出したくなかったのではないかと思います。

III　憲法改正論と『映画 日本国憲法』

薄っぺらな改憲論
　つぎに『映画 日本国憲法』についてお話します。憲法の映画をつくろうと思ったのは，イラク戦争が起こって，当時の小泉政権が憲法では許さないはずだった自衛隊のイラク派兵を行ったからです。それが2004年1月ごろです。その議論の中で憲法9条を変えようという話が出てきました。
　あの当時，9.11の後，日本には関係なかったにもかかわらず，日本の中で

も「世の中は危険だから憲法を改正して日本も軍隊を持つべきだ」という風向きがありました。世論調査もそのような感じになっていましたし，あの当時は新聞も，憲法9条を変えるのは時間の問題だという感じで取り上げていました。

私は昔から，憲法9条はとても大事なものだと思っていましたから，それを簡単に捨ててしまうのはもったいないという気持ちでした。でも，そのようになりつつありましたので，だめもとでも，憲法を改正したらどのようなことになるかということを取り上げて映画をつくったのです。

この映画をつくろうとした目的はいろいろありましたが，その一つは，憲法を改正しようとするかなりのうねりがあったのに，その議論はとても薄っぺらで，表面的なものだったことです。「この憲法は時代遅れだ」，「占領下でつくられた押しつけ憲法だ」，といった理由だけで憲法を改正すべきだという意見が，スローガンのように訴えられていました。ですが，実際にその憲法はどのようにしてつくられたのか，どのような環境下でできたのか，どのようにして受けとめられたのかという歴史は遠い過去のものになっていたのです。

世界から見た日本国憲法

もう一つの目的は，世界から見た日本国憲法という視点を提示することでした。1955年の自民党の結成から党の方針として，すでに憲法改正は約束されていました。いまもまたそのような話が持ち上がっていますが，10年前にも，憲法改正は党としての方針で，その約束を守るのだという意見があったのです。また，憲法改正の問題は政党間の問題で，改正をしたい自民党と憲法を守りたい社会党などの国内的な政治対立だけで考えられていました。

しかし，憲法を改正すると周りの国，特にアジアの国々にどのような影響を及ぼすかということは一切議論に出てきませんでした。私はアメリカ人で，外国人ですから，「世界から見た日本国憲法」という切り口で一つ貢献できないかと考えました。ですので，この映画の中の証言者，出演者はほとんどが海外にいる人たちです。

アジアや中東の人たち，アメリカの学者の立場から憲法を取り上げまし

た。視野を広げたいと思ったのです。日本は島国で，世界の中の日本国憲法ということはあまり考えていないので，すこし刺激してやろうと思いました。

予想外の反響

憲法の問題は地味なテーマですから，あまり見てもらえないのではないかと思いました。最初は大学の授業の教材として仕上げようかと考えたのですが，映画に出ているジョン・ダワー先生や，評論家の日高六郎さんのインタビューを撮ってきたときに考え直しました。ものすごく活気，元気があるのです。それを見ていて，「これは面白いな」と思いました。

考えてみれば，憲法というのはその国の中心的な概念を表しているものなのですから，つまらないはずはないのです。民主主義の根本ですし，国の動きを決定するものです。編集しながら「いやあ，面白いな」と思いました。そこで，音楽をつけたり，資料映像を入れたりして，ちゃんとした映画に仕上げて，2005年の4月ごろに発表したのです。

普通は映画が公開して6カ月ぐらいたったときにDVDを出すのですが，あまり劇場公開を期待していませんでしたので，私たちは逆にDVDを先に出しました。DVDと自主上映を並行で実施したのです。

ところが，みんな待っていたような感じで最初からDVDを買ってくれました。ものすごくウケが良くて，1年目だけで1万枚ぐらいの売り上げを記録しました。

その理由は，それまでのメディアの取り上げ方というのが物足りなかったからだと思います。みんなそうした情報が欲しかったのです。欲しかったけれど提供してもらえなかったので，ものすごく興味があって，みんなが見たがったわけです。

憲法の話題がタブーであってはいけない

私は全国あちこちを回って取材を受けました。1時間，2時間の長いインタビューで，みんなすごく興味を持って話を聞いてくれたのですが，新聞に出るのはとても小さな記事です。

記者からその後で「悪かったね」とよく言われました。デスクに切られた

というのです。記者はもっと深く書きたかったのですが，編集者のほうで，これはすこし偏り過ぎているのではないか，記事を載せると新聞が偏っているというイメージになるのではないかと考えて，小さな記事にされてしまったのです。

あのころ憲法9条を守ろうという声を上げていたのはほとんど共産党だけでした。そのため，声を上げている人はみんな赤だというイメージが強かったのです。ですから普通の新聞では一つの「タブー」になっていました。

考えてみればおかしな話です。新聞の中で憲法を改正するかしないかという公的な話題が，本当にタブーに近かったのです。

「九条の会」の果たした役割

2004年6月だったと思います。大江健三郎さんなど知識人9人が「九条の会」の呼びかけをしたのです。大江さんはノーベル文学賞を受賞した著名な作家ですし，ほかの8人も，加藤周一さんはじめ有名な方々ばかりでした。こうした人たちが記者会見を開いて「九条の会」をつくることを呼びかけたのですが，翌日の新聞はほとんど取り上げませんでしたし，テレビは一切報道しませんでした。

彼らはものすごくびっくりしました。たしかに世論の賛否が分かれているかもしれませんが，完全に無視するのは異常なことです。彼らは，だったら自分たちが街に出て，メディアを通してではなく，人々のところに行って直接呼びかけをするしかないと決意したのです。

それから3〜4年の間に7000もの「九条の会」が設立されました。ご存じないかもしれませんが，地域別，職業別などいろいろな形の「九条の会」があります。

「九条の会」の集まりが定期的にあって，勉強会や，上映会，講演会など，いろいろな取り組みを続けてきました。そうした組織が7000もあって，何百万，何千万人の人がそうしたところに関わって，憲法の歴史や意義を考え直すことになりました。

それが不思議な効果がありました。2004年，私が映画をつくろうとしていたころには，だいたい3分の2が憲法改正を支持するという世論調査が出て

いたのです。2008年か09年ごろになると逆になりました。3分の2が憲法改正に反対するようになったのです。これは大ざっぱな数字ですが，風向きが完全に変わったのです。

　これはマスメディアが取り上げたからではありません。2008年ごろになると，やっとのことで報道をするようになってきましたが，それまでは何もありませんでした。マスメディアのほうが遅れていたのです。マスメディアはずっとあまり変わりませんでした。中国脅威論や，北朝鮮のミサイル実験を取り上げて，憲法を改正すべきという報道が続けられていたのです。「九条の会」が大きな役割を果たしたと思います。

　もう一つ，イラク戦争の泥沼化も大きな影響を与えていたと思います。すぐ終わるだろうと思われていたイラク戦争が長期化する中で，超大国アメリカの軍隊が小さな国も制圧できない，戦争に成功できないということを普通の市民は見ていたと思うのです。日本がその米軍と一緒になって戦争に関わったら大変なことになるのではないかという結論を，普通の市民が自分で見て判断したのではないかと思います。

　いまはもっと強い勢いで自民党，安倍政権が憲法改正をしようとしています。また世界中では危機が続いています。中国との緊張関係は高まっていますし，北朝鮮が次々と実験を実施しています。その中で，日本の市民の間ではまだ憲法を改正しないほうがいいという意見のほうが強いのです。それは政治家に対して，自分たちの知識で判断していることの証だと私は思います。

IV　沖縄戦・米軍基地と『沖縄　うりずんの雨』

チャルマーズ・ジョンソンの転向

　『映画　日本国憲法』の中にチャルマーズ・ジョンソンという政治学者が出てきます。ジョンソン氏は，ちょうどチョムスキーが『知識人の責任』を出したころカリフォルニア大学の教授でした。彼の専門はアジア，特に中国の戦後史でした。彼はその当時，共産主義は非常に怖いものであり，ベトナム戦争は好ましいものではないが支持する必要があると言っていました。

　彼はまさに「責任を持って発言している知識人」の1人という感じで，私

たち反戦運動をしている者たちをとても批判していました。あなたたちはナイーブだから，本当の共産主義の姿を知らないのだと，非常に鋭く批判をしていました。また彼は CIA の顧問も務めていたのです。

1990年代に入ると，ソビエトが崩壊して冷戦が終わりました。そして共産主義の脅威がなくなりました。ジョンソン氏は，当然そこでアメリカは軍縮するだろうと期待していたのです。

しかし，軍縮はしませんでした。アメリカは共産主義の脅威がなくなったらほかの敵を見つけたのです。巨大軍隊を維持するためには，やはり敵がいないとだめなのです。その後は，北朝鮮，パナマ，グラナダ，いろいろな地域で戦争や，武力行使をともなう状況が続きました。

ジョンソン氏はそれを見て，「これはやはりすこし狂っている。アメリカには軍事主義の病気があるのではないか」と考えを変えました。彼は「その当時の学生たちが正しかった。自分は間違っていた」と自分で認めるようになったのです。

1995年，ジョンソン氏は太田昌秀沖縄県知事（当時）の誘いで沖縄を訪れました。そして沖縄の基地の膨大さに驚いたのです。こんなに小さな沖縄本島を占領しているということが信じられなかったのです。彼はそこからいろいろ調べ始めました。そして，その後に，『アメリカ帝国の悲劇』（文藝春秋）という本を書きました。アメリカは「基地による帝国」だという分析をしたわけです。

その後も彼は本を書き続けて，チョムスキーと並ぶぐらいアメリカの外交政策に対して批判的な声を上げました。転向と言ってもいいと思います。それが『沖縄 うりずんの雨』という映画にもつながります。

沖縄の基地問題を取り上げた理由

彼は特に沖縄においてアメリカのそのような政策・体制がよく見えるという発言を『映画 日本国憲法』の中でしていました。あの映画をつくった後に，米軍基地の問題を取り上げないと本当の意味の日本の平和憲法と，アメリカとの安保条約の上での日米同盟の姿ははっきり見えないと思い，『沖縄 うりずんの雨』という映画の制作を考え始めました。

長い時間軸で，当事者の目線から描く

　沖縄の問題というのは，インディペンデントのドキュメンタリーとして取り上げるのは難しいところがあります。

　一つには，沖縄の問題というのは毎日のようにテレビのニュースに出ていますし，NHK は毎年，沖縄戦のドキュメンタリーの制作をしていますので，すでにかなりの情報量があります。その中で私たちがドキュメンタリー映画をつくることでどのような貢献ができるか，何が私たちの役割なのかということを考えました。

　まず私たちが考えたのは，戦後70年という長い時間のことです。よく沖縄戦のドキュメンタリーがありますが，その沖縄戦といまの沖縄がどうつながっているのかというのがいまいち見えてこないところがあります。沖縄の反対運動は現在も起こっているのに，それが70年間ずっと続いているということが見えてきません。それが見えないと，沖縄の根強い反体制運動の理由や根拠がわかりませんので，まずは長いスパンで描くということを考えました。

　また，『映画 日本国憲法』では知識人や学者たちの発言が中心でしたが，沖縄については第三者ではなく，実際に沖縄で体験してきた人たちの声が聞きたかったのです。

　それはなぜかというと，沖縄というのはとても複雑で，その複雑さを表現するのは，その環境の中に住んでいる人たちにしかできないことだからです。外から学者が分析して発言しても意味はありません。そこがいちばん理解してほしいところなので，この映画ではほとんどの方が第一人者として，自分が経験したことを話してくれています。

　それが不思議な効果がありました。実際には自分の話しかできないのですが，それがいろいろな人の象徴になってくるのです。学者が分析して話せば，全体的な構造が見えるかもしれませんが，実はそこからは表面しか見えてきません。逆にその中で生きてきた人の話こそが，自分だけではなく，周りにいた多くの人たちを代弁，代表して発言することになっていくのです。

　この映画では18人ほどの人に中心となって話してもらっているのですが，不思議と総合的な映画になっているのです。不思議なことです。魔術です。

そうした少ない人たちの話の中で総合的で全体的な話になっているのです。

当事者証言の持つ強み

やはりテーマによって，話題によって，手法は違ってくるということをわかってほしいと思います。『映画　日本国憲法』のような作品は，歴史の長い流れを分析してくれる人の話が大事になりますが，『沖縄　うりずんの雨』のように沖縄の現状を表すには，自分で体験してきた人たちの話がいちばん効果的なのです。

そのかわり編集作業は大変でした。そうした人たちの話ばかりをつなげてつくり上げる映画というのはかなり時間がかかります。インディペンデントでつくっていくドキュメンタリーの一つの特徴だと思います。大きな会社なら短期間でスタッフを大勢動員して，脚本どおりに映画をつくっていくのですが，私たちは脚本があってつくるのではなく，いろいろな人の取材をした中で，何十時間，何百時間の素材の中から話を引っ張り出していきます。その証言と証言をつなげていくことで，「人間が生きてきた沖縄の戦後」を伝えたいという，そのような狙いだったのです。

これは効果的でした。そうした現実，事実は否定できないのです。偏っているとか，あるいはその人の分析であるということは，人間ですから当然あります。その中で生きて自分の目で見ているのですから，そうした発言はそれでいいのです。ですが，ちゃんと根拠があって，自分の経験から話しているので強い説得力になっていくのだと思います。

資料映像だけで伝える

もう一つ，私たちが狙っていたのは資料映像の使い方です。この映画に使っている資料映像はほとんどアメリカの国立公文書館にあった米軍が撮った映像です。100時間ほどあるのですが，それを全部見て，選んで使っているのです。

ふつう資料映像を使うときは，証拠のようにしてナレーションのバックや，誰かの話のバックに映像を流します。よく英語では，「ウォールペーパー」と言われます。つまり壁紙です。ですが，私たちが使った資料映像は，

ナレーションをかぶせないで,映像だけで語る,映像が一つの証言になっていくように工夫しました。
　そのような資料映像の使い方によって,現実の見方が変わってきます。ただ証拠があって,これがこのような場面だと伝えるのではなく,観客に自分がその場にいたのに近いような思いを経験してほしかったのです。

V　観客を尊重する

　『沖縄　うりずんの雨』は,『チョムスキー　9.11』のような静かな映画です。ナレーションをわりと抑えたものにしていて,プロパガンダや,きれいごと,理想,そうした大きなことは言わないで,事実を並べただけで映画をつくりました。チョムスキーに学んだことの一つです。それを理想として私は頑張って映画をつくりました。
　この映画に込められたメッセージは,世間や,特に安倍政権から見たら無責任な,偏った意見かもしれません。ですが「そうした事実がある」ということを伝えることは,責任あるものだと私は信じています。もちろんそれがすべてではないということは最初からわかっていますし,観客もわかっているはずです。ですから,このような内容を伝えていく中で,観客が自分で考え,分析や理解を深めていってほしいと思っています。
　アメリカでインディペンデントのドキュメンタリーをつくっている人たちは,「Respect the audience（観客を尊重する）」を大切にしています。インディペンデントのドキュメンタリーとテレビの違いは,テレビでは事実に対して「こう見なさい,こう見たほうがいい」ということをナレーションで提示するのですが,私たちがつくる映画というのは,「このような事実がありますが,それをどう理解するか,どう考えるか,どう解釈するかは観客に任せます」という方針を大切にしています。

───── コラム ─────

ドキュメンタリー映画の客観性と主観性

　講義の質疑応答で、『沖縄　うりずんの雨』を観た学生から「監督自身がナレーションを担当したのはなぜか」と聞かれた。私はいくつかの理由を述べた。映画の統一性（さまざまな場面で私の声が聞こえるから、ナレーションとつながる）や映画のスタンス（外国人の監督が複数の角度から沖縄を描く）などを考えたうえで、悩んだ末に決めたのである。

　その関連でおもしろい話があった。知り合いの映画監督は、私がナレーションをやっていることで「客観性を感じた」と言うのだ。意外なコメントだった。ふつうは、監督が自分でナレーションをやると主観的な印象を与える可能性が高くなる。彼のコメントの根拠はどこにあったのだろう。

　一般的に、テレビ・ドキュメンタリーの場合はとくに「客観性」と「中立性」が求められる。話し慣れた冷静な口調で、権威を感じさせるナレーションが読まれると、それらの基準が満たされやすく、視聴者も安心する。しかし、それがほんとうに「客観的」で「中立的」なのだろうか。

　どんな番組や映画をつくるときにも、万単位の選択がある。どこで誰を取材するか、インタビューのどの部分を使うか、どんな順番で編集するか、どんな音楽や効果音をつけるか、そしてどんな内容とどんな論調のナレーションをつけるか――。こうした多くの選択は、監督や製作者が自分たちの価値観や事実の理解・解釈によって決断する。根本的に「主観的」な作業なのだ。主観的な見解をもって取材したものを、どうやって客観的な報道に見せるか、それが主流のテレビ・ドキュメンタリーのプロセスである。その結果の一つとして、観客の常識的な見解から外れる内容は中立性に欠けるように見えるため、厳しく制限されていく。

　ただし、出発点が主観的だからといって、監督が勝手に事実を描くことが許されるわけではない。真実をそのまま「記録する」のは不可能だからこそ、監督には正直に、公平に事実を「描写する」よう努力する責任がある。その意味で、「客観・中立」より「正直・公平」という基準のほうが、ドキュメンタリー映画の精神に近いように思う。自分で読んだナレーションが客観的に聞こえたというのは、たぶん「この人がこういう姿勢で映画をつくった」ということを、そのまま正直に表に出すことができたからだと思っている。

11 ひきこもりを考える

山梨日日新聞編集局企画報道グループ
前 島 文 彦

I　はじめに
II　ひきこもりとはなにか
III　孤立する当事者
IV　家族の苦悩
V　当事者不在の施策
VI　連載は地域社会を変えたか
コラム　他者の痛みへの想像力を

I　はじめに

「ひきこもり」という言葉を知っていますか。
ひきこもりの定義をご存じですか。
ひきこもりの経験はありますか。
ひきこもっている友人はいますか。
ひきこもりの人が社会と再びつながるにはどうすればいいのでしょうか。
そもそも，ひきこもることは問題なのでしょうか。
山梨日日新聞は一昨年8月から昨年6月まで，私を含む取材記者5人と写真記者1人が担当して，ひきこもりを考える企画「扉の向こうへ」を連載しました。社会との接点がない当事者や家族の姿をどう取材したのか，その過程についてお話しします。

II　ひきこもりとはなにか

ひきこもりは「社会的課題」

　連載の端緒は，長期連載の題材を決める打ち合わせでの話題でした。「親の介護がきっかけで，子のひきこもりが発覚することがあるらしい」。高齢の親が介護を必要とするようになり，自治体の保健師やケアマネジャーが家庭に入って「実は奥の部屋にひきこもりの子どもがいます」という話題になる。子ども，といっても，若者ではありません。40代や50代になっていて，しかも，ひきこもりの期間が10年以上に及んでいる人もいるというのです。なぜそのような状況が生まれてしまったのか。想像できるのは「本人や親への支援がない。または支援とつながる段階で，妨げとなるものが存在する」ということです。単なる家族の問題ではなく，社会的な課題として時間をかけて丁寧に取材する意義があるとの判断に至りました。

ひきこもりへの偏見

　ひきこもりは私にとっても思い入れのある課題でした。1977年生まれで，いわゆるロストジェネレーションと呼ばれる世代です。私が就職活動をした2000年とその前後は，就職氷河期が続いていました。就職できずに「社会から必要とされていない」と思い悩んでひきこもりになる人もいました。働いている私とひきこもりの同世代を分けたのは偶然です。ひきこもりは私自身の問題でもあったのです。
　世間のひきこもりへの見方はたいへん厳しかったのを覚えています。本人や家族は「甘えている」「怠けている」「親の育て方が悪い」と責められました。ひきこもりの本人による事件が，その風潮に拍車をかけました。ひとつは2000年1月に起きた「新潟少女監禁事件」です。ひきこもり状態にあった新潟県柏崎市の男が9歳の少女を誘拐して9年にわたって自宅に監禁していた事件でした。この年の5月には「西鉄バスジャック事件」も発生しました。17歳の少年が高速バスを乗っ取り，乗客を牛刀で殺傷した事件です。少年には不登校とひきこもりの経験がありました。インターネット掲示板の

「2ちゃんねる」にネオむぎ茶というハンドルネームで事件をほのめかす書き込みをしていたことも，ひきこもりの暗いイメージを強化させたように感じます。「ひきこもりは何を考えているかわからない。不気味な存在だ」と，いわば犯罪者予備軍とみなす雰囲気がありました。家族にしてみれば，「ひきこもりの子がいます」と周囲に打ち明けられる状況ではなかったのです。

定義と背景

そもそも「ひきこもり」とはどのような状態を指すのでしょうか。先行研究や文献によってさまざまな定義がありましたが，連載がよりどころにしたのは内閣府が行った「青少年に関する調査研究」(2010年) でした。「自分の部屋から出ない状態が半年以上続く」という狭義のひきこもりと「趣味の用事やコンビニエンスストアなどに行く時だけ外出する」という広義のひきこもりを合わせると，69万6千人に達します。ただし，この調査研究が対象としたのは15歳から39歳までで，40歳以上は含まれていません。高年齢の当事者は対象外で，ひきこもりの全容を示しているとは言えませんでした（2016年9月7日に内閣府は新たな調査結果を発表しました。当事者数は54万1千人でした）。

内閣府の調査によれば，ひきこもりになった明確なきっかけは「職場に馴染めなかった」「病気」「就職活動がうまくいかなかった」「不登校」「人間関係がうまくいかなかった」の順です。一方で，4人に1人が「その他」を理由に挙げていました。ひとつの理由や原因に限定できるわけではなく，複数の条件が積み重なった結果としてひきこもり状態になる事情もうかがえます。取材では「部屋から出ない」「家にずっといる」という物理的な状態ではなく，家族以外との人間関係がなく社会的に孤立した状況を重視しました。他者との関係が途絶した結果，再び自立した生活を営むことが難しくなるからです。

III　孤立する当事者

当事者に近づくことすらできず

世間との接点がほとんどない人たちにアプローチする試みですから，取材

は難航を極めました。以前からの取材で関係があった民生委員や自治体の福祉担当職員，保健師に聞いたり，知人の知人といった人脈を頼ったりしながら，ひきこもりの当事者との橋渡しを依頼しました。けれど，個人情報やプライバシーを理由に難色を示されました。「ひきこもりは他人に漏らしてはならない，隠すべきこと」という意識があるから難しかったのです。

　山梨県内には当時，当事者を支援する社会資源はほとんどありませんでした。ひきこもり専門の相談窓口はなく，自治体が過去に当事者や親を対象に調査を行ったこともなかったのです。ひきこもりの支援に関しては，いわゆる「後進県」だったと言えます。国内におよそ70万人いるということは，山梨県内にも4300人程度の当事者がいることになります。数字の上では存在するはずなのに，当事者に近づくことさえできませんでした。

家族会との出会い

　そこで出向いたのが，「KHJ全国ひきこもり家族連合会」でした。ひきこもりの親たちが互いを支え合うために設立された家族会です。東京に本部があり，全国に支部があるのですが，山梨にはありませんでした。最初は取材というよりも，「どうすれば会うことができるのでしょうか」という相談のために訪問しました。取材の趣旨を説明して協力を求めると，家族会の方も「山梨に親の会がないことをとても心配していました」と言いました。その場で，ひきこもりのシンポジウムを山梨県甲府市で開き，親の会を立ち上げる，という運びになりました。

　話を聞きながら，半信半疑でした。山梨県は田舎です。単に人口が少ないだけではなくて，「顔の見える関係」が残っています。地域コミュニティーが比較的強いので，周囲の目を気にする人や世間体に束縛されている人もいます。シンポジウムという公の場に親たちは来てくれるのだろうか，との懸念がありました。

　しかし，当日は100人を超える人が会場を訪れました。「清水の舞台を飛び降りるような気持ちでした」という人もいました。「苦しい思いをしているのは，ずっとうちだけだと思っていた」と涙ぐみながら講演を聴き，シンポジウムの終了後には親同士で定期的に集まることになりました。「親の会」

の設立が決まったのです。

　会場にはひきこもりの本人も訪れました。「このタイミングを逃したら，一生ひきこもりかもしれない」と話していました。当初の予想をはるかに上回る人たちが訪れたことをうれしく思うと同時に，「ひきこもり」という課題やその家族から目を背けてきたことを痛感した1日でした。シンポジウムが開かれた2014年8月16日を起点として，取材環境は大きく変わることになります。

「聞く」ことの難しさ

　シンポジウムでは本人に取材を申し込みましたが，なかなか受けてもらうことはできませんでした。世間の厳しいまなざしを一身に受けてきた人たちですから，当然かもしれません。応じてもらっても，想定通りには取材を進められません。コミュニケーションが苦手な人，気分障害がある人もいます。直前に取材がキャンセルされることもありました。

　いざ取材の段階になっても，自分の経験をうまく言葉にすることができない人もいます。長期にわたってひきこもり状態にある人は，なぜ自分がひきこもったのかを「覚えていない」，あるいはひきこもりの間のことは「思い出したくない」と言うのです。質問を投げかけても，考え込んで黙ってしまう。互いに沈黙したまま時間だけが過ぎていく。話を聞くことができず，取材が終わることもありました。しかし，いまになって振り返れば，語らうことはしなくても同じ時間を共有することで，少しずつ心を開いてもらえたのかもしれません。

45歳，ひきこもり5年

　当事者との信頼関係を少しずつ構築するなかで，徐々に込み入った話ができるようになりました。永嶋聡さんもそのひとりでした。取材時は45歳。およそ5年の間，ひきこもりの状態にありました。不登校の経験があり，中学校を卒業した後に職業安定所に行ったのですが，「あんたに紹介する仕事はない」とけんもほろろに追い返されます。求人誌を手に仕事を探し，最初に就職したのは刺身のつまをつくる千葉県の工場でした。若かった永嶋さんは

そこで一生を終えるつもりはありませんでした。東京に移り住み，職場をわたり歩きます。コンビニエンスストアやコールセンターで働き，キャバクラの客引きもしました。勉強家で哲学書や経営学の専門書も読みこなすのですが，学歴へのコンプレックスが強かったのです。「学歴がないのだから非正規の仕事にしか就けないのも仕方がない。せめて不要な人間だと思われないように」と同僚の顔色をうかがいながら働きます。自己肯定感が低く，周囲のわずかな空気の変化も気になってしまう。失敗すれば自分を責め，同僚も「駄目なやつ」と馬鹿にしているに違いないと思い込んでしまう。ネガティブな経験を積み重ねるうちに，「社会のどこにも居場所がない」という実感が強まっていきました。

生きづらさに万能薬はない

内閣府の調査で，ひきこもりの理由として最も多かったのは「その他」でした。原因が特定できるならばそれを取り除けばいいのですが，長い時間をかけて少しずつ積み重なった問題について，即効性の「万能薬」はありません。生きづらさを一身に受けて，我慢に我慢を重ねて，ある日突然押しつぶされてしまうのです。

永嶋さんもそうでした。「学歴がない。正社員として雇ってもらうこともできない。人生の目的も見いだせず，ただ口に糊するために生きている」。すべて自分のせいだと思い込むようになりました。最後は「しばらく休ませてください」と上司に言って，ひきこもりになります。休業手当が打ち切られて自立した生活が難しくなり，八ヶ岳の麓にある北杜市の実家に戻ります。

それ以来，8畳の部屋が世界のすべてになりました。部屋とトイレと台所と風呂を行き来するだけ。年老いた両親に顔を合わせるの

ひきこもりの当事者を伝える紙面

(出典) 山梨日日新聞，2014年9月22日，1面

もつらい。40歳にもなって親に頼らなければ生きていけない。その境遇が情けなく，親にも合わせる顔がありませんでした。親がいない時間帯を見計らって余り物を食べ，趣味の本をインターネットオークションで売って生活の足しにしたそうです。

ひきこもりは悪なのか

20年以上も働いて，ある日突然ひきこもりの状態になるのです。理由もはっきりしません。ただ，漠とした生きづらさを感じていた，と言います。ひきこもりは特別な人の特別なできごとではなく，誰もがひきこもりになり得ることを取材班も実感しました。そのような時代に私たちは生きているということです。

取材したひきこもりの当事者には，自死を企図した人もいました。ある当事者は「死ねなかったからひきこもりになりました」と言うのです。取材した当事者は掲げる理想と現状のギャップに苦しんでいて，気楽に生きている人はひとりとしていませんでした。

私は，ひきこもりそのものは，悪いことだとは思っていません。自ら孤独を選ぶことに問題があるとも思いません。社会から距離を取りながら自立した生活ができるのならばひとつの生き方として尊重されるべきだと思います。けれど，孤立することを自ら望んでいないのならば話は別です。社会とのつながりが途絶えることによって，収入も得られず，自分の存在意義も見いだせないということはあり得ることです。自分のことに置き換えて想像してみてください。誰からも顧みられることなく，社会に「居場所」も「役割」もない暮らしがあなたの理想的な生き方といえるのでしょうか。苦しんでいる人がいるならば，支援を考えることが建設的だと思います。

IV　家族の苦悩

ひきこもりを抱える家庭の苦しみ

親も苦しんでいます。我が子がひきこもりになった事実を受け入れられません。初めは感情の赴くままに怒り，「働きなさい」「これからどうするつも

りなのか」と子を責めます。同じ家に住んでいれば，ひきこもっている子を目の当たりにします。姿を見なくてもその部屋にいることはわかっているので，鬱々とした気持ちで毎日を過ごすことになります。「この子さえいなかったら」と思う親もいます。ある母親は取材に「あの子は私がおなかを痛めて産んだ子どもなんです。でも世間からは役立たずと言われる。親のせいだと言われる。どうすればいいのかわからないのに」と泣き崩れました。

　53歳の父親を取材しました。男性と妻，長女，長男。それに男性の実母の5人暮らしでした。長男が小学校5年生の1学期から不登校になりました。父親がその事実を知ったのは2学期になってから。妻からその事実を告げられた男性は「そのうちに行くだろう」と取り合わなかったそうです。子を甘やかすこともなかったのですが，あまり家庭を振り返ることもありませんでした。長男は中学卒業まで学校に行かず，その後はひきこもりの状態になります。

　長男がひきこもっていたのはトイレでした。トイレットペーパーを細長く縒って三つ編みにして，それをお守りのように壁に貼り付けていました。トイレに何時間もこもっていることがあり，父親はその行動を理解できず，どうしていいかわからなかったそうです。やり場のない感情をぶつけるかのように，壁には長男が引っかいた爪の跡が増えていきました。

崩壊する家族

　長男のひきこもりをめぐって，家族は感情的に対立していきます。特に祖母と男性の妻の関係は極めて険悪になります。祖母は苦労人でした。若くして夫が病死してしまい，女手ひとつで子ども2人を育てました。口癖は「いつか，まわりがうらやむような暮らしがしたい」でした。2人の子どもを成人させて，長男夫婦と暮らす生活は，本人にとっては理想の暮らしだったのでしょう。その暮らしが孫のひきこもりによって滅茶苦茶になってしまったと感じたのかもしれません。

　ことあるごとに長男夫婦を責めました。「お前たちの育て方が悪いから，ひきこもりになった」。妻は立つ瀬がありません。子のひきこもりに苦しみながら，誰にも相談できず，義理の母からは責められる。やがて，うつ病に

なり，入退院を繰り返すようになりました。夫婦で道を歩きながら話し合っていたとき，妻は「私なんか」と叫んで警報が鳴っている踏切に駆け出しました。男性は妻を羽交い締めにして，どうにか自殺を食い止めましたが，家族を続けるのは無理だと思い，「お母さんをこの家から解放してあげようと思う」と2人の子どもに相談して離婚しました。

「父親目線」を捨てる

　妻とは離婚して，長女は大学に進学したため，男性は長男と母親との3人暮らしになりました。子育ての全責任は自分にあるとの焦りから，長男にこう言います。「学校に行かないなら，仕事を見つけなさい」。その一言をきっかけにけんかが始まりました。長男は「それができれば，とっくにそうしている」と言い，互いに胸ぐらをつかみながらのけんかになったのです。けんかの後，長男は部屋で泣き続けました。それ以来，男性は「父親目線」を捨てて，「かなり年上の先輩」として接するようになりました。自立を促すようなことをせず，子どもの変化を待ち続けました。

無条件に受け入れる

　転機は突然やってきました。不登校と合わせると7年にわたってひきこもりの状態にあった息子が「お姉ちゃんのところに行こうかな」と言い出したのです。男性は夢を見ているようだったと振り返ります。「どうせすぐ帰ってくるだろうが，行きたいというならば」と姉弟が住める新しいアパートを借りました。しかし，「すぐに帰ってくるだろう」という男性の予想に反して，息子が戻ってくることはありませんでした。アルバイトをするようになり，1人暮らしも始めました。働きながら，通信制の高校も卒業しました。
　モラルハラスメントという言葉があります。ある特定の価値観に基づいて，それとは異なる価値を否定したり，自らの価値観を押し付けたりする嫌がらせや言葉の暴力のことです。加害者にはまったく罪悪感がないこともあります。「よかれ」と思ってやっているから，なおのこと質が悪いと言えます。自分の生き方や価値観がベストだと信じて，それを押し付けるような人もいます。この男性は「なぜひきこもりになったのか，その始まりも終わり

も，理由はわからない」と言いました。ただ，親の価値観を押し付けるのをやめて，子どもを無条件で受け入れたことが変化を促したのかもしれません。

長期化と高年齢化

　ひきこもりは「長期化」と本人と親の「高年齢化」が進んでいます。「親なき後」を不安に感じている人は，少なくありません。取材した79歳の男性もそうです。49歳になる長男がひきこもりの状態でした。

　長男は高校時代には生徒会の役員を務め，野球部が甲子園に出場したときにはアルプススタンドで応援する活発な性格でした。勤め先の電子部品工場でも，その責任感の強さから同僚に頼られます。社内評価も高く，山梨県内の工場の一部機能を東北にある工場に移す事業の全責任を負わされます。半年以上にわたる仕事が大詰めを迎えたころ，男性はホテルの布団から出られなくなりました。父親が「何があった」と聞いても，「どうせわからない」としか言わず，母親がドア越しに話しかけても会話を拒み続けました。

　まったく変化がなかったわけではありません。8年が過ぎたとき，「働こうと思う」と履歴書を買ってきて，ハローワークに通い始めます。しかし，就職活動はうまくいきませんでした。面接までたどり着いた企業はごくわずかで，受けても「不採用」の通知しか届きません。働きたいという思いはあっても，「履歴書の空白」に世間は冷たかったのです。社会とつながる道は閉ざされました。男性は20年以上にわたって，ひきこもりの状態にあります。

　「長期化」と「高年齢化」の問題は多岐にわたりますが，ひとつは当事者の身体機能が衰退することです。「ひきこもり外来」を全国で初めて開設した中垣内正和医師（新潟県）によれば，糖尿病や心臓疾患にかかるリスクが高まります。実年齢からは想像できないような「早期老化」の状態になります。また，非日常であるはずのひきこもりが常態化した結果，外部とつながるきっかけがつかみづらくなります。親の介護のような変化によって初めてひきこもりも明らかになるのですが，そのときには支援が極めて難しくなっているのです。

V　当事者不在の施策

厚労省「若者自立塾」プロジェクト

　政治や行政は「ひきこもり」とどう向き合ってきたのでしょうか。国会議員や官僚への取材から明らかになったのは「当事者不在」のまま政策決定が行われてきたという事実でした。

　厚生労働省の元官僚だった男性はひきこもりやニートへの問題意識から，2004年に「若者自立塾」という事業を提案します。これは合宿形式での生活訓練や労働体験を通じて，若者に働く意欲を高めてもらうという構想です。厚生労働省内での調整は済んだのですが，財務省は首を縦に振らなかったのです。通常ならば3回ほどで終わる財務当局への説明は10回以上となり，政府原案が公表される12月になっても予算化が決まりませんでした。

　財務省は「怠け者のために税金を使うなんて，国民感情が許さない。どうしても予算化したいならば就労率を掲げろ」と男性の提案をはねつけます。男性は当初，「就労率を示すのは無理」と拒否しました。就業はおろか，他人と話すことにも苦手意識がある当事者もいます。しかし，財務省は首を縦に振りませんでした。いくら理想を掲げても実現できなければ，絵に描いた餅に過ぎません。折衝の結果，「就労率7割」で合意に至ります。

縦割りの狭間に取り残されたひきこもり対策

　男性は翌年度，「地域若者サポートステーション（サポステ）」という事業を提案しました。これはキャリアカウンセラーによる当事者の就労支援施設を全国に設置する案でした。しかし，この構想の実現にも困難が伴いました。「敵」は財務省ではなく，ほかの省庁でした。中央省庁では高齢者福祉なら厚生労働省，学校教育なら文部科学省と管轄が明確に分かれていますが，ひきこもりは縦割りの狭間に取り残された課題でした。労働問題であり，教育問題であり，福祉問題でもありますが，基本法も支援法も制定されていないために責任の所在が明確ではないのです。縦割り意識は裏を返せば縄張り意識でもあります。サポステは省庁の枠を超えた事業でした。男性は

他省庁にも足を運び，妥協を重ねながら構想の実現を目指します。こうしたことは当たり前に聞こえるかもしれませんが，霞ヶ関の常識からすれば「出過ぎた真似」だったのです。

　事業は始まりました。しかし，数字ありきで決定された政策や省益を鑑みた妥協の結果，支援の現場で問題が発生します。就労率を上げるために「就職しやすい人だけを支援する」「コミュニケーションに難がある，ひきこもり期間が長期に及んでいるような支援困難な人の対応はしない」という状況が生まれたのです。男性はひきこもりの子がいるある母親からこう言われました。「サポステに行ったら，『あなたみたいな人は支援できない』と言われた」と。人間関係で苦しんできた人たちが社会とつながるために支援機関を訪れたら門前払いされ，再び孤立する。そんな悪循環が起きてしまいました。

無視される当事者の苦しみ

　政治もひきこもりの当事者の置かれた苦境に寄り添うことはありませんでした。そもそも不登校やフリーター，ニートに比べると，国会でひきこもりに関する質問や答弁が行われること自体が少なく，関心は低いです。当事者不在の議論が行われました。たとえば2012年3月，野田佳彦首相はひきこもりについて問われてこう答えています。「本人の意欲と能力が発揮できない状況は社会にとっても大きな損失で，ひきこもりが解消されていくことは分厚い中間層の復活につながる」。ひきこもりの当事者を「働かせる」ことが国益にかなうというニュアンスで，労働力の目安としてしかみていなかったのです。

　適切な支援が行われなかった結果，ひきこもり期間の「長期化」と当事者の「高年齢化」が進みます。山梨県が2015年に民生・児童委員から聞き取った調査では，その一端が明らかになりました。40代以上の当事者が6割を占めたのです。内閣府の調査を踏まえると，40代以上も含めれば100万人以上という数字が現実味を帯びます。国民の「100人に1人」がひきこもり状態にあるとも言い換えられます。

VI 連載は地域社会を変えたか

読者の反響の変化

　連載が始まった当初，読者の記事への評価は真っ二つに分かれました。どちらかと言えば否定的な意見が多かったです。「ひきこもりなんてくだらないことを記事にするべきではない」「連載はいつ終わるのか」との感想や意見が寄せられました。一方で，肯定的な意見もありました。「ひきこもりの人や家族の苦しみを初めて知った」という声でした。回を重ねていくうちに，少しずつ肯定的な評価が増えていきました。連載が終わるころには，「ひきこもりの人たちのために，何かできることはないか」と当事者支援に関わろうとする人たちまで現れたのです。

　取材環境も変わっていきました。初めは当事者を紹介してくれる人はいませんでしたが，記事を書くうちに当事者や親から直接情報が入ってくるようになったのです。「話を聞いてほしい」という人もいました。止まっていた時計の針が動き始めたのです。

　行政も動き出しました。連載後には山梨県が当事者の実態調査に乗り出し，ひきこもり専門の相談窓口を新設しました。山梨県昭和町は駐在所だった施設をひきこもりの本人が集まる居場所として開放しました。居場所を運営するのはひきこもりの当事者で，全国でも先駆けた取り組みとして注目を集めています。

世間のまなざしは

　なにより，世間のひきこもりへのまなざしも変わってきた，と親たちは感じています。以前は子どもがひきこもっているとは，誰にも言えませんでした。しかし，その雰囲気が変化してきたというのです。親の会に訪れたある母親は出かけるときに，近所の人から「きょうはどちらへ」と聞かれました。「ちょっとそこまで」と言葉を濁すこともできたでしょう。しかし，思いきって「ひきこもりの親の会に行くんです」と答えた。すると，その人は「そう。がんばってね」と励ましてくれたそうです。親の会の雰囲気も明る

くなりました。「最近息子さんはどう？」「相変わらずよ。全然部屋から出てこない。でも，待つしかないわよね」と大声で話している親もいます。隠さなくてもいい，困ったときは助けてと言っていいんだという空気感が生まれたのです。

当事者に寄り添う

　思い込みや偏見で語られる問題は数多くあります。ひきこもりについて言えば「本人の怠け」「親の甘やかし」といった指摘がそれに当たります。先入観に基づいた意見は，たいてい自己責任論に落ち着きます。しかし，取材で明らかになったのは，ひきこもりは現代社会にこそ問題の根があるという事実でした。「将来を見通せない」「やり直しがしにくい」「結果重視で過程を大切にしない」「コミュニケーション能力を過剰に重視する」「違いを認めずに排除する」。そのような社会の有り様に生きづらさを感じて，ひきこもりの状態になるのです。

　取材では思い込みや偏見から離れて，現場を歩き，本人と家族の声に耳を澄ましました。「ひきこもりは誰もがなり得る現象で，当事者は苦しみのなかにいます」という実像を伝え，「ひきこもりから目を背けることは，本人の生活の質を著しく低下させ，地域から活力を奪い，社会保障制度にも影響します。公共私すべての位相で深刻な問題を引き起こしかねません」と少しだけ先の未来を予測しました。

　私たちのメッセージを受け取った人たちは，個人にせよ，民間団体にせよ，自治体にせよ，ひきこもりを他人事ではなく自分事としてとらえ，支援のために動き出しました。問題を「可視化」する報道が礎となって，事実に基づいた建設的な議論やアクションが展開されるようになったのです。

　ひきこもりに限らず，思い込みや偏見で語られる問題は数多くあります。そして，バランスの取れた情報の獲得はより難しくなっているように感じます。見たいものしか見ない，聞きたいことしか聞かない，知りたいことしか知ろうとしない。自分の関心の外に意識を向けるというのは，ことのほか難しいものです。事実に基づかない不毛な議論が繰り広げられることになります。

社会課題としてのひきこもりをビジュアルで解説した紙面

(出典) 山梨日日新聞，2015年6月25日，15面

　ジャーナリズムの仕事は地味です。愚直に聞いて，地道に書く。その繰り返しです。けれど，相互の理解が行き違いがちな時代だからこそ，議論の基礎となる「ファクト」の重要性は増していくのではないかと思います。

── コラム ──

他者の痛みへの想像力を

「私の家族もひきこもりでした」。講義後の質問時間に，ある学生がそう切り出しました。打ち明けた，というのが正しいのかもしれません。「その事実を不特定多数の人たちの前にさらすのはどれほどの勇気が必要なことだろう」。かすかに震えた声を聞きながら，その胸の裡を量りました。

「ひきこもりです」「困っています」「助けてほしい」。当事者も一言が言えません。「どうせわかってもらえない」と抱え込んでしまいます。「ひきこもり」という言葉には自発的な意味合いが多分に含まれますが，実際には「ひきこもらされ」ているという表現が正確かもしれません。生きづらさを背景に社会から追いやられ，再びつながろうとしても偏見という高い壁がそびえています。だから，ひきこもりの状態が長く続いて，終えることができないのです。

2016年9月7日に，新たなひきこもりの調査結果が内閣府から公表されました。15〜39歳の当事者の数は54万1千人。2010年の前回調査と同様に，今回も40歳以上は調査の対象から除外されました。本人と親の最大の関心事とも言える，ひきこもり期間の「長期化」と当事者の「高年齢化」は，またも無視されてしまいました。

内閣府の担当者は取材に「ひきこもり全般を所管していない。子どもと若者を担当する部署として法に則って調査した」と答えました。職分の範囲で責任を全うしたに過ぎない，との態度。公務員としては満点回答なのかもしれませんが，ひきこもりという課題の大きさを知り，当事者の苦しみを目の当たりにしてきた身としては，素直に受け入れられません。

内閣府はより詳しい年代別の数字も公表しています。2010年調査では，当事者約70万人のうち，35〜39歳は23.7％でした。あれから6年がたち，その人たちはいま，どうしているのでしょう。40歳以上を調べていれば，その動向も把握できたはずです。ひきこもりは「Hikikomori」として海外で通用するほどに日本の社会的課題になっているにもかかわらず，国の中枢はこのさき数年，事の本質に関わる数字を示せないことになります。

私が言いたいのは，相手の身になって考えてみませんか，というただそれだけのことです。国の担当者が長期高年齢化を懸念する家族の心境に思いを寄せていれば，40代以上の中高年層を含めて調査したはずです。本人と家族の苦悩に寄り添える社会ならば，当事者がひきこもりではなくなる可能性も高まるでしょう。他者の痛みへの想像力が欠落した社会では，誰も幸せになれないと思います。

12　広島から「原爆」を伝える

NHK広島放送局　報道番組チーフ・プロデューサー
高 倉 基 也

I　原爆ドームの横で考える
II　オバマ大統領の広島訪問を取材して
III　歴史の闇に葬られた被ばく者たち
IV　きのこ雲の下の事実を伝える
V　伝えたいことはありますか
コラム　現場で見つけた伝えたいこと

I　原爆ドームの横で考える

　東京，NHK放送センターの報道局でチーフ・プロデューサーとして働いていた2年前，私は広島放送局に異動を命じられました。それから広島で報道番組の制作に携わっています。私がいま住んでいる場所とNHK広島放送局との間には原爆ドームがあって，毎日その脇を通って通勤しているのですが，私にとって原爆ドームは，その前に行くと必ず何かを考える場所になっています。この2年間，その場に立ち止まって原爆投下や広島の人たちのことを考えることをくり返してきましたので，きょうは，私が通勤中に考えてきたことの中から，原爆の問題を伝えるという事についてお話しさせて頂きたいと思います。
　取材や制作の過程で私たちがどのようなことを考えているのかということを，率直，具体的にお話ししますので，何か感じとってもらえればうれしいです。

II オバマ大統領の広島訪問を取材して

オバマ大統領の広島訪問を伝えて

　実は先週，広島は大騒ぎでした。アメリカのオバマ大統領が，現職の大統領としては初めて広島を訪問し，平和記念公園でスピーチをしたのです。

　あの日，生中継の映像がテレビで流れたのをご覧になった方もいると思いますが，民放も含め全国で流れた映像は全て同じで，実は私たちNHK広島放送局が制作した映像でした。私たちが代表して取材をし，中継映像をつくって，それを全国の民放，そして海外の放送局に配信しました。私はその現場責任者として式典中継に立ち合いました。

　こうしたセレモニーの場合，何社ものカメラが入るとセキュリティをはじめ，現場が混乱するという理由から，代表取材という形になることがあります。1社が代表して複数のカメラ，今回は9台のカメラを出して現場を切り取り，それを中継車でスイッチングして放送するわけです。その映像は民放各社がニュースその他の番組で使っていいというルールがあります。それが今回は，国内の放送局だけでなく，CNNを通してアメリカにも流れました。

広島にとってのオバマ大統領訪問の意味

　オバマ大統領の広島訪問は，広島に住んでいると本当に大きな歴史的な出来事だったということがよくわかります。

　世界初の大量殺戮兵器，原子爆弾を71年前に投下した国の大統領が，落とした場所にやってくるということ，これは被爆者の方たちがずっと望んでいたことなのですが，これまで一度も実現しませんでした。

　ご存じかどうかわかりませんが，今回オバマ大統領がスピーチをしたあの場所は，もともと公園ではありません。あの場所は映画館やビリヤード場など娯楽施設があった繁華街で，広島の中でもすごく賑やかな中州の街だったのです。そこが爆心地になり，あそこで暮らしていた人たちは一瞬にして亡くなりました。いま，公園はコンクリートで覆われていますが，少し掘ると

まだご遺骨が出てくるそうです。そうしたことをこの2年間で学んだりすると、あの場所に、アメリカの大統領が立つということは非常に大変なことなのだと感じます。

戦後の歴代のアメリカ大統領が一度も来なかったこの地に、オバマ大統領が立つという事がようやく実現するということで、被爆者の方たちは複雑な思いを抱きながらも訪問に期待していました。

私たちも、原爆ドームをバックにオバマ大統領が立っている映像を見たときには、やはり感慨深いものを感じました。

伝え手としての複雑な思い

中継映像では、代表で式典に参加した被爆者の方々がオバマ大統領と手を取り合い、抱擁する姿が映し出されました。このシーンに心を打たれた人も多いと思います。非常に前向きな印象を残したと思います。

ですが、私たちは実は少し複雑な思いでした。というのは、この式典は、日本政府、外務省それからホワイトハウスが中心になって計画を組んだのですが、それが私たちの目にはある意味政治のショーのようになっている印象があったのです。安倍首相が終始オバマ大統領の横にいたのもその印象を強くしました。

今回の訪問に際し、被爆者が本当に望んでいたのは、オバマ大統領がこの場所に来て、被爆者の話を聞いたり資料館の遺品を見たりして心から何かを感じてくれることでした。それが核兵器を巡る世界の現実を変えるきっかけになると信じているからです。訪問の実質的な意味はそこにあると考えていました。

しかし、実際のオバマ大統領の動きはそれとは程遠いものでした。中でも、平和記念資料館にいた時間がわずか10分だけでした。資料館は、そこに行けば必ず感じるものがあるという場なのですが、滞在した時間はたったの10分、しかも私たちはその映像を撮ることが最初から許されなかったのです。

アメリカでは、オバマ大統領の今回の訪問を快く思っていない人たちが大勢いました。大統領が広島で被爆の実相に触れ何かを語れば、原爆投下につ

いて謝罪したということになるとして非常に警戒していました。そうした政治的な限界を抱えながら大統領は広島へ来ていた訳です。

　また，オバマ大統領はスピーチの中で，謝罪をしなかったのはもちろん，アメリカが原爆を投下したことをはっきりと言葉にしませんでした。

　「71年前の明るく晴れ渡った朝，空から死神が舞い降り，世界は一変した」という冒頭の文言がその象徴です。原爆投下を何か他人事のように捉えていたような印象を受けました。その上で，大統領は"核保有国は恐怖の論理から逃れ核兵器のない世界を追求しなければならない"とメッセージを語ります。一方で具体的な計画は示しませんでした。

　その言葉に釈然としないものを感じながら，生放送で伝えなければならなかった事を忸怩たる気持ちで思い返しています。

　被爆者の方たちからは「今回，謝罪は求めない代わりに，核兵器がいかに残酷なのかを知って欲しかったのに，中途半端だった」という声が多く聞かれました。せめて今後，オバマ大統領がその言葉の責任を果たすかどうかを見届けなければいけないと思います。被爆者の方々もそれを見ています。

　ぜひみなさんも，「来てくれてよかった」だけで終わることなく，「オバマ大統領はあそこで誓ったことをちゃんと守っていくのだろうか」という視点を持ってアメリカ，そしてアメリカの方針に追随し続けてきた日本政府の今後の振る舞いを，しっかり見ていって欲しいと思います。

広島という特別な場所で感じること

　2年前に広島に赴任するまで，私は核兵器についてそこまで真剣に考えていたとは言えなかったと思います。ただ，未だに現場にご遺骨が埋まっているといった現実や，被爆者の方たちがどんな思いでいま生きていらっしゃるかということを知っていくにつれ，やはり自然と気持ちが変わっていきました。

　今回，オバマ大統領の訪問を前に，私たちは『クローズアップ現代＋』で，訪問決断に至るホワイトハウスの舞台裏と被爆者の思いを，両方からみていく番組を放送しました。その番組に入局2年目の女性ディレクターが関わったのですが，彼女には，アメリカ大統領と被爆者の関係についてわかる映像をピックアップするために，NHKが制作したあらゆる過去の番組を探

してもらいました。

『クローズアップ現代＋』には，ディレクター通信といって，放送後に制作者が取材後記を書いて全国のNHK放送局に配るという慣習があるのですが，そこに彼女はこのような感想を寄せていました。

> 「ちょうど1年前の5月，広島に来て被爆した女性のお話を聞いたとき涙が止まらなくなったのをよく覚えています。『私は夕焼けが大嫌い。真っ赤な広島を思い出すから』と体を震わせて話す姿を見て心臓がよじれるような感覚を覚えました。今回，膨大な過去の映像を見て，あの原爆が1945年8月6日までの日常を一気に破壊したんだという事実を改めて突きつけられたように思いました。同時に，広島を記録し続けてきた先輩たちの足跡に触れ，熱くこみ上げるものがありました。私ももっと現場に触れて没頭しなければと，気を引き締められる思いでした」

それこそ彼女はもともと原爆に強い関心があった訳ではありませんでした。被爆者の方のお話を聞いてこうしたことを感じていたのだと，私も今回初めて知りましたが，広島という場所で取材者がどのように原爆というテーマを"背負っていく"のかを象徴する文章だと思います。

彼女だけでなく，広島という土地で仕事をしていると信じられないぐらい色々なことを感じます。そうした現場なのです。原爆や戦争といったことにまったく関心がない人も，一回来ていただくと何か発見があるのではないかと思っています。

III 歴史の闇に葬られた被ばく者たち

NHK広島放送局と「8・6」

NHKの報道番組のプロデューサーにとって広島には重要な意味があります。それは8月6日に，『NHKスペシャル』をはじめとして世界に訴える内容の原爆関連番組を必ずつくらなければならないからです。8月6日の夜に放送するものなので，「８６（ハチロク）」と呼んでいます。

これは戦後10年目ぐらいから歴代の先輩たちがつくり続けてきた放送枠

で，NHK広島はずっと力を入れて守ってきました。

　戦後しばらくはGHQが報道管制を敷いていて，なかなか被爆者の方たちについて伝えられない時代がありました。10年たって，ようやく被爆者の方たちがどんな苦しみを抱いているのかを伝え始めます。失われた街にどんな暮らしがあったのかも伝えました。

　その後，原爆という兵器の解明が進んでいくにつれ，科学に焦点を当ててこの兵器の脅威を伝えるようになりました。たとえば『原爆投下10秒の衝撃』（1998年）という番組があります。原爆が炸裂してたった10秒の間にすべてが決まってしまったということを科学的に解明した番組です。

　爆弾が炸裂する前に放射線は街に降り注ぎ，その後，熱線が一瞬にして街に放たれ，3000度の火の玉が街を覆いました。そのあと激しい爆風が街を襲い，建物をなぎ倒しました。私たちは「放射線→熱線→爆風」と呼んでいますが，この番組で原爆がそうした順序で被害をもたらすことを初めて科学的にスクープしたのです。

　「世界は原爆をどう見ていたのか」というテーマを取り上げたこともありますし，数年前には，「実は日本軍は米軍側の投下の極秘情報を事前にキャッチしていた」という事実もアメリカの公文書をもとにスクープしました。こうした放送をずっとくり返して今日に至っています。

　「８６」は非常にプレッシャーのかかる番組です。それを担当しているチーフ・プロデューサーの私とディレクターは，８月６日の放送が終わるとすぐに，次に何を題材にするか検討会を繰り返し取材に取りかかります。ほぼ１年かけて，番組を制作するわけです。

歴史の闇に葬られた被ばく者たち

　私が最初に関わった2014年の「８６」の番組について少しお話しします。

　みなさん，第五福竜丸の被ばくについてご存じですか。原爆投下から９年後の1954年，アメリカは太平洋のビキニ環礁で水爆実験を行いました。当時，ソ連とアメリカは水爆の開発競争を繰り広げており，競うように水爆実験を繰り返していたのですが，日本の遠洋マグロ漁船「第五福竜丸」が太平洋で操業中に，水爆実験によって発生した放射性降下物（死の灰）を浴びて

被ばくしてしまったのです。乗組員が1人亡くなりました。私たちは，この"事件"に，別の光を当てたスクープ番組を制作しました。『水爆実験　60年目の真実～ヒロシマが迫る"埋もれた被ばく"～』です。

当時，ビキニ環礁の周辺では，900隻を超える日本の船が操業していました。しかし，日本政府はこれまで，水爆実験で被ばくしたのは，第五福竜丸だけだということを公式見解としてきました。ところが，それは間違いだったということがこの番組で初めて明らかになったのです。

この番組では，当時の厚生省が帰港した船の検査を通じて，第五福竜丸以外の漁船員が被ばくした情報をつかんでいたことを示す資料が見つかり，私たちはそれを番組で伝えました。放送後，厚生労働省が実態調査に乗り出したところ，眠っていた資料が実際に見つかり，その事実が公表されました。2016年5月には，被ばくした漁船員たちが国を相手取って訴訟を起こしました。

番組づくりを支えたディレクターの思い

このように，放送は大きなムーブメントを起こしましたが，もともと制作のきっかけとなったのは，担当ディレクターの提案でした。

NHK広島放送局では，以前から広島の放射線研究の専門家の先生たちと，番組の制作を通しておつき合いをしてきました。その先生たちが，ある事実に興味を持っていることを知ったのです。

それは，高知県の漁村で高校教師をされていた山下正寿さんが，ビキニ環礁から帰って来た漁船員たちの実態調査をしたところ，がんや白血病になる確率が通常の人に比べて非常に高いことに気づいたという事実です。山下さんは国にその調査結果を伝え，被ばくを訴えたのですが，「資料がない」の一点張りで何もして貰えない状態がずっと続いていたのです。

広島の先生たちは，山下さんが調査結果について証明の術がないことを歯がゆく思いながらここまで来たことを知り，ディレクターに「放射線の専門家としてこの事実を知らなかったことを恥じ，非常に悔いている」と語られたそうです。その姿にディレクターは心を打たれたのです。

そこで，先生たちに広島のこれまでの放射線研究の知見で証明することが

出来ないかを尋ねたところ,「人間の歯と血液には放射線の痕跡が残る」という答えが返ってきました。歯は人間の体の中で生まれ変わることがない組織らしいのです。そのため,歯のエナメル質の中には浴びた放射線の痕跡がずっと残っていて,それを調べれば,当時どれだけ被ばくしたのかという数字が正確に割り出せるというのです。先生たちは,その手法を使って被ばくの有無を調べられるのではないかと考えました。

　もう一つ,血液の細胞の中にある染色体の異常を調べる方法もありました。放射線が人の身体を貫く時,細胞の中にある染色体の幾つかが切断されます。やがて元に戻ろうとするのですが,その際に,誤って別の染色体同士がくっつくといった異常が起きるのだそうです。血液の中の染色体を一つひとつ地道に調べることによって,異常な染色体がどのくらい存在しているかを明らかにし,被ばくの有無を知ることができるのです。

　長年,広島の科学が積み上げてきた研究手法で,60年前の真実にメスを入れようというプロジェクトが立ち上がりました。私たちは,その調査の過程を追い,またアメリカでの独自取材も加えて「８６」の『NHKスペシャル』で放送することにしました。

闇に葬られる事実があってはならない

　ただ,この企画には非常にリスキーな面がありました。そもそも歯の提供者が現れるかわかりません。わざわざそのために歯を抜く人はいませんから,なかなか協力者が出ない状況が続きました。血液に関しても,ほとんどの漁船員の方たちは「いまさら」といって協力に消極的です。実はこれには背景がありました。第五福竜丸の被ばくが明らかになったあと,各地の漁港では放射能の風評被害を恐れ,ビキニ環礁周辺から帰ってきたことを口外してはならないという空気があったと言います。その後,漁船員たち自身が体調の異変に気付きながら声を上げてこなかったのです。そうした理由もあって,この問題はずっと眠ってきたわけです。

　先生たちの調査の結果を待つ取材は,ある意味賭けでした。別の視点を加えて番組を成立させることも考えられましたが,今回はそうはしませんでした。それはなぜかというと,担当したディレクターが,「調査結果を見届け

ないと先生たちの気持ちに背くことになる」と考えていたからです。先生たちは，「闇に葬られる事実があってはならない」と言い続けていたそうです。私はディレクターからその言葉を聞き，半ば押し切られる形で，ここに賭けてみようという覚悟を決めました。

　先生たちの調査は，驚くべき結果につながります。提供して貰えた歯の中から実際に414ミリシーベルトの放射線量が検出されました。過去の医療被ばくの線量を引き，319ミリシーベルトという放射線量を浴びていた事がわかったのです。これは広島の原爆で爆心地から1.6kmの地点で被爆者が浴びた放射線量とほぼ同じ量でした。広島では被爆者健康手帳が配布され医療費の全額保証が受けられます。

　がんや白血病になった方や，それによって亡くなった方は第五福竜丸の船員以外にもたくさんいらっしゃいましたが，その方たちも水爆実験の影響を受けていたのではないかという疑いが極めて濃厚になってきたのです。

　このようにして一つ結果がでると，元漁船員の方たちも積極的に協力を申し出てくれるようになりました。本当は，病気の原因が解明されず若くして亡くなっていった仲間の無念を何とか晴らしたいと思っておられたのです。その結果，次々と科学的なエビデンス，裏付けが増えていきます。そのようにして，最後の最後に事実が積み上がる形で番組にすることができたのです。

信じて取材することの大切さ

　報道の現場では「発表待ち取材」のケースが多くあるのですが，それではなかなか見つからない事実があります。細い糸を手繰ると大きなものにつながっていくと信じて取材することが大事なのだと，改めて考えさせられました。また，70年前に落とされた原爆の取材，そしてそこから派生する核兵器をめぐる取材は，まだまだ終わらないのだという思いを改めて強くしました。

　雑巾を絞ってもう水が出ない状態，そこからさらに絞って中の水を絞り出すという作業を，広島という場所では続けていかなければいけません。そのことを，広島の研究者の方々とその思いに心打たれたディレクターから教えられたように感じています。結局，番組をつくるのはディレクター，取材者，記者の思いなのだということをお伝えしたいと思ってご紹介しました。

IV　きのこ雲の下の事実を伝える

関心を持たない人に伝えるために

　次にお話ししたいのが，伝えたいと思ったことをどのようにすれば視聴者に見てもらえるか，見ようという気になってもらえるかという大きな命題です。報道番組は，毎回この問題と格闘しています。インパクトを強調し面白く見せていくだけではメッセージは伝わりきりません。逆に，多くの人が見たくならなければ，「深夜の時間帯でいいじゃないか」と言われてしまいます。その二律背反した悩みを抱えているのです。とくに「８６」という番組は，原爆に関心のない人たちにとってはまさにそうした番組であるわけです。

　そもそも「原爆に関心がある人は手を挙げてください」と言われても，たぶん手を挙げる人はそんなにはいないと思います。そうした人たちに見てもらわなくては意味がありません。どうすれば関心のない若い人たちや海外の人たちに見てもらえるかと議論してつくったのが，2015年の「８６」で放送したNHKスペシャル『きのこ雲の下で何が起きていたのか』です。

かたりべの無念

　この番組も，もともとは制作者のある思いが企画の原点でした。広島では「かたりべ」といって，被爆者の方が，小学生や中学生たちに体験を語ってきました。その方たちが，「自分たちがあの日見たことは未だ伝わりきっていないのではないか」と，無念を抱き続けていらっしゃいました。家族や仲間など，大切な人を亡くした方たちにはそうした思いが強くあるのです。彼らが見た光景をリアルに伝える。完全には無理でも，とにかくそこに近づける挑戦をしようというのが企画の原点でした。

　これまでもドラマなどさまざまな手法で広島は描かれてきました。その中で今回，とにかく「リアルにこだわる」ことを目指したときに出てきたのが，原爆投下当日に被爆者の姿を捉えた２枚の白黒写真でした。爆心地から約２キロのところにある御幸橋という橋の上で撮られた写真に，火傷を負っ

て爆心地から逃れてきた50人ほどの人たちが写っています。平和記念資料館に展示されている有名な写真です。現在のところ，この2枚しか直後の被害の様子を捉えた写真は見つかっていないのです。ですから，ちょっと言葉は悪いですが，とにかくこの2枚の写真をしゃぶり尽くして，そこに写っている世界を視聴者にわかってもらおうと決意して番組制作はスタートしました。

ドキュメンタリーのタブーに挑む

この番組の最大の挑戦が，2枚の写真に写っている人たちをCG化して動かすことで，「視聴者があたかもその場に入り込んだような印象を持てるような演出を試みる」ことでした。

これに関しては喧々諤々の議論がありました。私たちはある意味タブーに挑んだわけです。写真には亡くなった方もたくさん写っています。そうした写真を動かすということは，いままでどんな制作者も考えてこなかったと思います。

ですので，これについては本当に胃が痛くなるようなミーティングを繰り返しました。「動かすことには躊躇もあるけれど，若い人たちに見てもらうためには，リアルに感じてもらう必要がある。動かすという手法は絶対に効果的だ」という意見がある一方で，反対意見もありました。「写真を動かすことで逆にリアルさが失われてしまう恐れがある」という意見です。私もどちらかというとそうした考え方でした。

そうした議論を続けても，なかなか結論は出ません。番組の放送が近づき焦ってきたころ，腹をくくる決め手となったのは，被爆者の方たちの声を徹底して聞くという方針でした。私たちは写真に写る50人の中から2人を特定して取材し，さらに写ってはいないがその場に居あわせた30人の方たちを探し出し取材しました。写真を動かしたCG映像を見てもらって，「これはまさに現場で見た事実だ」と彼らの確約をもらうことを条件にしようと考えたのです。裏が取れないものは絶対に映像化しない，そう合意して先に進んだというのが，実際のところです。

どのようにして写真を動かしたか，その一端をご説明します。私たちは，写真に写っていたセーラー服姿の女性，河内光子さん（83）とお会いし，現

場で起きていたことを逐一聞きました。河内さんは，目の前で黒こげになった赤ん坊を抱きながら泣きじゃくっていた少女の姿が忘れられず，辛い記憶として持ち続けておられました。私たちは，その少女の姿を再現すべく，河内さんからどんな様子だったかを細かく聞きとり，それをもとにモーションキャプチャー（人間の体の動きをCGに取り込む技術）を利用して写真を三次元化していきました。そしてCGを河内さんに見てもらい，確認します。このようなプロセスをくり返してつくっていきました。

ほかにも，横たわっている人が写真の中に写っているのですが，今回の取材から，彼らがどんな状態で横たわっていたかがわかりました。それを伝えるために，CGでは周りにいた人たちを消し，横たわる人たちだけに寄っていきました。彼らは弱い呼吸で，「お母さん，お母さん」とうめきながら亡くなっていきました。

証言をしてくれた方々は，このように目の前で見たことを心の中にずっと抱えていらっしゃいました。その思いをどこまでしっかりと伝えられたかは，私たちにもよくわかりません。ですが，たとえタブーに踏み込んででも，現場でこの方たちが見たことに少しでも近づきたいという一心でした。こうしたシーンが何カットか出てくるのですが，非常につらい思いをしながら番組をつくりました。

海外からの反響

この番組は海外でも放送しました。欧米，アジア，中東，ロシアなどでいま販売されていますが，非常に高い評価を得ています。写真を動かすことについてどのような意見があるかが一番気がかりでしたが，好意的な意見を多く貰いました。たとえば「2枚の写真には核兵器がもたらした地獄絵図がそっくりそのまま記録されている。そのことをこの番組は，写真に色を付け，アングルを変え，立体的に動かすことではっきり見せてくれた」，「事実を遊びすぎず，やりすぎず，程よい的確な表現だった」といった感想がありました。

何よりも，広島で起きたことは，世界の人々が知るべき事実だという思いが強くあります。今回，こうした番組を制作したことで，少しでも多くの国の人たちの目に被爆というものの実相が伝わっているのが嬉しいです。

○**学生** 大学生や20代以上の実際に自分で足を運べる人たちが広島を訪れていない現実があると感じていますが，広島で働いておられる中でどうお考えになるのかお聞きしたいです。

○**高倉** おっしゃるとおりです。いま目につくのは観光で訪れている外国人と小学生で，確かに20代は本当にいないですね。そうした人たちに見てもらいたいという思いで，NHKスペシャル『きのこ雲の下で何が起きていたのか』をつくりました。

　若者の中にはボランティアガイドをしている人もいます。被爆遺品がある場所や，慰霊碑に観光客を案内して紹介するのですが，そうした人たちの活動を紹介するだけでは「自分には出来ない」という思いを抱く人もいて限界があります。もっと若い人たちが原爆のことを気楽に知ることができる機会はないかなといつも探しています。

　実は，広島に薬研堀という繁華街があるのですが，そこにあるバーで10年間続いている会があります。茶髪の人とか，ホストさん，夜の仕事に行く女性などが集まって，被爆者の語りを聴く会なのです。なぜ若い人たちが集まってくるのか。その理由を知ろうと，いま番組をつくろうとしています。その辺に何かヒントがあるかなと思っています。

事実に誠実であることが新しい挑戦を支える

　「伝えたい」というつくり手の思いはどこまでも可能性を広げていきます。そしてこうしたテレビの新しい挑戦を支えるのは，とにかく徹底して事実は何なのかにこだわることです。事実に誠実であることがこうした新しい挑戦を支えてくれると思います。

　今回の番組を見て視聴者がどう感じたか，リアルさを感じたのか逆にそう感じられなかったのかは，見た人の受け止めにかかっていると思います。

　色々な見方をされる中で，そうした踏み込んだ映像表現を，制作者が放送に出す勇気を持てるかどうかは，「私たちは事実にしっかりと立脚している」と確信できるかどうかにかかっていると思います。この番組の制作を通じて再認識しました。

　高市総務大臣が，「政治的公平性を欠く放送をくり返した場合，電波停止を命ずることができる」といったことを発言し，大きな波紋を呼びました。また，「政治に都合が悪いことを言ったら，都合のいいことも必ず言いなさ

い。そうして公平性を保つのが放送だ」というような空気が広がっているのも気になります。

　私が危惧するのは，現場の人間が先回りして，気を回しすぎることです。フォローしなくてもいいことまでフォローしたコメントを付けたり，政治的に公平性を保つことを過剰に意識する状況が生まれたりしてしまうことが怖いと心配しています。

　そうしたときに大事なのが，やはりとにかく事実にこだわるということです。伝えたいことを邪魔されないためには，「これは事実なのだから」と言えることが，最大の武器になるように思います。

　番組をキャンペーン的につくってしまうと，「あなたたちの主義・主張でしょう。それは公平な見方ではありませんよ」と横槍を入れやすいと思うのです。キャンペーン的な番組は，ある一方向からの取材が強く出すぎてしまって，番組にとって"異物"となる事実への取材が不十分になるリスクを抱えがちです。

　取材は「曇りのない目で，とにかく事実を発見していくこと」を愚直に続けなくてはならないと思います。その中で私たちがいま伝えられることは何なのかを発見していく姿勢が求められているのではないかと感じています。

V　伝えたいことはありますか

大切なのは共感する気持ち

　「いま伝えたいことがありますか」と聞かれたら，みなさんはどう答えられますか。あるという人は多くはないのではないでしょうか。実は私も伝えたいことが最初から明確にあった方ではありませんでした。結局，現場に入って事実を発見していく中でようやく伝えたいことが見えてきました。ディレクターの仕事を通して，伝えたいことに気づいていったのです。

　確かに，広島や長崎そして沖縄といった放送局に赴任したディレクターは，比較的伝えたいことを初任地の段階で持ちやすいと思います。ですが，そうしたディレクターは多くありません。伝えたいものが最初から明確でないことをコンプレックスとして感じながら仕事をしている人も多いのが現状

です。

　現場で感じる，共感する気持ちがあれば，必ず何か発見があります。私は先輩から取材というのは金魚のウンチだと教わりました。金魚はずっとウンチをくっつけたまま泳ぎます。それと同じように取材者はほとんど主導権がとれずにただ見守るだけなのですが，くっついて行くことでこぼれてくる事実を集めていくと，何か発見があるのだというのです。その言葉を支えにドキュメンタリーをずっとつくっています。

事実に共感する気持ちがあれば伝えたいことは見つかる
　報道番組はつくり手一人ひとりの「伝えたいという思い」がベースにあるのだということを，みなさんにぜひ知っていただきたいと思います。会社からこれをつくりなさいと言われて個別の番組をつくるわけではありません。ディレクターや記者一人ひとりの中に生まれる「伝えたい」という思いが動かします。その思いを大事に育てていくことで番組は成り立っているということを，みなさんにお伝えしたいと思います。
　どこまで行ってもつくり手の主観が大事になるのです。ただ，その主観に説得力を持たせるのは「事実」です。やはり事実をしっかりとつかむことが報道番組をやる上では本当に大事です。「この現場を見切った」という自信があれば，どんなことでも出せると思っています。
　「伝えたいもの」は原体験がないと見つからないのでないかと思われるかもしれませんが，そうではありません。話を聞かせてくれる人のもとに足を運んで，その出来事の裏側にある事実，その人の心の中に残っている事実に共感する姿勢があれば，必ず「伝えたいもの」は見つかっていくと確信していますので，もしみなさんの中でこの仕事を目指す方がいらっしゃれば，心のどこかにそうしたことをちょっととどめておいていただければ非常にうれしく思います。

＊本文中の表記は，原則として紹介した番組内での表記に従っています。

―― コラム ――

現場で見つけた伝えたいこと

　私は2003年に「NHKスペシャル」のプロジェクトチームに入りました。それが『こども・輝けいのち』という番組でした。6本シリーズの最終回を私が担当したのですが、とにかく1年間子どもたちの「輝き」を探すのだと言われて、ロケ台本も何もなく武蔵野市のある高等専修学校にカメラを据えました。

　その学校は、自閉症などの障害児と中学校時代に不登校だった子たちがバディというペアを組んで一緒に学校生活を送るという試みを続けていました。取材に入ったのは、バディという制度が面白いと思ったからで、伝える何かを決めて入ったわけでありませんでした。ですが、そのバディの取材を通して、小学校でいじめに遭い、中学校には行かなかった女の子が、自閉症の障害がある女の子とバディを組んで学校生活を送るうちに、自分が存在している意味にだんだん気づいていく、そうした過程を撮ることができました。

　私がその女の子たちの間に見つけたのは本当に小さなことです。最初は不登校だった女の子はバディを嫌がり泣いてばかりいました。会話も一切ありません。ですが、7月の臨海学校で、海岸での授業が終わって障害がある女の子が部屋に戻れずに立ち尽くしているところに、そのバディの女の子がツツッと寄っていったのです。そしてチョンチョンと腕を突いて、初めて手をひいて宿舎のほうに導いていったのです。私たちはそのシーンを遠目からカメラで押さえていました。まさにその出来事がきっかけとなって、この子たちの関係はどんどんうまくいくようになっていきました。

　それ以降もカメラで小さな事実を一つひとつ捉えていく取材を続けました。そうすると、事実を積み重ねることで、人間とは支え合っているのだというメッセージが私の中で浮かび上がってきたのです。

　最初はカメラを嫌がっていた子供たちも、最後には私たちのインタビューに答えてくれるまでになりました。そうした子どもの姿から、「どんなに傷ついても、人は人によって生まれ変わることができる」というメッセージを伝えたいと思うようになりました。それは、こぼれてくる事実をとにかく見続けたことで私の中に強烈に生まれた「伝えたい」という思いでした。最初から伝えたいことが明確になくても、伝えたいことは見つかるのだという確信を持ったのが、その2003年のディレクター時代の経験です。

13 新国立競技場問題を追って

東京新聞（中日新聞東京本社）文化部記者
森 本 智 之

I　報道は社会を変えられるか
II　取材は6ページのエッセイからはじまった
III　問題の深層
IV　さらなる問題点
V　取材の反省点
VI　私の考える調査報道
コラム　あるお母さんと女の子のこと

I　報道は社会を変えられるか

予見されていた白紙撤回

きょうは新国立競技場の問題についてお話しします。

2015年7月に，安倍首相が突然，それまでの新国立競技場の計画をゼロベースで見直すことを記者団の前で表明しました。ここに至って，3年半続いてきた国家的なプロジェクトが白紙撤回されることになったわけです。

ですが，実はその2年前から「このまま行ったら計画は破綻する」と訴えていた人がいたのです。それが槇文彦さんという80歳を超えたベテランの建築家です。私は，槇さんが問題提起を始めたいちばん最初の段階から取材を始めました。いままでにたぶん100本ぐらいの記事を書いています。

白紙撤回を安倍首相が発表する半年前に槇さんの試算をまとめた記事を書いています。その当時の計画では建設費は1625億円と言われていましたが，試算によればこのままいくと2500億円になる可能性がある，という内容で

す。しかも，スタジアム完成は東京オリンピックが開かれる2020年の夏に間に合わないかもしれないというのです。

その半年後に計画が白紙撤回されることを知っているいまの目から見れば，まさにドンピシャリ。金額も，工期も間に合わないということを的確に指摘しています。

２年間を通じて槇さんたちの指摘はいつもこんな風に具体的で説得力がありました。「このままでは必ずうまくいかなくなるから，立ちどまって見直してみよう」という非常に建設的な提言，警告だったわけですが，それが無視され続けたわけです。

報道は社会を変えられるか

この講義のメインテーマは，「報道は社会を変えることができるか」です。私は必ず報道は社会を変えることができると思っています。それは過去の事例が証明しています。ウォーターゲート事件，ベトナム戦争のトンキン湾事件，日本ではリクルート事件もそうです。

ただ，それを実践することは極めて難しい。簡単に「変えられる」と口にするのは憚られます。

実際，私は変えられませんでした。そういう意味ではこの取材は，はっきりと失敗だったと思っています。居直るわけではありませんが，ああすればよかった，こうすればよかったという後悔のほうが多くて，この場に立ってみなさんの前でお話をする資格があるのかと逡巡しているぐらいです。

ですから，きょうの講義は，「報道は社会を変えられる」と信じている一人の記者が，まだ道半ばですけれども，その途上で考えたことを経験に基づいてお話しする，という風に捉えてください。

II　取材は6ページのエッセイからはじまった

はじまりは6ページのエッセイ

取材のきっかけから話します。槇文彦さんが書いた１本のエッセイです。すべてはここから始まりました。

「JIA マガジン」という雑誌があります。日本建築家協会という建築家の団体が発行している月刊誌です。2013年8月号に載ったたった6ページの文章がきっかけでした。

かいつまんでお話しします。

新国立競技場はべらぼうに大きい。さらに不必要なほど豪華過ぎる。建設予定地の明治神宮外苑という場所は、東京で初めて風致地区になった歴史的な美観地区なのに、その歴史的な美観を損なう可能性が大きい。規模が大きければ建設費も高額になるし、つくった後の維持費も莫大になる。人口減少社会の日本で、こんな巨大なものが要りますか。

そういう問題提起なのです。もう一つ言うと、「五輪だから何をやってもいいのですか」という、社会の風潮に対するアンチテーゼも込められていると思いました。

この文章を読んだとき私はとても驚きました。当時は東京オリンピックが開催できるかどうかの瀬戸際だったからです。思い出してください。安倍晋三首相や、当時の東京都知事の猪瀬直樹さんたちがブエノスアイレスに行って、マドリードやイスタンブールと最後の決戦を繰り広げていました。日本の世論も興奮し始めていました。

新国立競技場は、まさに東京オリンピックの顔、シンボルになる存在なのに、エッセイはそこに水を差しているわけです。

「この計画はむちゃです」

みなさん槇さんをご存じですか。9.11テロで倒壊した世界貿易センタービルの跡地に建つ高層ビルも手掛けた世界的な建築家です。

2012年の9月、代官山の事務所で2時間ぐらい話を伺いました。「この計画はむちゃです。おこがましいかもしれないけれど、建築家として私にはそれを言う責任がある」とはっきりとおっしゃったことを良く覚えています。道義的に問題があるということだけでなく、計画に無理があると明言されたのです。

なぜ無理なのか。当時の新国立競技場計画は、延べ床面積が29万平方メートルでした。これがどれぐらい大きいか。いまは取り壊されてしまった旧国

立の5・6倍です。直近だとロンドン五輪のメインスタジアムの3倍，バカでかいと話題になった北京五輪の鳥の巣より大きいのです。

しかも，建設される神宮外苑地区は東京都心のど真ん中。敷地はとても狭いのです。狭いところに大きなものをつくるのですから，当然無理が生じます。資材置き場を確保するのも大変。難工事は必至ですし，工事が難しいということは，当然コストに跳ね返ります。

「物言えば唇寒し秋の風」

このこともお話ししておきたいのですが，槇さんはエッセイのいちばん最後に，日本の建築論壇界には，「『物言えば唇寒し秋の風』のその秋風がいまでも吹いているのではないでしょうか。一老建築家がなぜこのようなエッセイを書かなければいけなかったのか……」と書いています。

これは後で聞いたことですが，最初槇さんはエッセイを別の建築雑誌に持ち込んだそうです。ところが，掲載できないと断られたそうです。国家プロジェクトに反対するというのは，みんなが思っている以上に大変なことで，槇さんもある程度覚悟をしてこれを書いたのだということです。

「唇寒し秋の風」は後に私自身実感することになりました。

III　問題の深層

「議事録は出せない」

実際の取材ではまず，国立競技場を管理運営する独立行政法人の日本スポーツ振興センター（JSC）に聞きました。

計画が決まった大体の流れは事務方の職員が説明してくれるのですが，どのような会議を開いて，誰がどのような発言をし，なぜ29万平方メートルという大きな施設になったのかという具体的なところはわかりませんでした。

そこで，会議の議事録を見せてほしいと頼みました。ですが，「出せない」と言うのです。なぜですかと聞くと，「議論の過程を明らかにすると今後の率直な議論が阻害されるからです」と言われました。それはないでしょう。税金を使う公共事業なのに，スタジアムが完成するまでその中身をチェック

できないことになります。

このとき「不透明な事業の進め方だな」と違和感を覚えました。そうであればと，議事録や一切の資料について，情報公開法に基づいて開示請求しました。

利害関係者主導で進められた建設計画

そうすると，いろいろわかってきました。その後に取材して明らかになったことも含めて具体的にお話しします。

JSCはプロジェクトの検討にあたって，2012年初頭に有識者会議という諮問機関を設置していました。諮問機関ですからアドバイスを求めるための組織です。

その有識者会議で，新国立競技場の計画づくりを一から検討してもらっていたのです。メンバーは，みなさんご存じの森喜朗さん，日本オリンピック委員会（JOC）の竹田恆和会長はじめ，五輪，スポーツ，あるいは興業界の重鎮が揃っていました。言い換えると新国立競技場の利害関係者です。

議事録の中身は陳情合戦でした。たとえば開閉式屋根は必ず付けてくれ，8万人規模がスタートラインである，ホスピタリティー機能も充実させてほしい等々。利害関係者が集まっているわけですから，みなさん自分たちの所属している組織に必要な設備をあれもこれも付けてくれというわけです。

「ブロードウェイを超える地域開発にしたい」という発言もありました。本当にとめどない。象徴的だったのは，有識者会議の下にある建築家の作業部会で，「単純に計算しただけでも規模的に無理です」と言っているのです。それなのに結局，すべての要望を計画に組み込みました。

資料を見て数えたのですが，その数は128項目でした。そうして積み重ねられた結果が29万平方メートルなのです。しかも，この間の議論はたった4カ月ほどです。こうした過程は密室の中で決まり，開示請求しなければ外に出ることはありませんでした。

コンサートのためにつけられた開閉式屋根

この議論がどれほどずさんか。たとえば新国立のシンボルの一つだった開

閉式屋根。これを付けようとしたのは、雨のときでもサッカーやラグビーの試合をするためではないのです。コンサートのためです。

　国立は周りにマンションが林立しています。このために騒音が原因でこれまで年に1、2回しかコンサートを開けませんでした。ところがコンサートは非常に収益性が高い。だから周辺への音漏れを防ぎ、コンサートをもっと開けるようにするための装置として開閉式屋根を採用したのです。

　ところが、この屋根は諸刃の剣です。開閉式屋根を造ると構造的に日光がグラウンド部分に差しにくくなり、さらに風の通りも悪くなります。夏場は蒸し蒸しジメジメした状態が続き、芝が傷むのです。

　実際にJSCや有識者会議が参考にした先行例が二つあります。一つが大分市の大分銀行ドーム、もう一つが、愛知県豊田市の豊田スタジアムです。いまは二つとも屋根は開けっ放しにしています。大分は、私が取材したときの話では、開設10年ほどで二十数回故障していました。構造が複雑なためです。おまけに芝も育ちません。サッカー日本代表の試合を開催しようとしたところ、芝の状態が悪くて試合はできないと、会場を変更させられるという屈辱を味わっています。だから開閉式屋根の使用を諦めたわけです。

　JSCもそのことを全部わかっていました。にもかかわらず屋根を付けたい。どうしたか。年2回芝を張り替えることにしたのです。その費用は3億円以上。屋根を付けるのをやめればいいと思うのですが、そうはしません。だから新国立競技場は、「スタジアムなのかコンサートホールなのかわからない」と言われました。

問題をこじらせた組織の歪み

　計画にはこのような矛盾がそこかしこにあったわけです。こうした矛盾が生まれた背景には、組織の歪みがありました。

　有識者会議は諮問機関であって最終の決定権限はありません。ですがその権限を持つJSCは有識者会議の言われるがままでした。決定権限も、それに対する責任もない組織が事実上の決定権限者になった。おかしな決定をしても責任を問われにくい。これが問題をこじらせたのです。

　計画の白紙撤回後に、担当者の官僚に取材しました。その人はその段階に

なってようやく，「多目的ということは確かに無目的かもしれないね」と言ったのです。すごく無責任な発言だと思いましたけれども，計画の当事者の中で，もっとはっきり言った人もいました。スタジアム経営はふつう赤字です。それを黒字にするために無茶をして屋根を付けようとしたことが失敗の原因だったと，認めました。

そこまで自覚しながらどうして計画を覆せなかったのか。彼らは口を揃えて「有識者会議の決めたことだから」と言うのです。

Ⅳ　さらなる問題点

お手盛りの規制緩和

こんな風に問題点を指摘するといくら時間があっても足りません。たぶん年間を通して講義できます。ですのでここでは，追加して代表的な点を簡単にお話しします。

神宮外苑は，歴史的な美観地区と言いましたが，この地域は東京都の条例で高さ15メートルを超える建物は建てられないことになっていました。ですが新国立競技場は当初の計画で75メートルありました。そこで東京都が，都市計画の変更という手法を使って，高さ80メートルまで建てられるように規制を緩和していました。

ですが，よく考えてください。東京オリンピックを開くのは都で，制限を緩和するのも都だとすると，ルールを自分で都合のいいように変えることもできるのではないか。都の副知事や，担当職員に取材してみると，残念ながらこの懸念は「当たり」だと感じました。

新国立競技場を建てるためには事前に制限を緩和する必要があります。彼らはそのスケジュールを算段して前もって計画を進めていたことがわかりました。本来ならば，元々の条例の趣旨にのっとり「制限を緩和しても外苑の美観に影響はないのか」といった観点での検討が行われてしかるべきです。しかし，そうした議論の跡は確認できませんでした。

政治的に決められた1625億円

　建設費の問題もあります。計画の途中から，建設費1625億円が定価になりますが，この金額は消費税5％，物価も1年前の水準で計算しています。

　そもそも当時もいまも建築バブルです。東日本大震災の復興工事のため，建築物価は2011年以降どんどん上がり，各地で入札不調が相次ぎました。そこへ東京五輪が決まり，首都圏で建築ラッシュが起きて，拍車をかけています。

　そんな状況ですよ。古い物価水準，古い消費税率で計算して，建てられるわけがありません。「ごまかさないで，本当の価格はいくらなのか」とJSCの幹部に聞きました。そうしたら「言えません」。政府と相談してから発表すると言うのです。非常に怪しいですよね。この1625億円という数字は，後に政治的に決められた数字であったということがわかってきます。

　新国立競技場の建設費は初期には1300億円の計画でした。ところが設計を始めると最大で3000億円余りに達することがわかったのです。槇さんたちの指摘が現実になったわけです。この数字が新聞にスクープされて，国会でも問題になりました。私が最初に槇さんの記事を書いた後，2012年の秋です。

　JSCは何をしたのか。規模を少し縮小したり，資材を安価なものに変更したりして，一生懸命に金額を削ったのです。彼らは，とにかく1300億円に近づけたかった。そうして出てきたのが1625億円でした。当時のJSCの理事長はある自民党議員に対して「少しでもオーバーしたら腹を切る」と約束しています。ところが，驚くべきことに，この数字を設計会社は知らなかったのです。JSCの金額縮減は本当に妥当な根拠のあるものだったのかどうか。白紙撤回後，JSC幹部は私の取材に「世論の反発が大きく，少しでも金額を抑える必要があった。1625は政治的に決められた数字だ」と答えました。

3000億円が1625億円へ

　いま「規模を少し縮小した」と言いました。具体的には2割の縮小でした。ですが，22万平方メートルもありました。やっぱりまだ大きすぎるのです。外苑の規模に合った適切なサイズまでサイズダウンしないと，根本的な

問題は解消しません。「本当に大丈夫なんですか」と尋ねましたが，彼らは金額にしか問題意識はありませんでした。「規模まで手を付けるとなると五輪に間に合わない。事務方では無理だ」と答えた人もいました。

計画変更が拒まれた二つの理由

　彼らが計画を変更しない理由は二つありました。一つはいま話した，時間的な理由です。当初から計画はぎりぎりのスケジュールでした。規模を本格的に見直すとなると，デザインに影響する可能性もありますし，これまでの議論をいろいろやり直す必要があります。さきほど言った有識者会議のお墨付きを覆えすことにもなります。となると時間がない，と言うわけです。ですが，実際はその後，白紙撤回して計画を練り直したわけですから，結局は可能だったと言えるでしょう。

　もう一つの理由が，「国際公約論」です。ブエノスアイレスで東京招致を勝ちとったときに，安倍首相が新国立競技場の完成予想図を掲げて「世界中のどこにもないスタジアムで開会式をやります」と発言したことが根拠です。このプレゼンがあって招致レースに勝ったのだから，後出しで内容を変更するのは国際社会に理解されない，ということです。

　ですが，その公約を破ることと莫大な建設費を背負うこととどちらが問題でしょうか。過去にも，五輪会場の内容が招致レース後に変更された例はありました。同じように日本もIOCへ説明して理解を求めればわかってもらえると思うのですが，JSCも国もそこまではしません。

　それにサイズを2割縮小したことなどで，当時の予想図とデザインは大きく変わってしまいました。建築家の磯崎新さんは新国立をデザインしたザハ・ハディドさんと親しく，当初の案も評価していたのですが，修正されたデザインを見て失望したと言っています。「水没を待つ鈍重な亀」と。要はそれぐらい変わっているのです。

　それにいわゆる福島第一原発の汚染水の「アンダーコントロール発言」の問題もあります。そのことの整合性はどうなのかという疑問もあります。

　ですが結局こうした点が抜本的な計画変更の大きな壁になりました。いくら槇さんたちが具体的な提案をしても，私が記事を書いても，当局はこうし

た理由を並べ立ててほとんど取り合いませんでした。

「唇寒し」を実感する

　そうすると，だんだん周りが冷めてきます。社内でも，「まだやっているの」と言われました。取材する他社も減っていきました。最初から最後まで全然書いていない社もありますが，それはたぶんオリンピックだから批判的な報道は難しいという事情もあったと思います。白紙撤回の直前になって，ある放送局の記者から取材を受けたのですが，そのときに，「ようやくうちの会社もこの問題を扱えるようになりました」と言われました。それまでは「社内でも"腫れ物"扱いだった」と言うのです。

　ここで，さきほどの「唇寒し秋の風」という槇さんのエッセイの言葉を思い出してほしいのです。マスコミですらそうなのです。

　もう一つ例をお話しします。ある非常に著名な建築家ですが，内輪で「この計画は間違っている。絶対に間違っているから潰さないといけない」と言ったという話を聞きました。その場で直接発言を聞いたという別の建築家がこっそり教えてくれたのです。

　発言の主は新国立競技場の計画に携わっていました。説得力があります。すぐ取材をお願いしましたが，「いまは話せない。もうすこし時間がほしい」と言われました。1年半ぐらいかけて4回か5回申し込み，最終的には白紙撤回になった後にもう一度申し込んだのですが，「いまさら言えない」と断られました。

　こちらも収まりがつかなかったので，この話を私に教えてくれた人に「あなたの名前を突きつけてコメントを引き出したいがいいか」とお願いして了承を得て，取材依頼の再トライをしました。「○○先生がいついつどこどこであなたにこういうふうに言われた，と言っている」と尋ねたのですが，「それはまったく事実ではないから，やはり取材は受けられない」と秘書を通じて断ってきました。白紙撤回後ですらこうでした。

V　取材の反省点

計画はとん挫しかけていた

　最初にもお話ししましたが，この取材では反省点ばかりが思い出されます。いちばん大きな反省点についてお話しします。

　白紙撤回された後に，文部科学省が設置した第三者委員会が，なぜ計画が失敗したのかを検証しました。その調査は決して十分ではありませんでしたが，そこでいろいろなことがわかりました。その中で，実は計画がとん挫しかけていたといった話が出てきたのです。

　笑ってはいけませんが，いちばん傑作だったのは，このまま建設を進めるとスタジアムの完成は2021年の3月になるという試算がつくられていたことです。完成が東京オリンピックの翌年です。これはゼネコンが試算しているのです。同時に建設費は3000億円を超えていました。それが去年（2015年）の1月ごろ，ちょうど旧国立競技場の本格的な解体が始まるかどうかというタイミングでした。先ほど，2012年秋に建設費が3000億円になることがわかり，慌てて1625億円まで削ったことを話しましたが，その後，設計を進めるとやっぱり3000億円になることがわかったということです。

ポイントはお金

　私は取材を続けながら，ポイントはお金だとずっと思っていました。なぜか。訴求力があるからです。

　誤解を恐れずに言いますが，新聞記事は面白い読み物でないといけないと思います。どんなに内容があって，意義のある記事でも，面白くないとあまり意味がありません。読んでもらえないからです。それは書き方の問題だけではありません。たとえばレイアウト，写真，地図や図表をどう組み合わせるか，そうしたことも含まれます。どこまで頑張っても新国立競技場はテーマとしてはやはり地味です。問題は非常に複雑ですし，一言で説明できません。ところが「1300億円でつくるといったのに，3000億になります」というと，みんなびっくりして，「それはちょっとどうなの」となるでしょう。そ

の反応を期待していました。

失われた選択肢

　負け惜しみですが，私はゼネコンが3000億円の試算を出したということをある段階で人づてに聞いていました。さきほどもお話ししたように，この計画には関係者がたくさんいますから，直接の当事者でなくても，情報を共有している立場の人もいます。そうした周辺の人から聞いたのですが，又聞きでは記事は書けません。なんとか裏を取りたいと手を尽くしたつもりでしたが，詰め切れませんでした。

　その後，実際にこの「3000億円」が明るみに出たことで，世論が一気に動いて白紙撤回につながったと思うと，すごくエポックメーキングなネタだったと思います。もっと早い段階で3000億円報道が出ていたら，もっと早く軌道修正できていたかもしれません。もしかしたら，国立競技場を壊さずに使えばいいという話になったかもしれません。これは，失った選択肢としてとても大きなものです。

VI　私の考える調査報道

取材者の「主観」こそが大事

　「調査報道」について思うところを少しお話しします。新国立競技場の問題は，私にとっては6ページのエッセイがきっかけでした。ですが6ページのエッセイは，別に建築担当の取材記者として必ず取材しなければいけない類いのものではありませんでした。してもしなくてもどちらでもいいわけです。どうして取材したかというと，それが自分の心に刺さったからです。

　それ以前の自分の経験に照らしてみても，その問題を深掘りするかどうかは，結局は自分の心が動かされたかどうかで決まります。まずはそれが大事。その次に，できるだけ冷静になって，そのテーマには社会性があるかどうかを考えます。新聞記事は，個人の日記やブログではありませんから，世の中に広く共有されるテーマとして適切かどうかを考えます。

　取材する人の「主観」が大事だということです。挑戦的な物言いかもしれ

ませんが，報道の原則と言われる「客観報道」は本質的にはたぶん存在しません。

たまたま最近，映画監督の森達也さんを取材しました。佐村河内守さんを追った『FAKE』という映画についての取材でしたが，このようなことを言われました。

> 「誰かが笑う。それを〈にこにこ〉と書くか，〈にやにや〉と書くかで受ける印象はまったく違うでしょう。どちらが真実で，どちらが嘘かということを論じても意味がない。それを記述する人がどう感じたかで変わります。それが情報の本質です。メディアに限らず，僕たちが認知できる事象の輪郭は，決して客観公正な真実なのではなく，あくまでも視点や解釈の問題だ。言い換えれば偏っている。つまりこれが主観であって，客観性や中立性などかけらも存在しない」。

森さんが言いたいのは，主観報道がいいとか，客観報道がいいという問題ではありません。記事には本質的に記者の主観が入るのだということです。それを踏まえることが，情報の受け手としても，メディアリテラシーとして大事だということを言っているのです。

学生 主観で記事を書くとおっしゃっていましたが，主観で記事を書くときに言葉がセンセーショナルになってしまうことはないのでしょうか。

森本 主観が大事と言ったのはそのとおりなのですが，もう一つ大事なことがあります。取材の手法としては，できるだけ客観的な目線で，公平な方法でなければいけません。たとえば，AとBという対立する人がいて，Aの言っていることが正しいと感じたとします。では，Bの言い分は取材しなくていいのかというと，Aを取材する以上にBを取材しないといけません。これが原則です。Bの主張にもうなづけるものはあるでしょうし，Aの主張におかしな点があるかもしれません。お互いの言い分を突き合わせて，ここまでは書ける，ここまで書いたら書きすぎになるということを慎重に判断します。「主観が大事」と言っても裏付けの取れないことまで記者の思い込みで書けません。それは読者を欺くことになります。

調査報道の難しさ

　調査報道の難しさは，手間と時間がかかることです。どの会社でも「コストパフォーマンス」について必ず言われると思います。
　すごく極端に言います。たとえどんな大きなネタでも，何年も追いかけて1本も原稿が出せないことは，あり得ないくらいまずいことです。ただでさえ新聞の経営が行き詰まっているといわれる中で時間と手間とお金をかけて取材する以上，ある程度の成果をある程度の期間で求められるのが普通です。でも，調査報道は本質的に時間がかかるものですし，調査を始める前からいいネタが取れるとわかるわけでもありません。そもそも手間をかけなければ面白い記事は書けません。
　もう少し別の角度からお話しします。私は長い間新国立競技場の問題を取材しています。幸いにしてその都度記事を出稿できているわけですが，この問題にかかりきりになることで，私がスルーしている取材もあるわけです。全国紙ではない東京新聞は人材が潤沢な訳でありません。美術・建築の担当は原則的に私1人です。私がスルーしている取材があっても，それをフォローする人は基本的にいません。だから「それでもやる価値があるのか」ということは考えます。先ほど，報道が行き詰まっていたときに社内で「まだやっているの」と言われたことを話しましたが，それを言った人も，こんな意識があったのかもしれません。
　すごく矛盾したことを言いますが，こうした一方で，調査報道の価値自体は確実に高まっています。それは東日本大震災がきっかけです。私も原発問題を取材しましたが，特に原発報道について，行政当局の発表をそのまま報道するというマスコミに対して，SNSなどでずいぶん疑問が呈されました。その反動で，発表に頼らず，記者が自分で取材した報道を大事にする考え方が広がっていると感じています。

ひとりであることを恐れるな

　最後にひと言。またひとの言葉を拝借して恐縮ですが，武田砂鉄さんという方がいます。2015年にドゥマゴ文学賞を受賞したまだ30代前半の若いフリーライターですが，その武田さんを取材したときに「記者というのは，拗ね

者じゃなきゃだめだ」と言われました。

「拗ね者」というのは，武田さんが敬愛する読売新聞の元記者の本田靖春さんが自称して使っていた言葉です。本田さんの美学は，「ブレないこと，多勢におもねらないこと」でした。周りと違うことを言って変な奴だ，ひねくれ者だと思われたとしても，言いたいことを言うということ，ひとりであることを恐れるなということです。

この言葉は私にも励みになりました。地味な取材活動を続ける中でこうした一言が心に効いて，頑張ろうと思えます。だいたい記者の成功談として語られると，その目標に向かって一直線にゴールを達成したように思われるかもしれませんが，難しい取材になればなるほど，失敗の連続です。たぶんどんな記者でも，長く取材していると試行錯誤とか，心の迷いや悩みが出てくると思います。37歳にもなって，いまだにみんなの前でこんなことを言って，すごくセンチメンタルなおじさんだなと自分でも恥ずかしかったりするのですが，正直な部分です。私も拗ね者になりたい，と思っています。

学生 森本さんが新国立競技場の問題をずっと追いかけていくことについて，会社やデスクの方には，どのように説明して取材を続けられたのでしょうか。
森本 何も言わずとも会社は理解してくれましたが，大きかったのは最大の理解者が私の直接の上司だったことだと思います。私は社会部時代に主に原発を取材していたのですが，当時の上司で原発取材班のキャップだった人がいまの文化部長です。当然，調査報道のいい点とかよくない点とか全部わかっていて，その上で，これはやる意味があると理解してくれました。そのときに「おまえが書いた原稿が正しいかどうかは歴史が証明してくれる」と言われました。その言葉はやはり励みになりました。

―― コラム ――

あるお母さんと女の子のこと

「新聞記事は面白くなくてはいけない」と見得を切ったのに，ちっとも面白くない講義をしてしまった。本書の編集に当たって，出版社の方から当日の私の発言内容を書き起こしたメモをいただいて，じっとり嫌な汗が流れるのが分かった。あれもこれも言い足りない。だから本書では実際に講義で話した内容を補うために，一定量の加筆修正を行ったことを付記しておく。

その上で，やはり心残りの回答をしてしまった学生との質疑応答についてもここで書いておきたい。

4回生の女性だったと思う。「新国立競技場問題のように官僚や政治家に取材するのと，震災取材のように立場の弱い被害者らに取材するのは取材者としては違うのか」という主旨の質問だった。もしかすると彼女はもうマスコミに就職することが決まっていたのかもしれない。具体的な問いだった。

私は「聞きにくい質問であっても，きちんと質問し，相手の本音を探るという点では変わりない」と答えた。それは，その点では確かに違いないと思うのだが，しかし余りにも言葉足らずだった。

具体的に言う。震災が起きたころ，私は子どもの貧困問題を取材していた。生活保護世帯の子どもたちを対象に，無料で勉強を教えるボランティアの塾が都心にあり，主催者にお願いして，そこで教えながら取材していた。

取材をはじめてすぐ小学2年生のある女の子と出会った。母子家庭だった。お父さんはお母さんにたびたび暴力をふるい，耐えかねたお母さんが裁判所の力を借りて離婚が成立した。お母さんは看護助手として働き，区営住宅で女の子と2人で暮らしていた。

女の子が小学校に入学してすぐ，事件が起きた。女の子は母子家庭であることを理由に学校でいじめられるようになった。ある初夏の帰り道，自宅近くのアパートの8階から柵を乗り越えて飛び降りようとして，住民のおばあさんに助けられた。命は助かったが，以来不登校になった。精神的に不安定となった娘をひとり家に残してお母さんは仕事に通えなくなった。生活は悪化した。

あらましをスタッフに聞いて，お母さんとその女の子に取材することにした。さて，なんと言って言葉を掛ければ良いのか。それはもちろん，立場上，普段から取材を受けることに慣れている政治家や官僚に対するのとは訳が違う。

この母子のことを心から社会に訴えたいと思った。だが，どんな言葉で，何をどう伝えれば，取材を了承してもらえるのか。いや，そもそも取材を申し入れること自体許されることなのだろうか。取材し，報道することは，彼女たちを苦しませることにならないのか。

結果的に，お母さんにも女の子にも話を聞いて，長文の記事を書くことはできた。ただ，取材のとき，「自分自身が試されているようだ」と胸が詰まったことをよく覚えている。

14 テレビドキュメンタリーはどこに向かうのか

NHK 大型企画開発センター長
角　英夫

I　はじめに
II　変容するテレビドキュメンタリーの位置
III　技術革新はテレビジャーナリズムを覚醒させるか
IV　グローバル時代のジャーナリズム
V　ジャーナリズムの精神をどう守る
VI　おわりに　――ドキュメンタリーはどこに向かうのか
コラム　石橋湛山から学んだこと

I　はじめに

テレビドキュメンタリーはいま

　きょうは,『NHK スペシャル』を題材にして,実際にディレクターや記者がどのように関わって番組が発信されているのかを知ってもらい,新しい時代を迎えてテレビドキュメンタリーの現場がどのように変革や努力を続けているのかということをお話ししたいと思います。

　新聞記事だとみなさんもだいたいイメージできると思いますが,テレビドキュメンタリーは,どのような思考を経て会社の中で企画が成立しオンエアになっていくのか,そして,その社会的影響力はどういったものなのか。そうしたことも知ってほしいです。

　テレビドキュメンタリーは登場してから半世紀以上になります。ジャーナリズムの世界においても一定の位置を占めていますが,いろいろな意味で変化を続けています。やらせや取材対象との距離など,議論を呼ぶ問題が起き

たこともありました。

ヒトラーも政治宣伝に映像を使ったように，映像というのは非常にエモーショナルなメディアです。受動的とも言われますが，文字を読むより頭に入りやすく，いわば影響されやすいメディアといわれています。

きょうはテレビのドキュメンタリーをつくる側の一人として，番組をつくるにあたってのバランス感覚，ジャーナリスティックな姿勢についてお話ししたいと思います。よりよい社会をつくるためにテレビドキュメンタリーというこの装置を位置づけてもらいたいと願っており，これからの話をみなさんにそれを考える「よすが」にしてもらえればと思います。

II　変容するテレビドキュメンタリーの位置

ドキュメンタリーの原点とは

まずごく簡単にドキュメンタリーの手法についてお話しします。ジャーナリストというと新聞記者的な姿をイメージする方が多いと思います。そこで主流となるのは，努力をしていろいろな人と会って話を聞き出し，再構築して自らのペンで書いていくという方法です。

一方，言うまでもなくテレビでは，人と会って話を聞きだしたとしても，テレビ画面にしなければいけません。カメラを持ち映像に記録しなければならないわけです。

テレビカメラが真実の姿に迫る場合とはどのような状況でしょうか。カメラが介在することで「リアル＝真実」は，"カメラ的な真実"という性格を帯びます。ただし，この点はどのような歴史上の"真実"も"つたえ手の目から見た真実"という側面を持っていますので，映像的，あるいはテレビ的真実が劣位にあるということではないでしょう。たとえば，テレビカメラがいることを意識した上で撮影された映像はなんらかの意味で本人の行動を制約しているかもしれません。ですが取材撮影が構築されていけば本人も気付かない「真実」があぶりだされてくることがありますし，カメラがいることが意識されないくらいのことが起きてそれに対する行動が撮られれば当然それは真実と言えるでしょう。

また，ドキュメンタリー手法の特徴として，作成プロセスの後半部分に，通常のジャーナリズムとは違う"編集"という側面があります。編集を積み重ね，ナレーションを打ち，音楽を付けて，取材してきたことをどううまく表現するか。同じ一つの番組がこうした作業によっても見た印象は違ったものとなり，ジャーナリズムという見地から言っても違う訴求が引き起こされます。

　それは冒頭でもお話ししたように，テレビというメディアの特質と関係があります。元々映像メディアであるテレビは受動的で，強い訴求力を持つ装置だという性格を持っています。そこでテレビドキュメンタリーの世界では，徹底的な取材だけでなく，取材対象に深く切り込むロケ，背景を包含する構成，見る者の心を捉えて離さない編集，といった技術も合わせた総合的な巧拙が作品の力を規定するという側面があります。そしてそれは主にディレクターやカメラマンの力量や丁寧な仕事ぶりによるとされてきました。

激変するテレビ界とNHKスペシャルの試み

　その思いや現実はまったく変わりません。ですが，私は近年，その価値観だけではない新しいドキュメンタリーの力を感じることがしばしばあります。それがこれからご紹介するNHKスペシャルの試みです。新しいテレビドキュメンタリーのスタイル，考え方と言ってもいいかもしれません。

　ドキュメンタリーは，民放も含めて一時はテレビのゴールデンタイムに多数配置されていましたが，最近は民放では深夜枠になることが多いのが実態です。視聴率が原因だと言われています。ネットの急拡大がさらに将来を予測しにくいものにしています。

　しかし，多くの人が見られる時間帯から外れてしまうと，投入する予算や人材が限られてきてしまいますし，視聴者も見る機会が失われてしまい，悪循環となります。ドキュメンタリーという手法が他に比べて優れているとまでは言いませんが，テレビドキュメンタリーが何も伝えないようになると不安な社会となる可能性もあると自負しています。ですから，なんとかこの状況下で頑張りたいと思っているわけです。

　訴求力が強いメディア的特性，そしてそれを多くの人が見る装置。特にゴ

ールデンタイムでドキュメンタリーを放送していくということ，など，今回はそうした条件性をみなさんに考えてもらった上で，NHK スペシャルがいまどのように努力しているかということを自身が考える素材にしていただきたいと思います．

NHK スペシャルの 3 本の柱

NHK スペシャルはスタートから 25 年が経ちますが，当初から，テレビの新しい表現に「挑戦」すること，「感動」を与えること，また「スクープ」をとること，こうした 3 本の柱を持って取り組んできました．

そもそもテレビジョンとは「遠くのもの，見えないものを見る」という意味です．そこには一つの願望があるわけです．テレビジョンが地理的制約を超えて，つまり自分の代わりに見つけて，それを離れた人に見せてくれるという意味があります．NHK スペシャルはそこを忠実に考えています．

「シルクロード」という大ヒットしたシリーズがあります．新疆ウイグル自治区やそこから延びる交易路・シルクロードの周辺を題材にしました．いまでは旅行も可能になりましたが，当時は秘境で，誰も行けない場所でした．自分たちは行けないけれど，テレビカメラが代わりに行ってくれる……．テレビジョンはそうした意味ですごく夢のある装置だったわけです．これは象徴的な例ではありますが，「見るべきものなのにまだ私たちが見られていないもの」が，地球にはまだまだあるはずです．『NHK 特集』『NHK スペシャル』はその可能性をテレビによって再確認しようという姿勢がベースにあります．誰も簡単に行けないようなところ，たとえば，南極やエベレストやアマゾン奥地や宇宙にテレビカメラが行ったり，深海に潜って未知の世界を撮ったりするのはそのようなスピリッツからです．

III 技術革新はテレビジャーナリズムを覚醒させるか

新手法から生まれるドキュメンタリー

視聴者になり代わって，見て，記録し，伝えるというコンセプトは，秘境モノだけでなく，いろいろなジャンルにあてはまります．いくつか，最近の

具体的な事例でご紹介しましょう。たとえば，『宇宙の渚』というシリーズは，NHKが開発した高性能カメラを宇宙ステーションに運び込み，日本人宇宙飛行士にお願いして勤務時間外に宇宙からの映像を撮影してもらおうという企画でした。ちょっと普通では考えられない企画かと思います。科学番組などを通じた長いJAXAとの関係や宇宙飛行士の協力，技術開発，そして資金が必要です。それではこの作品が生中継的な宇宙からの映像に頼っただけの番組かというとそうではありません。スプライトやオーロラ，流星といったまだ解明されていない自然現象を美しく宇宙上空から捉え，科学的にその謎に迫り，研究にかけてきた人間の思いを交え，複合的な物語に仕上げたドキュメンタリー作品となっています。

　もう一つ『廃炉への道』という番組があります。40年はかかると言われている福島第一原発の廃炉の状況を1年に一度程度，経過報告のように伝える企画として始まりました。原子炉の中は本当のところどうなっているのか，廃炉の手法や方針に変更はあるのかを取材して番組化するものです。東京電力という企業の敷地にある福島第一原発にはなかなか入れないわけですし，ましてや原子炉の中は最先端の科学者も誰も分かりません。

　NHKは取材対象でもある東京電力あるいは東芝や日立といった企業と交渉を重ねカメラを入れる方法を探りました。ロボットカメラの映像を入手したり，高度なCGを作成したり，第一原発の中はいまどうなっているのかを映像化しようという試みを続けています。

　あるいは，いまエジプトのピラミッドで実験していますが，ミュオンカメラを使った映像化も進めています。ミュオンという素粒子の物体を突き抜ける性質を利用した手法です。物体があると一定量行く手を阻まれて，通過するミュオンの量が減り，物体がないとミュオンがそれだけ多く通過します。レントゲンの板のように投射の結果を受け止めれば，途中の物体の形がそこに映るわけです。

　いまNHKスペシャルでは名古屋大学などと協力して，ピラミッドの中にどのような部屋があるかという調査をしています。福島第一原発の原子炉の中もミュオンで透視すればデブリと言われる核燃料の残骸がどのようになっているか状況が分かってくるかもしれません。これも新聞記者的なスクープ

とはまったく違う技術的，映像的なスクープといってよいでしょう。

NHK スペシャルには，1人のディレクター，1人の記者がコツコツと取り組む番組も当然ありそれを大切にしていますが，同時に技術の発展や組織力に支えられて，人々が知らなかったことに挑戦するという試みを行っているわけです。私たちはこれもドキュメンタリーの重要な柱だと捉えており，テレビジャーナリズムの新しい境地になりうると期待しています。

ビッグデータをドキュメンタリーに取り込む

こうしたテレビドキュメンタリーの新しい取り組みの例を，もう2，3ご紹介します。戦後70年の去年（2015年），太平洋戦争中の歴史をもう一回振り返る NHK スペシャルの企画の中に沖縄戦を扱った企画がありました。

沖縄戦の真実に迫ろうとするテレビドキュメンタリーは NHK だけでも数え切れないくらいつくられています。NHK スペシャルだけでもすでに10本以上つくられているでしょう。証言者は徐々に少なくなり，アメリカの記録文書もかなり分かってきていますので，制作には難しさが伴います。ですが歴然と基地問題は存在し，沖縄の人たちが被った歴史やそこで植え付けられた心情などはいまこそ私たち日本人全員が共有すべきものでしょう。

担当者たちはビッグデータに着目しました。ビッグデータとは世に飛び交う膨大な電子データをコンピュータにすべて取り込み，それを様々な角度から取り出して利用しようとする考え方全体を指す言葉です。データの蓄積が思わぬ知見を呼び起こし，新しい気付きとなることがこれまでの NHK スペシャルでも何度もありました。

沖縄問題の根底にある「地上戦」という実態を思い起こしてみてください。樺太などを除き，日本の本土で唯一地上戦が行われたのが沖縄です。ドキュメンタリー分野では，その悲惨さをアメリカ側の記録フィルムや生存者の証言で構成してきたわけですが，地上戦の全体像は多くの人が分かっていないはずです。たとえば，戦闘の推移とともに誰がどこでどのように犠牲になっていったのか。これも証言を集めるという方法で全体像を浮かび上がらせることが何度となく試みられてきましたが，現代の，特に若い人たちにはなかなか想像できないという調査結果があります。

沖縄の人たちは皆いわば兵士のように戦ったわけです。思想教育の結果でしょうか，自らの意志で玉砕突入していった方もいれば，降伏するなと言われたから死んだという方もいます。おびただしい犠牲者が出ました。多くの普通の住民が戦って亡くなりました。しかも武器を持っていない住民相手に，米軍はすさまじい火器を使いました。

　今回は，亡くなった方が何日にどこで亡くなったかをすべてデータ化してみようと試みました。番組のスタッフが，20万人分の新たな記録をコンピュータに打ち込みました。結果をCG化し4月から6月へと毎日時系列で表していくと，日付ごとに地図上に亡くなった人たちの数のグラフが出てきます。そのことで，人々がどのように追い詰められ，どう亡くなったかという全体像が分かります。4月1日のアメリカ軍上陸から伊江島の戦闘，南部に追い詰められていく様子，戦闘とともに日本人の一般の方々の死亡が積み上がっていく様子が浮かび上がってきます。北部地域では一部を除き，収容所に入ったために死者は比較的多くありません。そして首里攻防があり，南部に追い詰められていくのと同時に「集団自決」を想起させるデータが浮上します。つまり一般の方々の命が戦闘に合わせて散っていく様が本当にリアルによみがえり，沖縄戦の2ヵ月が立体的に再現されるのです。目を背けたくなるような事実ですが，沖縄の人々が被った犠牲がいかにむごいものだったかが具体的に可視化され証明されるわけです。私はこれも現代的なテレビドキュメンタリーだと思います。

"絵にならない"課題を可視化し問いかける

　こうした試みは現代でこそ重要なのは言うまでもありません。この5年間で150本の東日本大震災に関するNHKスペシャルを放送しましたが，中でも復興予算をめぐるドキュメンタリーは，まさにリサーチを視聴者になり代わって行い，世に知らせた事例です。

　私たち国民は東日本大震災に関して復興予算として税金を払っています。その総額が19兆円だったとき，きちんと有効に使われているのかと検証を行いました。

　国の予算が有効に使われているかをチェックするのは政治の大きな仕事で

すが，同様に，より国民的な目線で国民になり代わってチェックすることはマスメディアの重要な役割でもあります。NHKスペシャルでは2013年に『シリーズ東日本大震災・復興予算』として徹底的に取り組みました。地元仙台局盛岡局の記者やディレクターを中心にプロジェクトが組まれ，本当に膨大な資料を一から調べていきました。

　19兆円の行方を調べていると，各省庁が震災前に一度削減された予算を復興を名目に復活させている実態が浮かび上がりました。たとえばある省では，外国人の留学事業は予算縮小の流れで，しばらく前からカットされていました。ところが復興予算によって，留学生を被災地に呼んで見学するというイベントを追加することで，以前の事業が復活しているのではないかと提示しました。

　つまり19兆円は直接被災地の方々のために使われるだけではなく，もともとの省庁ごとの予算枠の中に吸い込まれているという性格が浮かび上がってきたのです。これも大きな反響があり，国会でも話題になりました。

　東日本大震災から5年となる今年（2016年），現場のチームは再び復興予算の使途解明に挑みました。各省庁に開示要求をして一件一件を徹底的に調べ上げ，分野ごとにその額を高精度なCGで図式化し，復興予算の全体像を可視化したのです。まさに血のにじむような人海戦術ですが，このことがゴールデンタイムで放送され何百万人が情報共有することで，納税者は自分たちの行為を能動的に意識できると思いますし，振り分けたり使ったりする側にとっては大きな責任を再確認する機会となると考えられます。

　これも従来のドキュメンタリーとは違う範疇ですが，表現技術が発展してきたことで，"データの集積"というこれまでのドキュメンタリーではシーンにならなかった情報がきちんと多くの視聴者（国民）に知覚されうるという好例ではないかと思います。

　絵にならないものを絵にし，重要なことを，多くの人に伝える……。ドキュメンタリーは技術革新や方法論を工夫することで進化できると思っています。

IV　グローバル時代のジャーナリズム

国際化するコンテンツ市場・ドキュメンタリーのありようは

　ここ20年くらいの傾向としてさらに，コンテンツの国際化といった変化も見られます。日本でつくったドキュメンタリーが欧米やアジアで流れるようになる。もしくは，欧米のドキュメンタリーを日本が購入して放送する。そうしたケースが増えています。多チャンネル化によるソフト不足や情報のグローバル化が原因です。

　こうした変化の中でドキュメンタリーではどのようなことが重要になるでしょうか。その国の印象を規定するくらいのインパクトを持つ場合があるので，以前にも増して政治的なバランスが要求されると感じています。

　私は，中国の成り立ちや改革開放の過程，そしていまの中国の人々の暮らしぶりなどをテーマに，かなりの本数のNHKスペシャルをつくってきました。東西南北，中南海から黄土高原まで中国現地での取材日数は2年間を優に超えますし，制作本数も30本くらいにはなります。

　中国の内情を密着撮影するのは珍しかった時代でもあり，それぞれの番組は国際的にもよく購入され世界20か国以上で放送されました。そのときに留意してきたのは，トータルな中国の印象をステレオタイプに左右されないようにすることです。中国が今後脅威となるという「中国脅威論」，あるいはまだまだ発展途上で国の体制はできていない，国民はむしろ可哀想だという「後進論」。そのどちらにも組みしないよう気を配りました。たとえば，中国の労働市場の悲惨さを描いた場合に，中国と対立する日本のテレビ局が競争相手となる中国企業をことさらに批判的に描いているというレッテルを貼られることはなんとしても避けなくてはなりません。日中の政治的緊張が高まるにつれて，国際市場ではそのような目で見られがちです。制作者としては，中国の国民の目線に立ち，庶民に寄り添ってつくっているわけですから，政治的な批判と受け止められることは遺憾です。

　他方，グローバルな競争が激しくなっている現代では，競争は情報戦にまで及ぶようになり，CCTV，ロシアテレビなどは，自国の印象をよくするよ

うな番組を，国際市場も意識して制作し輸出しているという噂も絶えません。ドキュメンタリーは国家の宣伝ではなく，むしろ社会の木鐸として行政を監視するのが本来の役割ですから悩ましいところです。もちろん，ロシアや中国の国内でもジャーナリズムが育っており，自国の政策を批判的に描き，国際的に高い評価を受ける作品も現れています。

国家という枠組みと国家を超える枠組み

　取材を受け入れる側の話もしておきます。政治は複雑化しており，ある国の中で政変が起き，あるいは対立が起きている場合，他の国のメディアを利用しようとする流れは当然起きます。紛争が起きている国では，それぞれの勢力が競って国際的に政治宣伝したがるものですし，ある案件を巡って世論が二分されている場合は，自派に理解ある番組を求めるでしょう。撮影が受け入れられたからと言って，一方の側に組みすることになるのは当然避けなければなりません。しかし，バランスを気にするあまり取材や撮影を怠ってしまっては，世界を知覚できなくなるということを意味します。

　今年の年頭にあたって，NHKスペシャルでは大越健介記者をキャスターに据えて『激動する世界』という世界情勢を紹介するシリーズを放送しました。ロシア，EU，アメリカの情勢をインサイドルポしたわけですが，ロシア編では，EUの極右勢力の幹部がプーチン側近のロシアの政商と会うシーンが撮影され専門家の間でも話題になりました。

　こうした映像をなぜNHKは撮影できたのか。キャスターや取材チームの粘り強い努力があることはもちろんなのですが，彼らがそれぞれの主張を伝えることができるならばと考えた面もあったかもしれません。

　こちらがNHKという国際配信しているテレビ局だということもあるでしょうし，国家やあるいはその勢力の中で自分の正当性を保全するという計算もあるでしょう。

　メディアの側から言うと，アピールに乗ってはいけませんので，周到な計算をしながら言葉を選んでバランスをとりますし，むしろそのシーンが彼らのアピールだと視聴者に分かるようなサインを入れ込みながら紹介するという手法を使うこともあります。

放送に限らずメディアは、そうした駆け引きの対象になることもありえます。利用されてはいけませんが、懐に飛び込んで相手の言葉をとらないといけない場合もあるわけです。私も江沢民はじめ中国共産党幹部やベトナムの書記長など、歴史的人物から話を聞く機会にも恵まれましたが、政治的アピールは当然あると考えながらも、飛び込んで一次情報として撮影し、バランスを徹底的に吟味するという手法を取ってきました。

そうしたことも、『NHKスペシャル』という時間をかけて丁寧な取材が可能で、一定のブランド価値が認められている番組だからこそできることだと思います。相手側もその番組の影響力と社会的評価を理解しているからこそ出演する側面もあるわけですから、そういった思惑を乗り越えてあらゆることを利用しながら真実に近づいていくのです。

こうしたドキュメンタリー制作の事情に対して、最近のコンテンツの国際化はさらなる影響を与えています。コンテンツが輸出品となる時代です。内実を垣間見るのが難しい中国や北朝鮮を扱ったドキュメンタリーは、ニーズも高く多くの国で放送されることになります。そうしたいわゆる国際世論をあらかじめ予想することで、取材する側も取材される側もこれまで以上に過敏になる部分もあります。国際経済や政治とメディアは複雑に絡み合っています。取材活動の現場では、さまざまな思惑の影響を排し公正中立を守るために必死の努力が続けられています。

V　ジャーナリズムの精神をどう守る

調査報道の新境地はどこにあるのか

こうした変化の中にあって、変わらない良さももちろんあります。最後にそうしたドキュメンタリーの本来のスピリッツについてお話しします。かなり能動的に調べないと、気付かないような出来事が社会の中で進行しています。それをドキュメンタリーが発掘する、いわゆる調査報道と言われる分野です。

調査報道によって、NHKスペシャルでは、「ワーキングプア」や「無縁社会」、民放のドキュメンタリーからは「ネットカフェ難民」といった言葉

が社会に定着しました。少子高齢化，非正規雇用の拡大といった構造変化が人々の暮らしに水面下で影響を与え，それをドキュメンタリーが発掘した例です。調査報道が発掘した事実が社会の知覚を促し，結果的に社会を変革することになった例だと思います。

ジャーナリズムの役割にもかかわりますが，こうした事例を「社会保障でカバーすべきだ」と言ってしまうと"主張"になります。あくまでも現象を掘り起こして，みなさんに考えてもらうきっかけを提示するのが役割だと考えています。

一昨年（2014年）は，認知症行方不明者を追跡するNHKスペシャルが話題を呼びました。館林市の施設に入所しているお年寄りの姿が画面に登場したところ，放送中にNHKに電話がかかり，数年前に浅草で行方不明になっていた方だと分かりました。翌日には捜索願いを出していた夫と再会するという運びになり，その模様をまた撮影して，再放送ではその場面も合わせて放送しました。視聴者が数百万人もいるゴールデンタイムのテレビの影響力を改めて認識した出来事でした。警察が間違った名前でコンピュータ入力しており，その結果，捜索が行き詰まっていたことも分かり，全国の警察で行方不明者捜索のコンピュータ入力について再考されることにもなりました。

受け継がれるべき精神

去年の秋には，"無届け介護ハウス"という新しい状況を提示しました。高齢化が進み社会保障財政がひっ迫している上，お年寄世代の人口が増加しています。そのため，特別養護老人ホームなどの介護施設にはなかなか入居できません。医療改革の流れで病院などの医療機関からは一定期間で出なくてはなりません。そこで，許可の下りていない介護施設に多くのお年寄りが収容される事態が起きているのです。許可が出ないのは，たとえば，火災対策や介護体制の不備，とても狭い面積しか与えられないといったことを思い浮かべてください。

介護されるお年寄りたちは，収入が足りません。有料老人ホームへ入るためには月に10〜20万，あるいはそれ以上のお金がかかりますが，国民年金では満額でも6万円強です。一人では生活できない，介護は必要，公的老人ホ

ームは空きがなく，病院にも入れない。こうした状況が安く入れる「無届け介護ハウス」の急増を生んだわけです。条件が劣悪でも，金額が安く命はつなげる。そうでないと，独り暮らしの人は死んでしまうかもしれないのです。どうすればいいのか，社会が考えて答えを出していかないといけないわけです。

　実態の一端が分かりはじめ，撮影班はいくつかの介護ハウスを追い始めました。経営者の中には，NPO法人のような活動として運営している方もたくさんいました。行き場のない高齢者の問題を解決しようとしていますが，許認可の面で自治体との交渉に苦慮する日々だそうです。しかし，これを緩めると安全面で問題が発生しますから，自治体としても難しい判断を迫られています。中には近隣の住民や自治体とトラブルを起こしているケースもありました。こうした撮影の一方で，取材班は全国の自治体にアンケートを実施し，無届け介護ハウスの実態を把握しようと努めていきます。

　番組のスタンスは，自治体や経営者を悪として追及することではありません。起きている現状を伝え，多くの人々の気付きとしてもらい，その中から解決を求め促す機運が生まれることを期待しています。しかし一方で，スプリンクラーも設置していない場合は，火事が起きたら全員が亡くなるかもしれません。

　解はあるのでしょうか。社会保障の金額を投入して解決することも限界に近付いています。国家予算も介護保険も破たん寸前です。そうして手をこまねいている間にも，介護を要する高齢者の増加と，施設，人手，財政不足のギャップは拡大し続けています。その解がないから，この現況が起こっているのです。だからと言ってこのままにしておくべきでしょうか。話は堂々巡りになりますが，私たちは現状を知らしめるドキュメンタリーを放映し，解については直後に討論番組を企画してみなさんに考えてもらうという方法をとりました。いずれにしても，こうした丹念な取材をベースに世に埋もれている事実を発掘し，社会の気付きとし，やがて社会がよくなるきっかけを提示する，それがドキュメンタリー，あるいはテレビジャーナリズムの原点だと考えています。

VI おわりに —— ドキュメンタリーはどこに向かうのか

変化の到来と進化

　以前から言っているのですが，NHKという組織は受信料として視聴者のみなさんからお金をもらっていますから，それをどう有効に使うべきか常に考える責任を負っています。NHKはそうした趣旨から日夜発生するニュースや娯楽となるドラマ，教養教育番組を放送しています。ドキュメンタリーの場合はどう考えればよいのでしょうか。私たち制作者はリサーチと撮影を視聴者になり代わって行い，視聴者に見せる役割を担っています。世界の国々，あるいは宇宙・深海まで出かけてまだ見ぬものを追い求める。あるいは歴史をさかのぼり，みなさんに代わって過去の歴史を調べ，証言を聞き，分かりやすく映像にして現代に還元する。社会の深層に隠れている重要な動き，底流を探り出して世に問う。これらもすべて，資金を預けてもらい，視聴者の目と耳の代わりとなって調べるべきものを調べていることなのだと言ってもいいかもしれません。

　NHKスペシャルの特徴は，世界でも例のない週末の夜9時という"多くの視聴者が集まる"ゴールデンタイム枠でこのようなドキュメンタリーを放送する"装置"であることでしょう。このことから"よりコストや労力を集中させた"重点企画を成立させることができます。リサーチの側面からも表現の側面からも，より深く，より広く"発掘と還元"を行える"公共の空間"となっているわけです。

　したがって，いまテレビの世界に到来している劇的な変化，ネットの普及やグローバル化という激しい波に対しても，逆にそれをも吸収して，たくましく進化することが可能であり，必要であるとも思うのです。

テレビドキュメンタリーはどこに向かうのか

　一方で，変わらないであろうもの，変えるべきでないものもあります。ドキュメンタリー制作に臨む姿勢もその一つです。いまでも「客観的なドキュメンタリーなどありえない」という議論をよく耳にします。ドキュメンタリ

ーの定義からして，また取材する意志が存在し，カメラを向ける意志が存在し，編集してコメントを書く意志が存在する以上，主観的な部分は当然あります。しかし，公共メディアたる NHK のドキュメンタリーは，映像作家がつくるドキュメンタリーのように作家性を前面に出す作り方（必ずしもそうではない作品も多くありますが）は禁物とされています。受信料を預かってその資金で制作する以上，企画の選定や表現の仕方など，クライアントである視聴者に納得してもらう必要があるからです。個人的な作家性を重視するドキュメンタリーの場合，観客はむしろそれを前提にその作風を支持し堪能するわけですから，作者がどのように世界を切り取りどのように表現しても自由です。むしろその個性が魅力です。NHK の場合は，それぞれの過程に公共性，客観性が担保されなくてはならないでしょう。しかし，ドキュメンタリーの発展形態からみても，取材・撮影・編集という行為が一つひとつ個人の選択となってしまうテレビ番組制作の宿命から言っても，客観性を保ちつつも個性の賜物であることも逃れようのない事実です。その意味からは，ドキュメンタリー，あるいはテレビジャーナリズムは，個々の事実を解明し真実を追求しようとする公正な意志，公共的な動機によって成立しているものだと言えるでしょう。

　技術革新，テレビというメディア形態，ジャーナリズム精神，こうした数々の座標軸をしっかりと頭に入れながら，迅速に変化に対応し，また変化に流され過ぎないように識見を蓄え，テレビドキュメンタリーの新しい地平を築いていく担い手になる人がみなさんの中から一人でも多く出てもらうことを期待したいと思っています。

―― コラム ――

石橋湛山から学んだこと

　ドキュメンタリーは技術革新や市場ニーズによって変化・進化していますが，一方でその芯に位置するものは，時代に流されてはならないのではないでしょうか。講義プロジェクトの原点である石橋湛山という人は，戦前多くの学術家や言論人が時流に流されていく中で信念を貫いた人として有名です。私は偶然にも石橋湛山研究の第一人者のゼミナールの一員でした。そこで学んだのは，石橋湛山の実利・実証を重んずる姿勢です。有名な「小日本主義」という論考があります。植民地経営を放棄して貿易立国となり，軍拡主義を捨てれば世界の理解を得られ国益に叶う，という拡張主義一辺倒の当時としてはあまりに反主流的なものでした。しかし，この信念は時の権力に対するカウンターポジションをあえて取ったというものでもなく道徳的見地からくる非戦論でもありません。冷徹に経済政策を比較しソロバン勘定した上で説いている実利的合理的な主張です。紙面の関係で詳述は無理ですが，「樺太，朝鮮，台湾の資源や貿易益は米国一国のそれより小さく運営コストに見合っていない」「軍拡や移民などの政策が列強を刺激しそのために軍拡が必要となっているのであって，拡張をやめれば緊張もなくなる」など，持論の経済合理性を国益の良策としてデータ検証の上で提示します。アダム・スミスやJ・S・ミルなどの経済思想の影響を受け，各国の，特にイギリスの小英国・大英国主義論争を学んだ上で提唱しているわけですから，一見楽観的に見えますが奇異な主張ではないわけです。しかし，当時の日本は，言論統制以前だったにもかかわらず，政財界やジャーナリズムは軍備拡張路線のベースの上での議論に終始しました。人口増大の解決策としての移民政策は満州でむしろ拡大しました。組織や国家に属する人間は，大きくなり強くなることを歓迎するため，マスメディアも読者の期待に応えようと同調主義に陥った面もあります。いずれにしても，軍部，政治，官僚，メディア，国民が少しずつ回した大きな歯車は修正が効かず，最終的に誰も望んでいなかった対米開戦という道に歴史は進んでいきます。石橋湛山が記憶されるべきは，信念を貫くという性格やリベラリストという良心的称号もさることながら，世界情勢の知見を獲得し，経済原則をデータで把握し，ポピュリズムに堕することなく真実を合理的に見極める真のジャーナリストとしての資質と能力においてではないでしょうか。

あとがき

　敗戦後70周年にあたった昨年以来,「日本が戦後の岐路に立っている」とよく言われている。それは周知のように，この国の政治の明らかな右方向への転換が意味されている。その原因は，政権側が言うような，この国を取り巻く国際情勢の変化であるというよりも，むしろ，国のあり方をドラスティックに変えて敗戦前の姿に戻したいという，一部の人びとの復古主義にあるのだが，それを許しつつあるのは，この国の構成員たる国民自身の過去に対する無知と忘却である。とはいえ一般の国民は，20年以上にわたる劣悪な経済状況のなかで日々の暮らしを維持することに追われて，自分の社会やそれを取り巻く状況の全般について，また過去と未来について思いをはせることができにくい状況に置かれてもいるのである。

　だからこそ，社会の木鐸たるジャーナリズムの存在意義がますます大きくなっているのだが，残念ながら日本の現実はむしろその逆の方向に進んでいるように思われる。それは，世界各国を対象とする「報道の自由度ランキング」で今年の日本は，昨年の61位から72位に下がったということにも見て取れる。この状況悪化をつくり出しているのは，権力による露骨な言論弾圧というものではない。むしろ，当事者たちが「自発的に」させられる「忖度（そんたく）」であろう。つまり，この国の権力者は，直接的なことはいっさい言わずに，自分の従わせたい方向へとマスメディアを誘導するという「洗練された」手法をとっているのである。この具体例は，本書に収載されている何人もの方々の経験から読みとれるであろう。

　「先進国」である日本の組織ジャーナリズムは，それ自体が巨大化して一つの営業組織となっているから，忖度という行動形態をとることになり始めると，多方面にわたる忖度を強いられることになり，その結果，自縄自縛という状況に陥りやすい。昨年のこの講座の著作『「今を伝える」ということ』（238頁）でも言及したような，広告主を通じてマスメディアに忖度させるという方法も，不況による広告の出稿減という現状のなかで日常化しているようだ。

では，忖度のワナに陥らずにジャーナリズムの自立と自由を確保するためには何が必要だろうか。まずは，報道する内容が，徹底的に事実にこだわった取材に基礎をおくものであるということであろう。それは，ユンカーマン氏や高倉氏が強調されているところでもある。もう一つ，そもそも忖度というような，自立した人間として恥ずかしい態度をとらないためには，その人物自身が自分の生き方および考え方に確固たる軸をもっていることが必要なのではないだろうか。本講義の最終回に私が忖度にも言及したところ，講義後の受講生の意見のなかに，「ジャーナリストにも，医師や弁護士のような資格試験が必要なのではないか」というものがあった。ジャーナリストにふさわしい能力を身につけるために資格試験が有効であるかどうかはわからないが，「第四の権力」の一端を担う人物として，それなりの覚悟が必要とされることは間違いがないだろう。

　「忖度のワナ」に陥ることなくジャーナリストとしての本分を戦前から敗戦後まで貫いたのが，本講座の冠となっている石橋湛山である。彼は，明治天皇を記念するために明治神宮を造営しようという機運が盛り上がっていたときに，そのような国内的な記念ではなく，ノーベル賞を超える国際的な「明治賞金」を設定するべきだ，と堂々と提唱したのであった（『「今を伝える」ということ』（246頁））。何という胆力，何という広大な視野であろうか。

　この書物は，「石橋湛山記念　早稲田ジャーナリズム大賞」を記念して，早稲田大学の学生のために開講されている授業での講義をもとに編まれたものである。講師陣は，上記の早稲田ジャーナリズム大賞の前年の受賞者の方々を中心に，日本の第一線で活躍されている皆さんにより構成されている（なお，各執筆者の肩書・所属は講義をしていただいた時点のものである）。

　執筆者の方々は，本務でご多忙のなかを講義のために都の西北まで足を運んでくださり，その上，本書のための原稿作成と綿密な校正等，多大な御骨折りをいただいた。講師・執筆者の皆様の誠意あふれるご協力に，編者として心より御礼を申し上げる次第である。

　登壇してくださったジャーナリストの講義を拝聴しながら，私の涙がとまらなくなってしまったことが，一度ならずあった。それに気づいた受講生か

ら，講義後に「先生，泣いてたみたいですけど」と指摘されたこともあった。「取材の姿と内容がすばらしかったからね」と，恥ずかしかったが率直に答えた覚えがある。この度，校正刷りの形になったものを読み直して，やはり涙があふれてきたことがあった。私が老齢になって涙もろくなっているということもあるのだろうが，それだけではなく，やはりジャーナリストの皆さんの活動がそれだけ素晴らしいということであるに違いない。本書を手にとってくださる方々も同じ思いを共有してくださると確信している。

　この10月27日に，陸軍軍人としての戦争体験にたって，戦後，民主主義と平和主義の重要性を説きつづけていた三笠宮崇仁殿下が逝去された。今上天皇・皇后の昨今の言動と併せて考えるとき，上記の「岐路」の意味の重さがいよいよ明らかになってくる。14人の執筆者をはじめとする日本のジャーナリストとジャーナリズムのいっそうの頑張りを，大いに期待したい。

　なお巻末に，本書理解の便宜のために関連年表を付けた。これは本講座の開催期間より遡って1年間（2015年4月〜2016年7月末）を対象としたものであり，講義内容に関わる出来事とジャーナリズムに関する重要な出来事を中心に，成文堂編集部で原案を作成してもらった。

　本書が刊行に到るまで，細かい作業のみならず，内容構成に関する重要な提案もしてくださった成文堂編集部の小林等氏と，元ベテラン編集者であり現・早稲田ジャーナリズム大賞事務局長である湯原法史氏のお二人に，そして本講座運営のために多大な協力をしてくださった早稲田大学広報室の皆さんに，心より御礼申し上げる。

2016年10月
2016年度「石橋湛山記念　早稲田ジャーナリズム大賞」記念講座コーディネーター
「石橋湛山記念　早稲田ジャーナリズム大賞」選考委員
早稲田大学商学学術院教授

八　巻　和　彦

関連年表（2015年4月〜2016年7月）

本書の内容，及びジャーナリズムの動向に留意しつつ，編集部にてまとめた。
なお，年表作成に当たっては，「新聞研究」（日本新聞協会），『朝日新聞縮刷版』（朝日新聞出版）などを参照した。

日付	出来事
2015年	
4.17	安倍晋三首相と沖縄県の翁長雄志知事が初会談。米軍普天間飛行場の名護市辺野古への移設に理解を求めるも翁長知事は反対。
4.17	自民党情報通信戦略調査会がNHK『クローズアップ現代』の「やらせ」問題とテレビ朝日『報道ステーション』の「官邸批判」問題でそれぞれの局幹部を事情聴取。
4.28	テレビ朝日が『報道ステーション』で古賀茂明氏が生放送中に官邸批判をした問題につき，番組進行上不適切だったとして担当部長ら3人を訓告処分。
4.28	『クローズアップ現代』の「やらせ」問題で，NHKは「やらせ」はなかったが過剰な演出や誤解を与える編集があったとする最終報告を発表した。
4.28	総務省が『クローズアップ現代』の問題でNHKに「厳重注意」の行政指導を行う。
4.29	安倍首相は日本の首相で初めて米議会上下両院合同会議で演説。先の大戦への「痛切な反省」に言及するとともに，新安保法制の夏までの実現を確約。
5.14	政府は臨時閣議を開き，安全保障関連法案の国会提出を決定。
5.17	橋下徹大阪市長が掲げた「大阪都構想」の是非を問う住民投票が実施され，1万741票差で反対多数となる。
6. 4	衆院憲法審査会に参考人として招かれた長谷部恭男早大教授ら憲法学者3人が集団的自衛権の行使を可能とする安全保障関連法案について「違憲」との見解を示す。
6.17	選挙権年齢を「18歳以上」に引き下げる改正公職選挙法案が可決，成立した。
6.25	自民党若手議員による勉強会「文化芸術懇話会」で作家の百田尚樹氏が沖縄の新聞2紙を「つぶさなあかん」と発言。出席議員からも「マスコミを懲らしめるためには広告料収入がなくなるのが一番」などの発言があった。
7.16	集団的自衛権の行使容認を含む安全保障関連法案は衆院本会議で与党などの賛成多数により可決，参院に送付された。
7.17	安倍首相は新国立競技場建設計画の白紙撤回を表明。総工費が当初予算の2倍近い2520億円となり批判が高まっていた。

日付	出来事
8〜9月	浮世絵「春画」と女性のヌード写真を近い頁に掲載したのはわいせつ図画頒布罪に当たる可能性があるとして、8〜9月にかけ警視庁は「週刊ポスト」「週刊現代」「週刊大衆」「週刊アサヒ芸能」の各誌担当者へ口頭指導を行った。
8.11	九州電力川内原発1号機が再稼働。新規制基準に基づく原発の再稼働は全国で初めて。
8.14	安倍首相が戦後70年の首相談話を発表。歴代内閣の立場を継承する一方で、「先の世代に謝罪を続ける宿命を負わせてはならない」と述べた。
8.15	政府主催の全国戦没者追悼式における天皇陛下のおことばに「平和の存続を切望する国民の意識」「さきの大戦に対する深い反省」という表現が初めて盛り込まれた。
8.28	政府が新国立競技場の新たな整備計画を決定。総工費の上限は従来案より約1100億円削減され1550億円となる。
9.3	中国が天安門広場で「中国人民抗日戦争・世界反ファシズム戦争勝利70周年」の記念式典と軍事パレードを実施。ロシアのプーチン大統領、韓国の朴槿恵大統領らが出席。
9.5	東京電力福島第一原発事故により全町避難となっていた福島県楢葉町への避難指示が解除。全自治体規模での解除は初めて。
9.8	任期満了に伴う自民党総裁選が告示。安倍首相の無投票再選が決定。
9.8	最高裁は被爆者援護法に基づく医療費の支給は在外被爆者にも及ぶとの初判断を示した。
9.19	安全保障関連法が参院本会議で与党などの賛成多数により可決、成立。集団的自衛権の行使が初めて可能となる。
9.21	沖縄県の翁長知事が国連人権理事会で「沖縄の人々は自己決定権や人権をないがしろにされている」と述べた。
9.26	安倍首相が国連サミット出席のため訪米。29日、バイデン米副大統領に表敬を受ける。
10.3	春画に関する記事掲載（「週刊文春」10月8日号＝1日発売）をめぐり、「週刊文春」の新谷学編集長が「編集上配慮を欠いた」として3か月の休養となる。
10.13	米軍普天間飛行場の移設計画をめぐり沖縄県の翁長知事が移設先の名護市辺野古の埋め立て承認を取り消し。対して政府は不服審査請求を行う（14日）。
10.27	政府は沖縄県による埋め立て承認取り消し処分を是正するため、埋め立て承認をめぐる「代執行」手続きに着手。
11.1	ソウルで日中韓首脳会談が開催。翌2日、日韓首脳会談にて慰安婦問題の早期妥結に向け協議を加速することが合意された。
11.6	『クローズアップ現代』の「やらせ」問題で、BPOの放送倫理検証委員会は、

日付	出来事
	「重大な放送倫理違反があった」とする一方，自民党によるNHK幹部への事情聴取と総務省による厳重注意についても批判した。
11.13	パリ中心部の劇場やレストラン，近郊のスタジアムなどで「イスラム国」による同時多発テロが発生。130人が犠牲となる。
12.11	BPOの放送人権委員会は『クローズアップ現代』について「放送倫理上重大な問題があった」と勧告する一方，自民党による同局幹部への事情聴取，及び総務省による厳重注意について「報道内容を委縮させかねない」との懸念を示す。
12.16	2017年4月の消費税10％引き上げに合わせ，宅配新聞を含む軽減税率を導入するとの16年度与党税制改正大綱が決定される。
12.17	コラム記事で朴槿恵大統領の名誉を傷つけたとして名誉棄損罪に問われていた産経新聞の前ソウル支局長に対し，ソウル中央地裁が無罪判決をくだした。
12.22	日本スポーツ振興センターが新国立競技場の設計デザイン案を決定。総整備費は1490億円となる。
12.28	日韓両政府は外相会談で旧日本軍の従軍慰安婦問題を決着させることで合意。
2016年	
1.6	北朝鮮が国営朝鮮中央テレビを通じて「水爆実験に成功した」と発表した。
1.16	中国が主導する国際金融機関「アジアインフラ投資銀行」の設立記念式典が開催された。参加国57か国の閣僚らが出席。
2.1	沖縄県の翁長知事は石井啓一郎国土交通相を相手取り，埋め立て承認取り消しの効力を一時停止した決定の取り消しを求め，福岡高裁那覇支部に提訴した。
2.4	日米などTPPの参加12か国が協定書に署名。
2.8	高市早苗総務相は8・9日の衆院予算委員会で，政治的公平性を欠く放送が繰り返された場合，放送法違反を理由に電波法に基づき電波停止を命じる可能性につき言及。
2.29	高市総務相の「電波停止」発言に対し，ジャーナリスト6人が日本記者クラブで会見。「憲法及び放送法の精神に反している」と声明を発表。
3.2	「立憲デモクラシーの会」共同代表の樋口陽一・東京大学名誉教授ら学者5人が放送法4条を根拠に放送事業者を処分するのは違憲だとする見解を発表。
3.4	沖縄県の米軍普天間飛行場の名護市辺野古への移設をめぐる代執行訴訟で国と県が和解。工事を中断した上で両者が解決に向け協議を行うこととする。
3.22	ベルギーの首都ブリュッセルで空港と地下鉄駅で連続して爆弾テロが発生。計34人が死亡し，200人以上が負傷した。「イスラム国」系メディアにより犯行声明。
3.27	民主党と維新の党による民進党が東京都内で結党大会を開き正式に旗揚。衆参両院で156人の勢力となる。

日付	出来事
3.29	16年度税制関連法が参院本会議で可決，成立。17年4月から税率が10％に引き上げられると同時に軽減税率8％が導入される。
3.29	安全保障関連法が施行され，集団的自衛権の行使が可能となる。
4.11	「表現の自由」に関する国連特別報告者のデビット・ケイ氏が来日。1週間の日本滞在を終え，19日にニュースリリースを発表。
4.14	熊本県熊本地方を震源とするM6.3の地震（前震）が発生し，益城町で震度7を観測した。さらに16日にはM7.3の地震が発生（本震）。
4.20	国際NGO組織「国境なき記者団」が2016年の世界各国の「報道の自由度ランキング」を発表。日本は前年の61位から大幅に下げて72位となる。
5.9	米国による太平洋・ビキニ環礁での水爆実験の際に被ばくした元漁船員やその遺族ら45人が，国家賠償を求める集団訴訟を高知地裁に起こした。
5.10	パナマ文書問題で「国際調査報道ジャーナリスト連合」（ICIJ）は租税回避地に設立された法人と，それに関連する企業や個人の名前，住所のリストをホームページ上で公表した。
5.19	沖縄県警は行方不明となっていたうるま市在住の女性の遺体を遺棄したとして元米海兵隊員の男を死体遺棄容疑で逮捕した。
5.26	主要7ヵ国首脳会議（伊勢志摩サミット）が開幕，27日に首脳宣言を採択して閉幕した。
5.27	オバマ大統領が現職の米国大統領として初めて広島市を訪問。被爆者と対話し，約17分間にわたり演説を行った。
6.1	安倍首相は2017年4月に予告していた消費税率10％への引き上げを19年10月まで2年半延期する考えを正式表明した。
6.19	選挙権年齢を「20歳以上」から「18歳以上」に引き下げる改正公職選挙法が施行され，18，19歳の約240万人が新たに有権者に加わった。
6.24	欧州連合（EU）からの離脱の是非を問う英国の国民投票で，離脱派が51.9％と過半数を占めた。
7.10	第24回参院選の投開票が行われ，自民，公明の与党が69議席を得て勝利。改憲に積極的な勢力の議席数が憲法改正議議に必要な3分の2を超えた。
7.13	天皇陛下が生前退位の意向をしめしていることを政府関係者が明らかにしたと報じられた。
7.26	神奈川県相模原市の障害者施設に男が侵入し，刃物を使った殺人事件としては戦後最悪となる19人が死亡，26人が負傷した。

「石橋湛山記念 早稲田ジャーナリズム大賞」受賞者

第1回　2001年度

【公共奉仕部門】
受賞者　　三木 康弘(故人)と神戸新聞論説委員室
作品名　　阪神・淡路大震災からの復興に向けての論説，評論活動
発表媒体　神戸新聞

【草の根民主主義部門】
受賞者　　曽根 英二
作品名　　「島の墓標」
発表媒体　山陽放送

【文化貢献部門】
受賞者　　毎日新聞旧石器遺跡取材班　代表 真田 和義（渡辺 雅春，山田 寿彦，高橋 宗男，早川 健人，山本 健，本間 浩昭，西村 剛，ほか取材班）
作品名　　旧石器発掘ねつ造問題の一連の企画ならびに『発掘捏造』の出版
発表媒体　毎日新聞

第2回　2002年度

【公共奉仕部門】
受賞者　　田城 明
作品名　　「21世紀　核時代　負の遺産」
発表媒体　中国新聞

【公共奉仕部門】
受賞者　　広河 隆一
作品名　　『パレスチナ　新版』並びに雑誌などへの発表
発表媒体　書籍(岩波新書など)

第3回　2003年度

【公共奉仕部門】
受賞者　　鈴木 哲法
作品名　　「鉄路　信楽列車事故」の長期連載を中心とした鉄道の安全を考える一連の報道
発表媒体　京都新聞

【公共奉仕部門】
受賞者　　C型肝炎取材班　代表 熱田 充克
作品名　　一連の「C型肝炎シリーズ」及びその特別番組
発表媒体　フジテレビ「ニュースJAPAN」及び特別番組

【文化貢献部門】
受賞者　　佐藤 健(故人)，生きる者の記録取材班　代表 萩尾 信也
作品名　　「生きる者の記録」
発表媒体　毎日新聞

＊奨励賞
【草の根民主主義部門】
受賞者　「ずく出して，自治」取材班　代表　畑谷　広治
作品名　「ずく出して，自治〜参加そして主役へ〜」
発表媒体　信濃毎日新聞
【文化貢献部門】
受賞者　塚田　正彦
作品名　「さんばと12人の仲間〜親沢の人形三番叟の一年〜」
発表媒体　長野放送

第4回　2004年度

【公共奉仕部門】
受賞者　琉球新報社地位協定取材班　代表　前泊　博盛
作品名　日米地位協定改定キャンペーン「検証　地位協定〜不平等の源流〜」
発表媒体　琉球新報
【公共奉仕部門】
受賞者　NHK「東京女子医科大学病院」取材班　代表　影山　博文
　　　　（山元　修治，北川　恵，落合　淳，竹田　頼正，山内　昌彦，角　文夫）
作品名　NHKスペシャル「東京女子医科大学病院〜医療の現場で何が起きているか〜」
発表媒体　NHK総合テレビ
【草の根民主主義部門】
受賞者　「わしも'死の海'におった〜証言・被災漁船50年目の真実〜」取材班　代表　大西　康司
作品名　「わしも'死の海'におった〜証言・被災漁船50年目の真実〜」の報道
発表媒体　南海放送
＊奨励賞
【公共奉仕部門】
受賞者　鹿沼市職員殺害事件取材班　代表　渡辺　直明
作品名　「断たれた正義」−なぜ職員が殺された・鹿沼事件を追う−
発表媒体　下野新聞
【文化貢献部門】
受賞者　赤井　朱美（プロデューサー兼ディレクター）
作品名　石川テレビ放送ドキュメンタリー「奥能登　女たちの海」
発表媒体　石川テレビ放送

第5回　2005年度

【公共奉仕部門】
受賞者　「少年事件・更生と償い」取材班　代表　田代　俊一郎
作品名　「少年事件・更生と償い」シリーズ
発表媒体　西日本新聞
【公共奉仕部門】
受賞者　「沖縄戦新聞」取材班　代表　宮城　修（国吉　美千代，志良　堂仁，小那覇　安剛，宮里　努，
　　　　高江洲　洋子）
作品名　沖縄戦新聞
発表媒体　琉球新報

【文化貢献部門】
受賞者　　「沈黙の森」取材班　代表　棚田　淳一（朝日　裕之，片桐　秀夫，村上　文美，谷井　康彦，浜浦　徹）
作品名　　キャンペーン企画「沈黙の森」
発表媒体　北日本新聞
＊奨励賞
【草の根民主主義部門】
受賞者　　永尾　俊彦
作品名　　『ルポ諫早の叫び～よみがえれ　干潟ともやいの心～』
発表媒体　書籍（岩波書店）

第6回　2006年度

【公共奉仕部門】
受賞者　　「検証　水俣病50年」取材班　代表　田代　俊一郎
作品名　　「検証　水俣病50年」シリーズ
発表媒体　西日本新聞
【公共奉仕部門】
受賞者　　古居　みずえ
作品名　　ドキュメンタリー映画「ガーダ～パレスチナの詩～」
発表媒体　映画
【草の根民主主義部門】
受賞者　　「地方発　憲法を考える」取材班　代表　山口　和也
作品名　　連載「地方発　憲法を考える」
発表媒体　熊本日日新聞

第7回　2007年度

【公共奉仕部門】
受賞者　　朝日新聞編集局特別報道チーム　代表　市川　誠一
作品名　　「偽装請負」追及キャンペーン
発表媒体　朝日新聞および書籍（朝日新書）
【草の根民主主義部門】
受賞者　　朝日新聞鹿児島総局　代表　梶山　天
作品名　　鹿児島県警による03年県議選公職選挙法違反「でっちあげ事件」をめぐるスクープと一連のキャンペーン
発表媒体　朝日新聞
【文化貢献部門】
受賞者　　RKB毎日放送報道部　代表　竹下　通人
作品名　　「ふるさとの海～水崎秀子にとっての祖国にっぽん～」
発表媒体　RKB毎日放送
＊奨励賞
【公共奉仕部門】
受賞者　　「同和行政問題」取材班　代表　東田　尚巳
作品名　　検証「同和行政」報道
発表媒体　毎日放送

【草の根民主主義部門】
受賞者　「お産SOS」取材班　代表　練生川　雅志
作品名　連載「お産SOS〜東北の現場から〜」
発表媒体　河北新報

第8回　2008年度

【公共奉仕部門】
受賞者　「新聞と戦争」取材班　キャップ　藤森　研
作品名　連載「新聞と戦争」
発表媒体　朝日新聞
【草の根民主主義部門】
受賞者　「やねだん」取材班　代表　山縣　由美子
作品名　「やねだん〜人口300人，ボーナスが出る集落〜」
発表媒体　南日本放送
【文化貢献部門】
受賞者　「探検ロマン世界遺産」取材班　代表　寺井　友秀
作品名　探検ロマン世界遺産スペシャル「記憶の遺産〜アウシュビッツ・ヒロシマからのメッセージ〜」
発表媒体　NHK総合テレビ

第9回　2009年度

【公共奉仕部門】
受賞者　土井　敏邦(ジャーナリスト)
作品名　ドキュメンタリー映画「沈黙を破る」
発表媒体　映画
【公共奉仕部門】
受賞者　斉藤　光政(東奥日報社社会部付編集委員)
作品名　①「在日米軍基地の意味を問う」一連の記事
　　　　②『在日米軍最前線〜軍事列島日本〜』
発表媒体　①東奥日報
　　　　②書籍(新人物往来社)
【文化貢献部門】
受賞者　大西　成明(写真家)
作品名　写真集『ロマンティック・リハビリテーション』
発表媒体　書籍(ランダムハウス講談社)

第10回　2010年度

【公共奉仕部門】
受賞者　NHKスペシャル「日本海軍 400時間の証言」取材班　藤木　達弘(日本放送協会 大型企画開発センターチーフ・プロデューサー)
作品名　NHKスペシャル「日本海軍 400時間の証言」全3回
発表媒体　NHK総合テレビ

【草の根民主主義部門】
受賞者　　生活報道部「境界を生きる」取材班　丹野 恒一
作品名　　「境界を生きる」～性別をめぐり苦しむ子どもたちを考えるキャンペーン～
発表媒体　毎日新聞
【文化貢献部門】
受賞者　　国分 拓(日本放送協会　報道局　社会番組部　ディレクター)
作品名　　『ヤノマミ』
発表媒体　書籍(日本放送出版協会)
＊奨励賞
【公共奉仕部門】
受賞者　　笠井 千晶(中京テレビ放送　報道部　ディレクター)
作品名　　NNNドキュメント2009「法服の枷～沈黙を破った裁判官たち～」
発表媒体　NNN(Nippon News Network)

第11回　2011年度

【公共奉仕部門】
受賞者　　ETV特集「ネットワークで作る放射能汚染地図　福島原発事故から2か月」取材班
　　　　　代表 増田 秀樹(日本放送協会 制作局文化・福祉番組部チーフ・プロデューサー)
作品名　　ETV特集「ネットワークで作る放射能汚染地図　福島原発事故から2か月」
発表媒体　NHK　Eテレ
【公共奉仕部門】
受賞者　　大阪本社社会部・東京本社社会部「改ざん事件」取材班　代表 板橋 洋佳
作品名　　「大阪地検特捜部の主任検事による押収資料改ざん事件」の特報および関連報道
発表媒体　朝日新聞
【草の根民主主義部門】
受賞者　　三上 智恵(琉球朝日放送　報道制作局　報道制作部　ディレクター)
作品名　　報道特別番組「英霊か犬死か－沖縄靖国裁判の行方－」
発表媒体　琉球朝日放送
＊奨励賞
【文化貢献部門】
受賞者　　鎌仲 ひとみ(映画監督)
作品名　　ドキュメンタリー映画「ミツバチの羽音と地球の回転」
発表媒体　渋谷ユーロスペース他劇場と全国約400ヶ所の自主上映

第12回　2012年度

【公共奉仕部門】
受賞者　　「プロメテウスの罠」取材チーム　代表 宮﨑 知己(朝日新聞東京本社報道局特別報道部
　　　　　次長)
作品名　　連載「プロメテウスの罠」
発表媒体　朝日新聞
【草の根民主主義部門】
受賞者　　渡辺 一史
作品名　　『北の無人駅から』
発表媒体　書籍(北海道新聞社)

【文化貢献部門】
受賞者　　NHK プラネット九州　制作部　エグゼクティブ・ディレクター　吉崎 健
作品名　　ETV 特集「花を奉る　石牟礼道子の世界」
発表媒体　NHK　Eテレ
＊奨励賞
【草の根民主主義部門】
受賞者　　三陸河北新報社　石巻かほく編集局　代表 桂 直之
作品名　　連載企画「私の3.11」
発表媒体　石巻かほく
【文化貢献部門】
受賞者　　「阿蘇草原再生」取材班　代表 花立 剛(熊本日日新聞社編集局地方部次長)
作品名　　連載企画「草原が危ない」と阿蘇草原再生キャンペーン
発表媒体　熊本日日新聞

第13回　2013年度

【草の根民主主義部門】
受賞者　　「波よ鎮まれ」取材班　代表 渡辺 豪(沖縄タイムス社特別報道チーム兼論説委員)
作品名　　連載「波よ鎮まれ〜尖閣への視座〜」
発表媒体　沖縄タイムス
【文化貢献部門】
受賞者　　ETV 特集「永山則夫100時間の告白」取材班　代表 増田 秀樹(日本放送協会 大型企画開発センター　チーフ・プロデューサー)
作品名　　ETV 特集「永山則夫100時間の告白〜封印された精神鑑定の真実〜」
発表媒体　NHK　Eテレ
＊奨励賞
【公共奉仕部門】
受賞者　　木村 英昭(朝日新聞東京本社報道局経済部)
　　　　　宮﨑 知己(朝日新聞社デジタル本部デジタル委員)
作品名　　連載「東京電力テレビ会議記録の公開キャンペーン報道」
発表媒体　朝日新聞
【公共奉仕部門】
受賞者　　林 新(「原子力"バックエンド"最前線」取材チーム　日本放送協会　大型企画開発センター　プロデューサー)
　　　　　酒井 裕(エス・ヴィジョン代表)
作品名　　BSドキュメンタリーWAVE「原子力"バックエンド"最前線〜イギリスから福島へ〜」
発表媒体　NHK　BS1

第14回　2014年度

【公共奉仕部門】
受賞者　　NNN ドキュメント取材班　代表 大島 千佳(NNN ドキュメント取材班　ディレクター)
作品名　　NNN ドキュメント'14「自衛隊の闇〜不正を暴いた現役自衛官〜」
発表媒体　日本テレビ

【草の根民主主義部門】
受賞者　　下野新聞社編集局子どもの希望取材班　代表　山﨑　一洋(下野新聞社編集局社会部長代理)
作品名　　連載「希望って何ですか〜貧困の中の子ども〜」
発表媒体　下野新聞
【文化貢献部門】
受賞者　　与那原　恵
作品名　　『首里城への坂道〜鎌倉芳太郎と近代沖縄の群像〜』
発表媒体　書籍(筑摩書房)
＊奨励賞
【草の根民主主義部門】
受賞者　　伊藤　めぐみ(有限会社ホームルーム　ドキュメンタリー・ディレクター)
作品名　　ドキュメンタリー映画「ファルージャ〜イラク戦争　日本人人質事件…そして〜」
発表媒体　映画

第15回　2015年度

【公共奉仕部門】
受賞者　　新垣　毅(琉球新報社編集局文化部記者兼編集委員)
作品名　　沖縄の自己決定権を問う一連のキャンペーン報道〜連載「道標求めて」を中心に〜
発表媒体　琉球新報
【草の根民主主義部門】
受賞者　　堀川　惠子
作品名　　『原爆供養塔〜忘れられた遺骨の70年〜』
発表媒体　書籍(文藝春秋)
【文化貢献部門】
受賞者　　朴　裕河
作品名　　『帝国の慰安婦〜植民地支配と記憶の闘い〜』
発表媒体　書籍(朝日新聞出版)
＊奨励賞
【公共奉仕部門】
受賞者　　NHKスペシャル「水爆実験60年目の真実」取材班　代表　高倉　基也(NHK広島放送局　チーフ・プロデューサー)
作品名　　NHKスペシャル「水爆実験60年目の真実〜ヒロシマが迫る"埋もれた被ばく"〜」
発表媒体　NHK総合テレビ

本賞選考委員（第16回） (50音順)

秋山耿太郎（朝日新聞社顧問），後藤謙次（ジャーナリスト，元共同通信編集局長），佐藤滋（早稲田大学理工学術院教授：都市計画），瀬川至朗（早稲田大学政治経済学術院教授：ジャーナリズム研究），武田徹（ジャーナリスト，恵泉女学園大学人文学部教授），坪内祐三（評論家），土方正夫（早稲田大学社会科学総合学術院教授：情報システム科学），広河隆一（フォトジャーナリスト），アンドリュー・ホルバート（城西国際大学招聘教授グローバルカレッジ副所長，元日本外国特派員協会会長），松永美穂（早稲田大学文学学術院教授：ドイツ文学），八巻和彦（早稲田大学商学学術院教授：哲学），山根基世（アナウンサー），吉岡忍（作家，日本ペンクラブ専務理事）

過去に選考委員を務められた方々 (50音順，職名は委員在任時)

新井信（編集者，元文藝春秋取締役副社長，第1回～第15回），内橋克人（評論家，第1回～第8回），江川紹子（ジャーナリスト，第1回～第3回），岡村黎明（メディア・アナリスト，第1回～第10回），奥島孝康（早稲田大学総長，早稲田大学法学学術院教授，第1回～第3回），鎌田慧（ルポライター，第1回～第15回），河合隼雄（心理学者，文化庁長官，第1回），黒岩祐治（元フジテレビジョンキャスター，第11回），小池唯夫（元パシフィック野球連盟会長，元毎日新聞社社長，元日本新聞協会会長，第1回～第10回），小山慶太（早稲田大学社会科学総合学術院教授，第1回～第10回），佐野眞一（ノンフィクション作家，ジャーナリスト，第1回～第12回），清水功雄（早稲田大学理工学学術院教授），下重暁子（作家，第5回～第13回），竹内謙（日本インターネット新聞社代表取締役社長，第1回～第13回），谷藤悦史（早稲田大学政治経済学術院教授，第1回～第14回），田沼武能（写真家，日本写真家協会会長，第1回～第10回），永井多恵子（世田谷文化生活情報センター館長，元NHK解説主幹，第1回～第4回），箱島信一（朝日新聞社顧問，元日本新聞協会会長，第11回～第13回），長谷川眞理子（早稲田大学政治経済学部教授，第1回～第5回），花田達朗（早稲田大学教育・総合科学学術院教授，第6回～第13回），林利隆（早稲田大学教育・総合科学学術院教授，第1回～第5回），原剛（毎日新聞客員編集委員，早稲田環境塾塾長，早稲田大学名誉教授，第1回～第15回），原寿雄（ジャーナリスト，元共同通信社社長，第1回～第3回），ゲプハルト・ヒールシャー（ジャーナリスト，元在日外国報道協会会長，元日本外国特派員協会会長，第1回～第9回），深川由起子（早稲田大学政治経済学術院教授，第8回～第13回），山崎正和（劇作家，東亜大学学長，第1回～第4回），吉永春子（ドキュメンタリープロデューサー，現代センター代表，元TBS報道総局専門職局長，第1回～第8回）

「石橋湛山記念 早稲田ジャーナリズム大賞」記念講座 既刊紹介

報道が社会を変える　石橋湛山記念 早稲田ジャーナリズム大賞記念講座講義録1
コーディネーター　原　剛　早稲田大学出版部　2005年　本体価格1800円

ジャーナリズムの方法　石橋湛山記念 早稲田ジャーナリズム大賞記念講座講義録2
コーディネーター　原　剛　早稲田大学出版部　2006年　本体価格1800円

ジャーナリストの仕事　石橋湛山記念 早稲田ジャーナリズム大賞記念講座講義録3
コーディネーター　原　剛　早稲田大学出版部　2007年　本体価格1800円

「個」としてのジャーナリスト　石橋湛山記念 早稲田ジャーナリズム大賞記念講座2008
コーディネーター　花田達朗　早稲田大学出版部　2008年　本体価格1800円

「可視化」のジャーナリスト　石橋湛山記念 早稲田ジャーナリズム大賞記念講座2009
コーディネーター　花田達朗　早稲田大学出版部　2009年　本体価格1800円

「境界」に立つジャーナリスト　石橋湛山記念 早稲田ジャーナリズム大賞記念講座2010
コーディネーター　花田達朗　早稲田大学出版部　2010年　本体価格1800円

「対話」のジャーナリスト　石橋湛山記念 早稲田ジャーナリズム大賞記念講座2011
コーディネーター　花田達朗　早稲田大学出版部　2011年　本体価格1800円

「危機」と向き合うジャーナリズム　石橋湛山記念 早稲田ジャーナリズム大賞記念講座2012
コーディネーター　谷藤悦史　早稲田大学出版部　2013年　本体価格1800円

ジャーナリズムの「可能性」　石橋湛山記念 早稲田ジャーナリズム大賞記念講座2013
コーディネーター　谷藤悦史　早稲田大学出版部　2014年　本体価格1800円

ジャーナリズムの「新地平」　石橋湛山記念 早稲田ジャーナリズム大賞記念講座2014
コーディネーター　谷藤悦史　早稲田大学出版部　2015年　本体価格1800円

「今を伝える」ということ　石橋湛山記念 早稲田ジャーナリズム大賞記念講座2015
編著者　八巻和彦　成文堂　2015年　本体価格1500円

執筆者紹介（掲載順，＊は編者，肩書は講義登壇時のもの）

＊八巻　和彦（やまき　かずひこ）……………………………………はじめに

早稲田大学商学学術院教授，2016年度「石橋湛山記念 早稲田ジャーナリズム大賞」記念講座コーディネーター，「石橋湛山記念 早稲田ジャーナリズム大賞」選考委員
早稲田大学第一文学部，東京教育大学大学院を経て，1976年より和歌山大学に勤務。1990年より早稲田大学に勤務。京都大学博士（文学）。2000年4月〜2008年3月まで早稲田大学広報室長。著書に『クザーヌスの世界像』（創文社），編著書に『Nicholas of Cusa, A Medieval Thinker for the Modern Age』（Routledge Curzon Press），『「今を伝える」ということ』（成文堂），訳書に『神を観ることについて』（岩波文庫）など。

岸井　成格（きしい　しげただ）………………………………………1

毎日新聞社特別編集委員・TBSスペシャルコメンテーター
1967年慶應義塾大学法学部法律学科卒業，毎日新聞入社。熊本支局を振り出しに政治記者をつとめ，環境庁（現環境省）の名付け親となる。ワシントン特派員，政治部長，編集局次長，論説委員長，主筆を歴任。前TBS系『ニュース23』アンカー。『サンデーモーニング』『Nスタ』コメンテーター。「ニュース時事能力検定協会」理事長。植林NPO「森びとプロジェクト委員会」理事長。「司馬遼太郎記念財団」理事。

小塚かおる（こづか　かおる）……………………………………………2

日刊現代編集局ニュース編集部長
1968年愛知県名古屋市生まれ。1991年東京外国語大学スペイン語学科卒業，関西テレビ放送入社。編成部，報道部勤務。1994年，開局準備中の東京メトロポリタンテレビジョン（東京MXテレビ）入社。ビデオジャーナリスト（VJ）として取材にあたる。都庁記者クラブキャップ（石原慎太郎知事・1期目）。2002年，日刊現代入社。夕刊紙「日刊ゲンダイ」の編集記者。おもに政治、経済について取材・執筆。著書に『小沢選挙に学ぶ　人を動かす力』（かんき出版・共著）がある。

間宮　淳（まみや　じゅん）……………………………………………3

雑誌編集者
1959年大阪府生まれ。早稲田大学第一文学部卒業。東洋経済新報社「金融ビジネス」編集長，中央公論新社「中央公論」編集長，㈶nippon.com編集担当理事などをつとめる。現在フリーランス。個人ブログ「辺境暴論」（http://farr-mamiya2014.blogspot.jp）を執筆中。

新垣　毅（あらかき　つよし）……………………………………………4

琉球新報社東京報道部長
1971年，沖縄県那覇市生まれ。琉球大学卒，法政大学大学院修士課程修了（社会学）。1998年，琉球新報社入社。中部支社報道部，沖縄県議会・政治担当，社会部遊軍キャップ，編集委員，社会部デスクなどを経て，2016年4月から現職。沖縄戦に関する連載取材のほか，2011年には，キャンペ

ーン報道「沖縄から原発を問う」取材班キャップを務めた。主要な記事として，連載「癒えぬ傷・南洋県系人－戦後65年目の新証言」7回（2010年6月），キャンペーン報道「沖縄から原発を問う」（2011年9月－10月），連載「道標求めて－琉米条約160年　主権を問う」100回（2014年5月－15年2月），連載「未来築く自己決定権－戦後70年　差別を断つ」34回中，30回分を担当（2015年4月－11月）などがある。沖縄の自己決定権を問う一連のキャンペーン報道で，第15回「石橋湛山記念　早稲田ジャーナリズム大賞」を受賞。

坪井　兵輔（つぼい　ひょうすけ）……………………………………………5

毎日放送報道局ディレクター
1995年慶應義塾大学卒，毎日放送入社。報道カメラマン，ベルリン特派員を経てラジオ，TVドキュメンタリーを制作。主要作品は『人工内耳〜お友達の声が聞きたい』（関西写真記者協会賞），『獄中13年〜独裁政権に立ち向かった青春』（アジア太平洋放送連合賞），『見えない基地〜米軍レーダーを追う』（平和・協同ジャーナリズム賞），『蘇る最前線〜神戸と核と日米同盟』，『家族づくり〜里親と子ども達の一年』（地方の時代賞）ほか。

吉岡　桂子（よしおか　けいこ）……………………………………………6

朝日新聞編集委員（中国・国際経済担当）
岡山県生まれ。1987年岡山大学法学部卒業，山陽放送入社。89年11月，朝日新聞社に移り，東京・大阪での経済取材や対外経済貿易大学（北京）で中国語研修を経て，中国特派員（北京・上海）を通算7年間務める。米戦略国際問題研究所客員研究員（2007年度）。著書に『問答有用　中国改革派19人にきく』（岩波書店），『愛国経済　中国の全球化（グローバリゼーション）』（朝日新聞出版）など。

花房　麗子（はなぶさ　れいこ）……………………………………………7

講談社週刊現代編集部編集次長
東京都出身。1989年早稲田大学第一文学部美術史学科卒業。同年講談社入社。女性誌「マイン」編集部配属後，1991年に「FRIDAY」に異動。同編集部在籍時に「幸福の科学」事件，山口組襲撃事件，阪神淡路大震災，オウム真理教事件などの取材に当たる。平時にはおもに五輪関係のスポーツ取材などを担当。数部署の異動を経て「週刊現代」には通算で11年在籍。近年はグラビア部門を主に担当している。

阿部　勉（あべ　つとむ）……………………………………………………8

映画監督・株式会社松竹映像センター代表取締役副社長
1982年東北大学経済学部卒，同年松竹㈱入社。85年大船撮影所演出部に配属，主に山田洋次監督作品に従事。以後，映画・TV・舞台の脚本・監督を務めながら，早稲田大学川口芸術学校講師，文化庁「若手映画作家育成プロジェクト」検討委員，芸術文化振興基金専門委員などを歴任。主要作品に『しあわせ家族計画』（第33回ヒューストン国際映画祭ファミリーチルドレン部門金賞受賞），『小津安二郎監督作品DVD化の軌跡』（第42回日本産業映画・ビデオコンクール大賞受賞），『京都太秦物語』（ベルリン国際映画祭フォーラム部門招待作品）などがある。

森　まゆみ（もり　まゆみ）……………………………………………⑨

作家・谷根千記憶の蔵主宰・東京大学客員教授
1954年東京都文京区動坂に生まれる。早稲田大学政治経済学部卒業，東京大学新聞研究所修了。サイマル出版会で企画，編集の仕事にたずさわった後，フリーに。地域雑誌「谷中・根津・千駄木」の編集人。おもな作品として『鷗外の坂』（新潮社・芸術選奨文部大臣新人賞），『彰義隊遺聞』（新潮社・北東文芸賞），『即興詩人のイタリア』（講談社・JTB紀行文学大賞），『青鞜の冒険』（平凡社・紫式部文学賞）などがある。

ジャン・ユンカーマン（John Junkerman）……………………………⑩

映画監督
1952年アメリカ合衆国ウィスコンシン州生まれ。1969年慶應義塾志木高校に留学。1974年スタンフォード大学東洋文学語学科卒業，1980年ウィスコンシン大学労使関係学科大学院卒業。2011年〜15年早稲田大学大学院国際情報通信研究科教授。2000年〜日本映画監督協会の会員。主な監督作品として『沖縄　うりずんの雨』（2015年），『映画　日本国憲法』（2005年），『チョムスキー 9.11』（2002年），『夢窓－庭との語らい』（1992年）『老人と海』（1990年）『劫火－ヒロシマからの旅－』（1986年）などがある。

前島　文彦（まえしま　ふみひこ）………………………………………⑪

山梨日日新聞編集局企画報道グループ
2000年に筑波大学第一学群社会学類を卒業後，山梨日日新聞社に入社。社会部，文化部，政経部などを経て2009年2月から企画報道グループに所属。主要記事に，青木ヶ原樹海と自殺問題を扱った連載「蒼き千年の森」（2013–2014年），現代社会の孤立の原因を探る企画「孤人社会」（2016年）などがある。

高倉　基也（たかくら　もとなり）………………………………………⑫

NHK広島放送局　報道番組チーフ・プロデューサー
1993年NHK入局。福島放送局を経て報道局へ異動し，ディレクターとして『クローズアップ現代』や『NHKスペシャル』などを担当。2008年よりチーフ・プロデューサーとなり，神戸放送局，報道局社会番組部を経て現在広島放送局所属。主要作品として『こども輝け　いのち　第6集　こころの二人三脚〜自閉症児と級友たち〜』（2003年・ギャラクシー特別賞），『調査報告　原発マネー』（2012年・メディアアンビシャス大賞他），『水爆実験　60年目の真実』（2014年・石橋湛山記念早稲田ジャーナリズム大賞奨励賞他）『きのこ雲の下で何が起きていたのか』（2015年・ワールド・メディア・フェスティバル銀賞他）『決断なき原爆投下　〜米大統領71年目の真実〜』（2016年）などがある。

森本　智之（もりもと　ともゆき）………………………………………⑬

東京新聞（中日新聞東京本社）文化部記者
広島県呉市生まれ。大阪大学卒業後，2003年に中日新聞入社。伊賀支局，静岡総局を経て社会部で東日本大震災や福島第一原発事故などを取材。2013年2月より現職。2012年に東京新聞原発事故取

材班の一員として菊池寛賞を受賞。著書に同取材班のメンバーの一員として，『レベル7－福島原発事故，隠された真実』（幻冬舎），単著に『新国立競技場問題の真実』（幻冬舎新書）がある。

角　英夫（かど　ひでお）…………………………………………………………⑭
NHK 大型企画開発センター長（2016年4月より大阪放送局長）
1983年 NHK 入局。社会教養部，スペシャル番組部などで主に『NHK スペシャル』を制作。2005年〜07年『クローズアップ現代』編集責任者。2011年〜14年『NHK スペシャル』事務局長を経て大型企画開発センター長。太平洋戦争，ベトナム戦争など，戦争の惨禍と民衆について多くの番組を制作し，現代中国に関する番組も数多い。主要作品として，NHK スペシャルの大型シリーズ『社会主義の20世紀』『変革の世紀』『激流中国』『マネー資本主義』『プーチンのロシア』『日本人はなぜ戦争へと向かったのか』など。『家族の肖像』（ギャラクシー賞大賞）『硫黄島玉砕戦』（放送文化基金賞本賞）など，コンクール受賞作品も多い。主な著作に『サイゴンの歌姫』『中国・夢と流転〜庶民たちの改革開放』（共に日本放送出版協会）などがある。

日本のジャーナリズムはどう生きているか
「石橋湛山記念 早稲田ジャーナリズム大賞」記念講座2016

2016年12月10日　初　版　第1刷発行

　　編 著 者　　八　巻　和　彦

　　発 行 者　　阿　部　成　一

〒162-0041　東京都新宿区早稲田鶴巻町514番地

　　発 行 所　　株式会社　成　文　堂

電話 03(3203)9201(代)　Fax 03(3203)9206
http://www.seibundoh.co.jp

製版・印刷・製本　藤原印刷

☆乱丁・落丁本はおとりかえいたします☆
©2016　K. Yamaki　Printed in Japan
ISBN 978-4-7923-3357-7 C1030
定価（本体1500円＋税）　　　　検印省略

石橋湛山記念
早稲田ジャーナリズム大賞

　建学以来，早稲田大学は「学問の独立」という建学の理念のもと，時代に迎合せず，野にあっても進取の精神で理想を追求する多数の優れた人材を，言論，ジャーナリズムの世界に送り出してきました。
　先人たちの伝統を受け継ぎ，この時代の大きな転換期に，自由な言論の環境を作り出すこと，言論の場で高い理想を掲げて公正な論戦を展開する人材を輩出することは，時代を超えた本学の使命であり，責務でもあります。
　このような趣旨にのっとり「石橋湛山記念　早稲田ジャーナリズム大賞」を創設しました。

　本賞は広く社会文化と公共の利益に貢献したジャーナリスト個人の活動を発掘し，顕彰することにより，社会的使命・責任を自覚した言論人の育成と，自由かつ開かれた言論環境の形成への寄与を目的としています。

　賞の名称には，ジャーナリスト，エコノミスト，政治家，また本学出身の初の首相として活躍した石橋湛山の名を冠しました。時代の流れにおもねることなく，自由主義に基づく高い理想を掲げて独立不羈の精神で優れた言論活動を展開した湛山は，まさに本学の建学の理念を体現した言論人であるといえます。

（本賞制定の趣旨より）